CB044165

GUERREIRO RAMOS

A REDUÇÃO SOCIOLÓGICA

Introdução ao estudo da
razão sociológica

revisão técnica e
estabelecimento do texto
Ariston Azevedo

7 Nota desta edição

9 Prefácio a esta edição
Frederico Lustosa da Costa

17 Prefácio à terceira edição
Clóvis Brigagão

18 Prefácio do autor à segunda edição

49 Nota introdutória

APÊNDICE

147 I Situação atual da sociologia

172 II Considerações sobre a redução sociológica
Benedito Nunes

183 III Correntes sociológicas no Brasil
Jacob Gorender

204 IV Observações gerais sobre a redução sociológica
Autor anônimo

219 V O papel das patentes na transferência
da tecnologia para países subdesenvolvidos

226 VI Análise do Relatório das Nações Unidas
sobre a Situação Social do Mundo

243 Posfácio
Muryatan S. Barbosa

251 Sobre o autor

A REDUÇÃO SOCIOLÓGICA

53 A consciência crítica da realidade nacional

60 Fatores da consciência crítica do Brasil

72 A mentalidade colonial em liquidação

74 Definição e descrição da redução sociológica

77 Duas ilustrações da redução sociológica

85 Antecedentes filosóficos da redução sociológica

91 Antecedentes sociológicos da redução sociológica

101 Lei do comprometimento

108 Lei do caráter subsidiário da produção científica estrangeira

117 Lei da universalidade dos enunciados gerais da ciência

122 Lei das fases

130 Critérios de avaliação do desenvolvimento

NOTA DESTA EDIÇÃO

Nesta 4ª edição de *A redução sociológica* preservaram-se o estilo e as escolhas de Alberto Guerreiro Ramos, com intervenções mínimas no texto.[1] Foram mantidas características presentes desde a primeira edição, como as traduções livres do sociólogo brasileiro de obras em outros idiomas não disponíveis em português na época. E ainda duas de suas escolhas que podem causar estranheza aos leitores de hoje, mas que eram correntes no contexto histórico da época da publicação: o modo de grafar nomes próprios (ex. Georges Lukács, em vez de Georg ou György, Augusto Comte, em vez de Auguste) ou abreviações de prenomes. Foram feitos, no entanto, ajustes discretos para melhorar a legibilidade, correções de erros gramaticais evidentes e padronizações editoriais. Quanto aos dados de imprenta de livros citados ou indicados, informações faltantes e que pudemos descobrir por meio de pesquisa em meios confiáveis foram acrescentadas nas notas de rodapé.

Este volume mantém todos os textos do autor incluídos na terceira edição, última publicada em vida pelo autor. Constam aqui, ainda, o prefácio de Clóvis Brigagão e os apêndices de Benedito Nunes e Jacob Gorender.

---

1 Para fins de contextualização, mencionamos aqui as edições anteriores de *A redução sociológica* publicadas no Brasil: 1ª ed., Rio de Janeiro: ISEB, 1958; 2ª ed., Rio de Janeiro: Tempo Brasileiro, 1965; 3ª ed., Rio de Janeiro: Editora UFRJ, 1996.

PREFÁCIO A ESTA EDIÇÃO
A redução sociológica em mangas de camisa[1]

Frederico Lustosa da Costa

Com A redução sociológica, nunca fomos tão cosmopolitas
em nossa situação localizada e, concomitantemente,
nunca fomos tão locais em nosso cosmopolitismo.
EDISON BARIANI

Em boa hora, a editora Ubu vem lançar uma cuidadosa edição de
A redução sociológica, oferecendo às novas gerações de cientistas sociais e de brasileiros em geral a oportunidade de ter acesso
a esse vigoroso empreendimento intelectual que suscitou vivos
debates e embates nos meios acadêmicos do país nos anos 1950
e 1960 e que começa a ser redescoberto pelos estudiosos do pensamento decolonial.

Imbuído ao mesmo tempo de modéstia e impudor, não pretendo,
com esta apresentação, rivalizar com a fortuna crítica de *A redução
sociológica*, que já fez a exegese de suas bases filosóficas, contextua-
lizou-a no processo histórico brasileiro, confrontou-a com a institucionalização da sociologia em nosso país e identificou suas heranças
e influências. Com efeito, esse trabalho de crítica começou a ser realizado a partir do lançamento da primeira edição, em 1958, e ganhou

---

1 Inspirado em "Um discurso em mangas de camisa" (para ser compreendido pelos
"deserdados da pátria, os excluídos do seu banquete", quer dizer, por todos), de 1877,
de Tobias Barreto, Guerreiro Ramos propugnava por uma sociologia em mangas de
camisa, comprometida com a "autarquia econômica do país" e com o "esforço de
construção nacional"; *Cartilha brasileira do aprendiz de sociólogo*. Rio de Janeiro:
Editorial Andes, 1954, p. 69. Se este texto fosse um artigo de um modesto intelectual
francês, poderia ser intitulado "La réduction sociologique expliquée aux enfants"
[A redução sociológica explicada às crianças], na medida em que tenta apresentar,
de maneira muito simples, "em mangas de camisa", um pensamento complexo.

maior visibilidade com a publicação da segunda, com os diversos apêndices que lhe foram acrescentados. Desde então, todas as análises presentes nos diversos esforços de resgate da obra de Guerreiro Ramos acabam por tratar direta ou indiretamente deste livro.[2]

Neste prefácio, seguindo os passos do próprio autor, trata-se antes de apresentar seu significado principal e seus múltiplos sentidos, identificar seus antecedentes e "parentescos", mostrar suas eventuais aplicações, decompor suas partes, enumerar suas leis e, sobretudo, chamar a atenção para seu caráter emancipatório, sua atualidade e sua importância. Antes de seguir esse percurso, convém indicar alguns pressupostos.

Guerreiro Ramos foi pioneiro na perspectiva decolonial na medida em que promoveu, desde muito cedo, o resgate, a interpretação e a divulgação das obras dos pensadores que se impuseram como intérpretes da realidade nacional, aquela plêiade de intelectuais que ele nomeava de parassociólogos. Rejeitava a ideia de que as ciências sociais só surgiram entre nós com a institucionalização da sociologia, a partir dos anos 1940. Tomava as obras de intelectuais como José Bonifácio, Visconde do Uruguai, Tobias Barreto, Joaquim Nabuco, Euclides da Cunha, Alberto Torres, Oliveira Viana, Francisco Martins de Almeida e Azevedo Amaral como precursoras do pragmatismo crítico, perspectiva intelectual em que ele mesmo se incluía. Nesse sentido, pode ser considerado um dos fundadores da tradição de estudos sobre o pensamento social brasileiro.

A redução sociológica é parte de um ambicioso projeto de fundação de uma sociologia nacional, integrada às correntes mais representativas do pensamento universal contemporâneo, mas nascida da atividade teórica apoiada na apreciação dos fatos que constituem a personalização histórica da sociedade brasileira. A consideração dessas tendências factuais como dado objetivo enseja a consciência da realidade nacional, vale dizer, a percepção da transmutação no ser da coletividade que "lhe apresenta a possibilidade de um desempenho

---

2 Conforme repertoriado em F. Lustosa da Costa e Bianor S. Cavalcanti, "Pioneirismo e atualidade na obra de Guerreiro Ramos", in B. S. Cavalcanti e F. Lustosa da Costa (orgs.), *Guerreiro Ramos: Entre o passado e o futuro*. Rio de Janeiro: Editora FGV, 2019.

PREFÁCIO A ESTA EDIÇÃO

significativo na história [quando] passa de um modo de ser a outro radicalmente distinto" [ver, neste volume, p. 49]. Essa transformação da psicologia coletiva que leva à consciência crítica da realidade nacional é apoiada em fatores verificáveis, cabendo mencionar apenas três – a industrialização, a urbanização e as alterações do consumo popular.

A tarefa de construção de uma sociologia brasileira requer a tradução dos fatos em conceitos, a partir de uma perspectiva nacional, mediante a utilização de "um método destinado a habilitar o estudioso a praticar a transposição de conhecimentos e de experiências de uma perspectiva para outra" [p. 50]. Por isso, "a atitude redutora não poderia ter ocorrido a alguém fortuitamente. Na forma em que a expõe o autor, é subproduto do processo global da sociedade brasileira" [Ibid.].

O principal sentido atribuído por Guerreiro Ramos à redução sociológica é o de um método de assimilação crítica da produção sociológica estrangeira. Para defini-la, toma o significado original da palavra redução como "eliminação de tudo aquilo que, pelo seu caráter acessório e secundário, perturba o esforço de compreensão e a obtenção do essencial de um dado" [p. 74] e o aproxima do método fenomenológico de suspensão de julgamento na busca do conhecimento das essências, para "defrontar o eu puro com o objeto puro" [p. 85].

Do ponto de vista da sociologia, a redução "é uma atitude metódica que tem por fim descobrir os pressupostos referenciais, de natureza histórica, dos objetos e fatos da realidade social. A redução sociológica, porém, é ditada não somente pelo imperativo de conhecer, mas também pela necessidade social de uma comunidade que, na realização de seu projeto de existência histórica, tem de servir-se da experiência de outras comunidades" [p. 74]. Ao apresentar suas características, Guerreiro Ramos destaca que a redução sociológica, embora seja uma atitude metódica altamente elaborada, dotada de intencionalidade, está enraizada na realidade social, em seus pressupostos e perspectivas, e tem suportes coletivos.

Além dessa características, Guerreiro Ramos estabelece que a redução sociológica seria presidida por quatro "leis" básicas: 1) a lei do comprometimento, estabelecendo que, nos países periféricos, a ideia e a prática da redução sociológica somente poderiam ocorrer àqueles sociólogos que adotassem sistematicamente uma posição de engajamento ou de compromisso consciente com o seu contexto [p. 101];

2) a lei do caráter subsidiário da produção científica estrangeira, que determinava que toda produção científica estrangeira é subsidiária e não pode ser tomada como paradigma ou modelo [p. 108]; 3) a lei da universalidade dos enunciados gerais da ciência, os quais devem ser combinados com os imperativos da realidade nacional [p. 117]; 4) a lei das fases, que estabelecia que os problemas colocados à ciência social em determinado momento obedeciam à fase histórica da sociedade em que se encontravam [p. 122].

As raízes filosóficas da redução sociológica já foram amplamente discutidas, a começar pelo próprio debate suscitado quando da primeira edição do livro e já explicitadas na segunda. Sabe-se que ela foi influenciada pelo historicismo alemão e é herdeira da fenomenologia de Husserl e do existencialismo de Heidegger. De Husserl, serviu-se do triplo sentido da redução fenomenológica (histórica, eidética e transcendental), mas a noção de redução (*epoché*) é tomada mais como referência e analogia do que para transposição mecânica, como Guerreiro Ramos acredita que Georges Gurvitch e Alfred Schütz fazem. De Heidegger, apropriou-se da vivência intencional do "campo situacional" (ser no mundo) e de sua superação (*Entschränken*) para ampliar as diferentes perspectivas da redução fenomenológica. De ambos, busca apropriar-se do procedimento metódico e intencional (embora socialmente enraizado) que favorece o conhecimento do essencial dos fenômenos analisados.

Da perspectiva sociológica, Guerreiro Ramos se referencia indiretamente na "sociologia fenomenológica" de Gurvitch e de outros autores, mas a redução tem raízes mais remotas no pensamento de Karl Marx, quando analisa as relações entre as ideias econômicas e os contextos sociais nos quais foram produzidas, e em práticas mais contemporâneas, como o trabalho do economista sueco Gunnar Myrdal. Entretanto, segundo Guerreiro Ramos, a redução sociológica é herdeira mais direta da sociologia de Karl Mannheim na busca da significação dos objetos culturais, que só podem ser inteiramente compreendidos se considerados em relação ao meio de que fazem parte.

No âmbito da própria obra de Guerreiro Ramos, a noção de redução sociológica foi esboçada em vários trabalhos anteriores. Ariston Azevedo e Renata Albernaz identificam suas origens mais remotas nos estudos literários que o autor publicou na revista *Cultura Política* no

PREFÁCIO A ESTA EDIÇÃO

início dos anos 1940, embora referências mais explícitas e aspectos característicos da atitude redutora sejam encontrados de forma mais perceptível na *Cartilha brasileira do aprendiz de sociólogo* (1954) e em *Introdução crítica à sociologia brasileira* (1957), nos quais, a partir da crítica à sociologia que se praticava nos meios acadêmicos de então, se antecipavam características da atitude e da prática redutoras em categorias como "sociologia dinâmica", "sociologia em 'mangas de camisa'", "sociologia em ato".[3] "Crítica e autocrítica" (1953), um dos curtos ensaios que compõem a *Introdução crítica...*, enuncia as tarefas necessárias para que se implante entre nós uma verdadeira crítica: "1. a elaboração de um método de análise, suscetível de ser utilizado na avaliação do valor objetivo do produto intelectual [...]; 2. a avaliação crítica da nossa produção intelectual, realizada, até aqui, à luz dos fatos da vida brasileira; 3. o estímulo da autoanálise, como instrumento de purgação de equívocos e vícios mentais e de ajustamento do produtor intelectual às propensões da realidade".[4]

Além do sentido original de assimilação crítica da redução sociológica, Guerreiro Ramos apontou duas outras acepções: "redução como atitude parentética, isto é, como adestramento cultural do indivíduo, que o habilita a transcender, no limite do possível, os condicionamentos circunstanciais que conspiram contra a sua expressão livre e autônoma"; "redução como superação da sociologia nos termos institucionais e universitários em que se encontra" [p. 20]. No segundo sentido, Guerreiro Ramos havia antecipado uma breve discussão sobre a atitude parentética no capítulo "Homem-organização e homem--parentético" do livro *Mito e verdade da revolução brasileira* (1963), mas desenvolveu as ideias em torno do tema em livro que planejava publicar nos Estados Unidos no final dos anos 1960. O livro não chegou

---

3 Ariston Azevedo e Renata Ovenhausen Albernaz, "A redução sociológica em *status nascendi*: Os estudos literários de Guerreiro Ramos publicados na revista *Cultura Política*". *O&S*, v. 17, n. 52, jan.-mar. 2010. As raízes da redução sociológica também foram estudadas em A. Azevedo, *A sociologia antropocêntrica de Guerreiro Ramos*. Tese de doutoramento, Programa de Pós-Graduação em Sociologia Política, UFSC, 2006; e Edison Bariani, "Certidão de nascimento: A redução sociológica em seu contexto de publicação". *Caderno CRH*, v. 28, n. 73, jan.-abr. 2015.

4 A. Guerreiro Ramos, *Introdução crítica à sociologia brasileira*. Rio de Janeiro: Editorial Andes, 1957, p. 30.

a ser completado, mas partes essenciais de sua reflexão sobre o tema foram publicadas recentemente.[5]

No terceiro sentido, a segunda edição de *A redução sociológica* (1965) trouxe como apêndice um texto escrito em 1958, intitulado "Situação atual da sociologia" [p. 146], em que Guerreiro Ramos constatava a superação da sociologia "institucionalizada" por Auguste Comte, que consistiria num desvio na evolução da teoria social do século XVIII. Esse esforço de crítica da sociologia e das ciências sociais contemporâneas só vai ser retomado no final dos anos 1970, quando escreve *A nova ciência das organizações*, sobretudo no capítulo 2, intitulado "Por uma teoria substantiva da vida humana associada".[6]

Os diversos sentidos da redução sociológica revelam suas afinidades com conceitos e categorias presentes em outras obras de ciências sociais, sugerindo muitas vezes seu caráter pioneiro e antecipatório. Três noções úteis para o conhecimento das ciências sociais encontram uma proximidade importante com a redução sociológica, a saber: o estranhamento antropológico, a imaginação sociológica e a sociologia clínica.

Sempre que paro para refletir sobre a redução sociológica, em seu triplo sentido, ocorre-me pensar sobre a situação do antropólogo diante de seu objeto, seja ele exótico ou familiar, que requer uma suspensão de julgamento, um afastamento dos determinantes sociais que condicionam as análises e conclusões. Se o etnólogo é levado a imergir numa cultura exótica, precisa se familiarizar com ela para compreendê-la. Se vai ao encontro de sua própria cultura, precisa tratá-la como exótica para perceber seus traços. Converter o exótico em familiar e o familiar em exótico[7] é uma atitude redutora que os antropólogos praticam há muitas dezenas de anos.

A imaginação sociológica, de Wright Mills, descreve a forma de compreensão da realidade social que coloca as experiências pessoais no âmbito do contexto histórico e social. Quer dizer, a experiência

---

5 *Revista Brasileira de Administração Política – Rebap*, edição 24: Especial Guerreiro Ramos, v. 13, n. 1, 2020.

6 *A nova ciência das organizações* [1981], trad. Francisco G. Heidemann e Ariston Azevedo. Florianópolis: Enunciado, 2022.

7 Gilberto Velho, *Um antropólogo na cidade: Ensaios de antropologia urbana*. Rio de Janeiro: Zahar, 2013.

PREFÁCIO A ESTA EDIÇÃO

pessoal pode ser "reduzida" e analisada em seu contexto, relacionando vidas, biografia, sociedade e história. É uma atitude metódica que busca desnaturalizar a experiência social, oferecendo ao indivíduo a possibilidade de compreender sua realidade para além dos determinantes "sociológicos" das interpretações correntes.

A atitude parentética presente na prática sociológica de Guerreiro Ramos levou-o à militância no Teatro Experimental do Negro, onde pôde teorizar sobre as relações de raça e a condição do negro brasileiro e, ao mesmo tempo, realizar uma prática de intervenção psicossociológica inédita. Guerreiro Ramos antecipava a sociologia clínica ao aplicar a técnica do psicodrama de Jacob Levy Moreno em sessões de grupoterapia com jovens trabalhadoras domésticas em situação de sofrimento pela condição social de discriminação do negro. "Tanto nas intervenções de grupoterapia conduzidas por Guerreiro Ramos quanto na sociologia clínica contemporânea, trata-se de acolher, escutar e compreender um sujeito que sofre e com ele desvendar os determinantes sociais desse sofrimento".[8] Essa experiência foi exemplificada pelos autores como um encontro parentético.

Diante do triplo sentido da redução sociológica e das afinidades eletivas aqui elencadas, cabe perguntar qual a importância da redução sociológica para a atualidade. Não se trata de discutir mais uma vez o caráter pioneiro e inovador de toda a obra de Guerreiro Ramos, tarefa já empreendida, de forma muito breve, há poucos anos.[9] Muitos elementos do contexto histórico e dos elementos factuais levantados neste livro perderam o sentido para o Brasil do século XXI. Vivemos outra realidade, muito distante do otimismo com as perspectivas da industrialização, com a superação do caráter reflexo de nossa sociedade e com o nacionalismo que orientava a mobilização de diversas forças do cenário político nacional. Mas três elementos da redução sociológica talvez permaneçam necessários, úteis, atuais e relevantes à interpretação da realidade contemporânea – o ponto de vista,

---

8   A. Azevedo, R. O. Albernaz e F. Lustosa da Costa, "O 'encontro parentético' na sociologia clínica de Guerreiro Ramos". *Revista Brasileira de Administração Política – Rebap*, v. 13, n. 1, 2020.

9   F. Lustosa da Costa e B. S. Cavalcanti, "Pioneirismo e atualidade na obra de Guerreiro Ramos", op. cit.

a atitude e o método. Eles se combinam numa nova perspectiva interpretativa das ciências sociais introduzidas pelos estudos pós-coloniais ou decoloniais, revelando, mais uma vez, o pioneirismo da obra de Guerreiro Ramos.

Ademais, o surgimento de um pensamento pós-colonial ou decolonial, que visa superar, entre os povos colonizados, o etnocentrismo, a hegemonia ocidental e a perspectiva modernizadora, dando voz aos agrupamentos humanos periféricos, é um reconhecimento tardio de que a condição colonial vai além da dominação político-econômica, que estabelece relações de exploração e opressão. São teses muito caras a Guerreiro Ramos, que desde os anos 1950 denunciava a condição subalterna das culturas nativas do antigo mundo colonial.[10] A obra de Guerreiro Ramos também mostra esse caráter de antecipação com relação à crítica a uma epistemologia que exclui da reflexão o contexto cultural e político da produção e reprodução do conhecimento, como fez Boaventura de Sousa Santos ao conclamar ao aprendizado das epistemologias do Sul.[11]

Por tudo isso, ainda vale a pena ler e reler *A redução sociológica*, um clássico da sociologia e do pensamento social brasileiro.

FREDERICO LUSTOSA DA COSTA é professor do Programa de Pós-Graduação em Administração (PPGAD) da Universidade Federal Fluminense (UFF).

---

10 Os trabalhos a seguir são reveladores dessa perspectiva antecipatória e emancipatória: Fernando de Barros Filgueiras, "Guerreiro Ramos, a redução sociológica e o imaginário pós-colonial". *Cadernos CRH*, v. 25, n. 65, mai.-ago. 2012; Christian Edward Cyril Lynch, "Teoria pós-colonial e pensamento brasileiro na obra de Guerreiro Ramos: O pensamento sociológico (1953-1955)". *Cadernos CRH*, v. 28, n. 73, jan.-abr. 2015.

11 Boaventura de Sousa Santos e Maria Paula Meneses (orgs.), *Epistemologias do Sul*. Coimbra: Almedina, 2009.

PREFÁCIO À TERCEIRA EDIÇÃO

Clóvis Brigagão
[1996]

Passadas quase quatro décadas desde que Guerreiro Ramos publicou, em 1958, a primeira edição de *A redução sociológica: Introdução ao estudo da razão sociológica*, sua veemência ainda se faz ouvir. Ali, o mestre Guerreiro sustentava teses com alta dose de coragem intelectual, inspiradas no método crítico sobre hábitos, racionalizações e usurpações teóricas que habitavam (e ainda habitam) o pensar e o fazer sobre os destinos de nossa sociedade.

É marca inconfundível deste clássico da sociologia o rasgar das ilusões que embotavam os fatos sociais, suas considerações e pressupostos teóricos sobre o desenvolvimento brasileiro. Em *A redução*, Guerreiro travava, com sucesso, dois embates: a liquidação da mentalidade colonial e de todas as suas decorrências no plano das ideias e da política e a exposição, com toda a sua inequívoca radicalidade e clarividência, das razões sobre a nova consciência crítica da realidade, através do exame metódico e filosófico que ele esgrimava sem parcimônias e gratuidades.

Seria *A redução* ainda atual, atuante e explicativa sobre o desenvolvimento brasileiro? Embora os fatos consagrados em sua pesquisa e análise tenham sido transformados ao longo dessas décadas, suas argutas observações de que "a compreensão do Brasil não pode resultar de uma intuição instantânea, mas do meticuloso exame de suas particularidades" continuam sendo instrumental válido e insuperável de postura crítica e criativa das mais originais já produzidas em nosso país.

A reedição pela editora UFRJ de *A redução sociológica* resgata o valor e a têmpera de toda a sua obra, além de presentear as novas gerações de sociólogos e intelectuais brasileiros com uma conduta que deve ser adotada em todos os domínios do saber e da atividade humana.

PREFÁCIO DO AUTOR À SEGUNDA EDIÇÃO
[1963]

Tal como se encontra exposto neste livro, a redução sociológica não representa momento final de um processo de indagação. É certo que marca o amadurecimento de uma concepção que se encontrava fragmentariamente formulada e aplicada em estudos anteriores do autor, notadamente os reunidos em *Cartilha brasileira do aprendiz de sociólogo*,[1] depois republicada em *Introdução crítica à sociologia brasileira*.[2] Desde 1953, o autor se empenhara num esforço revisionista, isto é, se colocara em frontal dissidência com as correntes doutrinárias, os métodos e processos dominantes no meio dos que, entre nós, se dedicavam ao trabalho sociológico. Negávamos-lhes não somente caráter científico como, ainda, funcionalidade em relação às exigências da sociedade brasileira. No Brasil, dizíamos, o trabalho sociológico reflete também uma deficiência da sociedade global, a dependência. No caso, a dependência se exprimia sob a forma de alienação, visto que habitualmente o sociólogo utilizava a produção sociológica estrangeira, de modo mecânico, servil, sem se dar conta de seus pressupostos históricos originais, sacrificando seu senso crítico ao prestígio que lhe granjeava exibir ao público leigo o conhecimento de conceitos e técnicas importados. "Sociologia enlatada", "sociologia consular", era em grande parte a que se fazia aqui. "Não se tem conseguido, no Brasil" – dizíamos em 1954 na *Cartilha* – "formar especialistas aptos a fazer uso sociológico da sociologia."[3]

A despeito da resistência tenaz que, por vezes até com feição agressiva, se organizou contra essa orientação renovadora, depressa ela

---

1   Alberto Guerreiro Ramos, *Cartilha brasileira do aprendiz de sociólogo: Prefácio a uma sociologia nacional*. Rio de Janeiro: Editorial Andes, 1954.
2   Id., *Introdução crítica à sociologia brasileira*, 1ª ed. Rio de Janeiro: Editorial Andes, 1957 [2ª ed.: Rio de Janeiro: Editora UFRJ, 1995].
3   Id., *Cartilha brasileira do aprendiz de sociólogo*, op. cit., p. 45. [N.E.]

empolgou o público instruído que constitui o mercado da produção sociológica. Os sociólogos de velha feição, mais capazes, renderam--se à validade da crítica e, pouco a pouco, adaptaram-se aos novos critérios de trabalho científico. Os menos capazes perderam a preeminência – de que porventura desfrutavam. E, em 1956, já escrevíamos no prefácio de *Introdução crítica à sociologia brasileira*: "creio estar superada a fase polêmica da sociologia nacional".[4] *A redução sociológica*, publicada em 1958, estava implícita em todos os meus estudos anteriores a essa data. Basta examiná-los para se ter disso irretorquível demonstração.

Mas este livro, na forma e no conteúdo de 1958, não esgotara o sentido da atitude redutora, que presidia e preside aos nossos estudos. Em 1958, a fundamentação metodológica de uma sociologia nacional nos obsedava. Precisávamos vencer os últimos argumentos a que se recorria contra ela habitualmente, por má-fé, por preconceito ou por ambas as coisas. Por isso, *A redução sociológica*, em sua primeira exposição, foi sobretudo um método de assimilação crítica do patrimônio sociológico alienígena. Ao preparar a segunda edição deste livro, advertimos que ele apenas focalizou aspecto parcial da redução sociológica. Esta não se destina tão só a habilitar a transposição de conhecimentos de um contexto social para outro, de modo crítico, mas também caracteriza modalidade superior da existência humana, a existência culta e transcendente. A sociologia não é especialização, ofício profissional, senão na fase da evolução histórica em que nos encontramos, em que ainda perduram as barreiras sociais que vedam o acesso da maioria dos indivíduos ao saber. A vocação da sociologia é resgatar o homem ao homem, permitir-lhe ingresso num plano de existência autoconsciente. É, no mais autêntico sentido da palavra, tornar-se um saber de salvação. A redução sociológica é a quintessência do sociologizar. Quem apenas conhece a literatura sociológica universal, sem se dar conta do que chamo de "redução sociológica" – dizíamos em 1956 –, não passa de simples "alfabetizado" em sociologia.[5] A redução sociológica é qualidade superior do ser humano, que o habilita a transcender toda sorte de condiciona-

---

4 Id., *Introdução crítica à sociologia brasileira*, op. cit., p. 11. [N.E.]
5 Ibid., p. 211.

mentos circunstanciais. Esse aspecto ficou prejudicado neste livro. Esse aspecto, sob o nome de atitude parentética, focalizamos no livro recém-publicado *Mito e verdade da revolução brasileira*.[6] E só em obra futura pretendemos apresentar, de maneira mais analítica, o nosso conceito ampliado de redução sociológica, como leitura inteligente do real em suas múltiplas expressões.

Podemos, no entanto, salientar três sentidos básicos da redução sociológica. Tais são:

1) Redução como método de assimilação crítica da produção sociológica estrangeira. Foi esse, como se advertiu anteriormente, o tema por excelência do presente livro.

2) Redução como atitude parentética, isto é, como adestramento cultural do indivíduo, que o habilita a transcender, no limite do possível, os condicionamentos circunstanciais que conspiram contra a sua expressão livre e autônoma. A cultura, notadamente a cultura sociológica, é componente qualitativo da existência superior, em contraposição à existência diminuída dos que, destituídos de treino sistemático, oferecem escassa resistência à robotização da conduta pelas pressões sociais organizadas. Em nosso livro *Mito e verdade da revolução brasileira*, no capítulo "Homem-organização e homem-parentético", focalizamos analiticamente esse aspecto, que pretendemos reexaminar em outra oportunidade.

3) Redução como superação da sociologia nos termos institucionais e universitários em que se encontra. A sociologia é ciência por fazer. Presentemente, é o nome de um projeto de elaboração de novo saber, cujos elementos estão esboçados, mas ainda não suficientemente integrados. Reproduzimos em apêndice um texto escrito em 1958, "Situação atual da sociologia", em que discutimos essa questão.

Após a publicação deste livro, o pensamento redutor fez progressos e tende hoje a generalizar-se para domínios outros além do sociológico propriamente.

---

6 Id., *Mito e verdade da revolução brasileira*, 1ª ed. Rio de Janeiro: Zahar Editores, 1963 [2ª ed.: Florianópolis: Insular, 2016].

PREFÁCIO DO AUTOR À SEGUNDA EDIÇÃO

Em primeiro lugar, deve-se incluir na relação dos estudos que se situam no horizonte deste livro a obra de Geraldo Bastos Silva, *Introdução à crítica do ensino secundário*,[7] que é uma análise competente do nosso sistema educacional, à luz do procedimento crítico-assimilativo que aplicamos em vários trabalhos e que, a partir de 1958, chamamos de "redução sociológica". A obra de Geraldo Bastos Silva é indicada especialmente para aqueles que têm interesse pela aplicação da nossa metodologia no campo da pesquisa.

O sr. Álvaro Vieira Pinto publicou *Consciência e realidade nacional*.[8] Sobre essa obra já formulei juízo circunstanciado, que não desejo repetir agora. No entanto, aproveito o ensejo para acrescentar ao que escrevi em *Mito e verdade da revolução brasileira* algumas considerações. No livro do sr. Álvaro Vieira Pinto há fragmentos que representam, não raro, excelente ilustração da atitude redutora. O autor a aplica, algumas vezes, de modo feliz, na análise de aspectos sociais. Em seu conjunto, porém, *Consciência e realidade nacional* é lamentavelmente esforço frustrado em seus objetivos. Podemos resumir as principais falhas dessa obra. Nela se confunde consciência crítica com pensamento rigoroso. O autor magnifica a consciência crítica, ao ponto de elevá-la a um plano de alta elaboração conceitual que ainda está longe de alcançar. A consciência crítica de que se trata em meu livro *A redução sociológica* e, em seguida, por influência deste, em *Consciência e realidade nacional* é a "consciência crítica da realidade nacional". É fenômeno de psicologia coletiva. Ora, a consciência coletiva, como tal, nas condições prevalecentes hoje, não pode ter as qualificações do pensar rigoroso, seja sociológico, seja filosófico. Estão muito longe os dias em que as massas possam vir a adquirir um grau de ilustração tão alto. Por isso, tivemos o cuidado, na *Redução*, de mostrar que a consciência crítica emerge de condições sociais gerais e estruturais, a industrialização e seus principais efeitos, a urbanização e a melhoria dos hábitos

---

7 Geraldo Bastos Silva, *Introdução à crítica do ensino secundário*. Rio de Janeiro: Ministério da Educação e Cultura, 1959.

8 Álvaro Vieira Pinto, *Consciência e realidade nacional*. Rio de Janeiro: ISEB, 1960. 2 v.

populares de consumo. A consciência crítica, no caso, seria, quando muito, um modo subalterno e elementar do pensar rigoroso. Em nosso livro, não se confunde consciência crítica com redução sociológica. Mas o sr. Álvaro Vieira Pinto confunde consciência crítica com redução filosófica. Nesse ponto, comete o erro grave de atribuir à "consciência crítica da realidade nacional" as categorias do pensamento dialético, afirmando que as "induziu" da "realidade brasileira", o que é, no mais rigoroso sentido da palavra, uma infantilidade. Além disso, inclui a nacionalidade, com o caráter de máxima proeminência, entre as categorias clássicas da dialética. Em consequência disso, foi levado o sr. Álvaro Vieira Pinto a um fascismo filosófico, com o qual não se pode pactuar. Não tendo assimilado a noção de comunidade humana universal, o sr. Álvaro Vieira Pinto expôs em *Consciência e realidade nacional* o que chamei de deformação direitista da redução sociológica.

———

Uma reflexão sobre o estado da ciência econômica nos países subdesenvolvidos, à luz da ideia redutora, que merece registro é o estudo do sr. Júlio Barbosa, publicado em número da *Revista Brasileira de Ciências Sociais* (novembro de 1961), intitulado "Contribuição à crítica da ciência econômica nos países subdesenvolvidos". No México, Jorge Martínez Ríos, em estudo publicado na *Revista Mexicana de Sociología* (ano 22, v. 22, n. 2, 1960), intitulado "La reducción sociológica como tarea metódica-práctica de los sociólogos latinoamericanos", mostrou as consequências do método apresentado neste livro para a América Latina. Ao terminar seu estudo, afirma Martínez Ríos:

[...] estudar a redução sociológica a fundo, seguir o menor sinal que existe dela e impulsioná-la e praticá-la, é nobre tarefa para os sociólogos latino-americanos, sobretudo para aqueles que se acreditem com direito a pertencer ao setor intelectual não colonizado academicamente [...].[9]

---

9 Jorge Martínez Ríos, "La reducción sociológica como tarea metódica-práctica de los sociólogos latinoamericanos". *Revista Mexicana de Sociología*, ano 22, v. 22, n. 2, 1960, p. 592.

No mesmo sentido, já anteriormente se tinha pronunciado outro sociólogo mexicano, Oscar Uribe Villegas, na introdução à edição espanhola deste livro.[10] No domínio estético, importa assinalar as afinidades entre o conteúdo deste livro e os ensaios doutrinários de poetas como Haroldo de Campos[11] e Mário Chamie.[12] Em entrevista ao jornal *Estado de Minas* (13/08/61), afirmava Haroldo de Campos:

> Como adverte Guerreiro Ramos (*A redução sociológica*), forma-se, em dadas circunstâncias, uma "consciência crítica", que já não mais se satisfaz com a "importação" de objetos culturais acabados, mas cuida de produzir outros objetos nas formas e com as funções adequadas às novas "exigências históricas", produção que não é apenas de "coisas", mas também de "ideias". Esse processo é verificável no campo artístico, onde, por exemplo, a poesia concreta operou uma verdadeira "redução estética" com relação à contribuição de determinados autores que, fundamentalmente, elaboravam a linguagem do tempo, totalizando-as e transformando-as sob condições brasileiras, no mesmo sentido em que Guerreiro Ramos fala de uma "redução tecnológica", na qual se "registra[m] a compreensão e o domínio do processo de elaboração de um objeto, que permitem uma utilização ativa e criadora da experiência técnica estrangeira". Daí à exportação, o passo é imediato. Lembre-se finalmente, neste contexto, a frase-lema de Maiakóvski: "Sem forma revolucionária não há arte revolucionária".

O poeta Mário Chamie, em seu ensaio doutrinário "Literatura-praxis", referiu-se ao "mal-entendido reinante em torno da redução sociológica".[13] De fato, ele existe e precisa ser discutido e caracterizado, para não incompatibilizar o nosso esforço com os que têm interesse pelo aperfeiçoamento científico da produção sociológica em nosso país. Na verdade, a metodologia que preside aos estudos publicados na *Carti-*

---

10 Vide A. Guerreiro Ramos, *La reducción sociológica: Introducción al estudio de la razón sociológica*, trad. Oscar Uribe Villegas. Biblioteca de Ensayos Sociológicos. Ciudad de México: Instituto de Investigaciones Sociales/UNAM, 1959.

11 Vide a página intitulada "Invenção" no *Correio Paulistano* de 27 mar. 1960.

12 Vide "Literatura-praxis". *Praxis*, ano 1, n. 1, 1962.

13 Ibid.

lha, na *Introdução crítica* e em *A redução sociológica* foi rapidamente assimilada por aqueles aos quais se destinavam esses livros. Mas dois mal-entendidos se formaram em torno da questão. A redução ganhou adeptos exaltados, que dela fizeram a expressão de um nacionalismo agressivo e intransigente, espécie de revanche, no domínio da cultura e da ciência, contra o pensamento alienígena. Dessa adesão, o representante mais qualificado é o sr. Álvaro Vieira Pinto, que, em *Consciência e realidade nacional*, promove a nação (e até mesmo a nação brasileira) ao plano das categorias gerais do conhecimento, ao lado, por exemplo, da totalidade, da objetividade, da racionalidade. Sobre o sentido revanchista dessa obra já nos pronunciamos pormenorizadamente em outro livro.[14] Em suma, a principal razão do "desvio" do sr. Álvaro Vieira Pinto foi não ter assimilado a noção de comunidade humana universal, à luz da qual se concilia perfeitamente o comprometimento do cientista com o seu contexto histórico, e o critério da universalidade, sem o qual não existe verdadeira ciência. Lamentamos ter que desautorizar, como desnaturação do nosso pensamento, o esforço hercúleo do sr. Álvaro Vieira Pinto.

Mas à adesão insensata corresponde, num polo oposto, o combate insensato às nossas ideias e à nossa posição. Desde 1954, com a publicação da *Cartilha*, surgiram, nos círculos que se dedicam à ciência social em moldes convencionais, manifestações emotivas de hostilidade, ora brutais, sob a forma de injúrias e intimidações, campanhas difamatórias, ora disfarçadas em considerações metodológicas. Esse tipo de crítica exacerbada, por sua intrínseca invalidade, anula-se por si mesma. Tanto assim que, hoje, em 1964, já quase desapareceu, remanescendo, da antiga truculência, uma que outra expressão de ressentimento, que não tem como e por que deva ser obviamente levada a sério.

E, por falar em levar a sério, devemos focalizar a mais qualificada crítica que um representante ilustre de nossa sociologia convencional escreveu contra nossa orientação: a do sr. Florestan Fernandes, no opúsculo *O padrão de trabalho científico dos sociólogos brasileiros*.[15]

---

14 A. Guerreiro Ramos, "A filosofia do Guerreiro sem senso de humor", in *Mito e verdade da revolução brasileira*, op. cit. [N.E.]

15 Florestan Fernandes, *O padrão de trabalho científico dos sociólogos brasileiros*. Rio de Janeiro: Revista Brasileira de Estudos Políticos, 1958.

PREFÁCIO DO AUTOR À SEGUNDA EDIÇÃO

Esse estudo constitui magnífico contraponto de nossas ideias, e sua leitura e análise seriam de grande interesse para quem deseja ter um flagrante modelar da falácia do que chamávamos, em 1953, de "sociologia consular" e dos becos sem saída a que conduz mesmo personalidades bem-dotadas como o professor paulista, sr. Florestan Fernandes. Preliminarmente resumiremos as principais debilidades científicas que, a nosso ver, apresenta o trabalho do professor paulista:

1) Confunde a *ciência sociológica em hábito* com a *ciência sociológica em ato*. O autor não ultrapassou a área informacional da sociologia. Por isso, o trabalho em pauta reflete uma ideologia de professor de sociologia, antes que atitude científica de caráter sociológico diante da realidade.

2) A crítica em apreço ilustra como algo mais do que a informação e a erudição é necessário para habilitar o estudioso a fazer uso sociológico dos conhecimentos sociológicos ou, em outras palavras, para a prática da redução sociológica.

3) Pressupõe a referida crítica falsa noção das relações entre teoria e prática no domínio do trabalho científico e, assim, tende a hipostasiar a disciplina sociológica, tornando-a um conhecimento superprivilegiado.

Na *Cartilha* escrevemos:

Na utilização da metodologia sociológica, os sociólogos devem ter em vista que as exigências de precisão e refinamento decorrem do nível do desenvolvimento das estruturas nacionais e regionais. Portanto, nos países latino-americanos, os métodos e processos de pesquisa devem coadunar-se com os seus recursos econômicos e de pessoal técnico, bem como com o nível cultural genérico de suas populações.[16]

Contra essa proposição levantou-se enorme celeuma no círculo de nossos sociólogos convencionais, os quais a proclamaram absurda

---

16   A. Guerreiro Ramos, *Cartilha brasileira do aprendiz de sociólogo*, op. cit., p. 17.

e errônea. Afirmou-se que nós preconizávamos que um país subdesenvolvido devia ter uma sociologia subdesenvolvida. O tom altamente emocional da oposição que suscitamos involuntariamente impediu um debate sereno e objetivo da tese. De fato, se a recomendação citada fosse incitamento ao despreparo e à subciência, ela cairia por si e, para combatê-la, não seria necessário gastarem-se tanto papel e tantos esforços, o que não vem ao caso caracterizar, contra a pessoa do autor e suas ideias. Tudo isso foi em vão, como o demonstra, além de outras circunstâncias, o acolhimento que a *Cartilha* mereceu em duas edições esgotadas. O público compreendeu o que dizíamos. Alguns sociólogos, no entanto, tiveram e têm dificuldade de entender o texto em seu exato significado. Rebatendo-o, afirma o sr. Florestan Fernandes, com dramática seriedade, que o sociólogo deve realizar as pesquisas "de acordo com os padrões mais rigorosos de trabalho científico"[17] e que "nenhum cientista conseguirá pôr a ciência a serviço de sua comunidade, sem observar, de modo íntegro e rigoroso, as normas e os valores que regulam a descoberta, a verificação e a aplicação do conhecimento científico".[18]

Ninguém contestará o sr. Florestan Fernandes. Mas é lamentável que ele julgue ter apresentado argumento válido contra nossa proposição e julgue ainda que o público leitor de obras sociológicas se convença de que contra nós tenha apresentado ponderação pertinente. Não merece, afinal, respeito quem quer que tenha a audácia de proclamar que o sociólogo brasileiro não deve "observar, de modo íntegro e rigoroso, as normas científicas". Em trabalho recente, "A sociologia como afirmação", *Revista Brasileira de Ciências Sociais*, n. 1, 1962, ainda escreve:

> [...] alguns cientistas sociais pensam que deveríamos cultivar um padrão de ensino simplificado e estimular somente investigações sobre a situação histórico-social global, como se nos competisse acumular explicações comparáveis às que o conhecimento do senso comum produziu na Europa, no período de desintegração da socie-

---

17 F. Fernandes, *O padrão de trabalho científico dos sociólogos brasileiros*, op. cit., p. 64.
18 Ibid., p. 59.

PREFÁCIO DO AUTOR À SEGUNDA EDIÇÃO

dade feudal e de instituição da sociedade de classes. [...] Temos de preparar especialistas que sejam capazes de explorar, normalmente, os modelos de observação, análise e explicação da realidade, fornecidos pela ciência.[19]

Poderá ser considerado apropriadamente cientista social a bizarra criatura a que se referem essas palavras? Ou não existe tal criatura ou o sr. Florestan Fernandes não consegue exprimir, com exatidão, o pensamento de que discorda. No que nos diz respeito, o professor paulista incorre em inexatidão. Sustentamos, hoje, em toda linha, nossa proposição de 1953. Ela nos foi ditada pela experiência e não reflete nenhum culto livresco. Tínhamos, naquele ano, ultimado nossos estudos sobre o problema brasileiro da mortalidade infantil.[20] Verificávamos, em certas repartições federais de saúde, a tendência bizantina para adotar no Brasil – e nisso aplicando recursos orçamentários – técnicas refinadas de mediação do fenômeno em voga na Europa. Na França, Bourgeois-Pichat distinguia entre *mortalidade infantil endógena* (proveniente de causas anteriores ao nascimento, ou do próprio traumatismo do nascimento) e *mortalidade infantil exógena* (derivada de fatores ambientais). Combatíamos essa tendência. Dizíamos acertadamente que, no Brasil, as causas da mortalidade infantil são grosseiras e, portanto, a sua medida não precisava e não podia ter a precisão que seria compreensível nos países em que os seus fatores sociais externos estivessem razoavelmente controlados. Haverá quem se negue a reconhecer a justeza de nosso raciocínio? O sr. Florestan Fernandes, em seu opúsculo, não discute a ilustração concreta da *Cartilha* e se compraz em considerações abstratas, que podem surpreender o leitor desavisado. No caso, tínhamos ou não tínhamos razão de aconselhar que os métodos de pesquisa devem cingir-se ao "nível de desenvolvimento das estruturas nacionais e regionais"? Claro que sim. Por acaso

---

19 Id., "A sociologia como afirmação". *Revista Brasileira de Ciências Sociais*, v. II, n. 1, 1962, p. 12.

20 Desses estudos resultou um livro: A. G. Ramos, *Sociología de la mortalidad infantil*, trad. Carlos H. Alba. Ciudad de México: Instituto de Investigaciones Sociales/ UNAM, 1955. [N.E.]

o diagnóstico da mortalidade infantil em nosso país tornou-se menos científico porque não utilizamos os refinados modelos de Bourgeois-Pichat? Ao contrário, não só não conseguiríamos, por falta de condições sociais adequadas, obter a precisão de um coeficiente de mortalidade infantil endógena como contribuímos para conjurar imaturidade então reinante em certos círculos de especialistas. Não combatíamos a técnica estrangeira movidos por um nacionalismo revanchista, mas a considerávamos em seu significado episódico, evitando que o seu prestígio nos levasse a ocupar pessoal e a gastos de dinheiro em sua inútil reprodução aqui. Praticamos a redução sociológica, que se aplica igualmente na utilização de todas as técnicas e métodos de pesquisa característicos de centros estrangeiros.

Um certo provincianismo ainda muito arraigado no Brasil, mesmo entre os nossos mais eruditos sociólogos convencionais, os impede de distinguir entre *sociologia em hábito* e *sociologia em ato*. O sr. Florestan Fernandes *n'est pas arrivé*, como diriam os franceses, ainda permanece no âmbito vestibular da ciência sociológica. Para comprová-lo, selecionamos algumas de suas afirmativas. Em vez de pensar num método rigoroso de ajustar as técnicas estrangeiras de pesquisa às nossas condições, declara que estas dificultam o trabalho sociológico. Diz ele: "Em face da insuficiência das dotações financeiras [...] são restritas as oportunidades de exploração de técnicas de investigação sociológica empregadas correntemente em centros [científicos] do exterior".[21]

O verdadeiro sociólogo não idealiza técnicas de pesquisa e cumpre até o dever de desaconselhar dotações financeiras para o emprego ocioso ou predatório de técnicas estrangeiras de investigação. Sabe que as técnicas e os métodos são consubstanciais a toda indagação autêntica. O que os sociólogos convencionais pensam ser um problema de recurso é quase sempre um problema de atitude científica genuína.

"[C]omo salientam as principais autoridades na matéria, os cânones científicos da investigação sociológica ainda não se encontram estabelecidos de maneira firme e universal."[22] Eis uma afirmativa não só provinciana como confusa. Que são "cânones científicos de investi-

---

21 F. Fernandes, *O padrão de trabalho científico dos sociólogos brasileiros*, op. cit., p. 21.
22 Ibid., p. 42.

PREFÁCIO DO AUTOR À SEGUNDA EDIÇÃO

gação sociológica"? Se são métodos e técnicas, simplesmente, nunca estarão estabelecidos "de maneira firme e universal". Se são os princípios gerais do raciocínio sociológico, têm outros atributos de firmeza e universalidade, mas também se encontram sujeitos à historicidade. O culto indevido aos "cânones" leva à hipercorreção, a grave engodo, que vitima todos os que não distinguem a *ciência em hábito* da *ciência em ato*. Temos a imagem viva do hipercorreto naqueles eruditos brasileiros em gramática e filologia, que julgam que os cânones do nosso falar estão em Portugal, ou nos clássicos portugueses do século XVI. A hipercorreção em sociologia é uma contradição em termos, mas dela não estão isentas de todo afirmativas como as seguintes, do sr. Florestan Fernandes: "Temos de formar especialistas de real competência em seus campos de trabalho, que suportem o confronto com colegas estrangeiros";[23] ou: "Nas condições em que nos achamos, temos que nos contentar com os conhecimentos importados de outros centros de investigação sociológica".[24] Há, nessas afirmativas, muito pouco de sociologia. Muito de consciência mistificada e alienada. O que nos impõe aos colegas estrangeiros não é o conhecimento *par coeur* de suas produções, mas o domínio do raciocínio que implicam e que habilita os sociólogos a fazerem coisas diferentes em circunstâncias diferentes, sem prejuízo da objetividade científica. É esdrúxulo advogar ou condenar a importação de conhecimentos. Todos os países são importadores de ciência. O que se trata – no caso – é de como importar. O sentido da *Cartilha* e de sua metodologia geral, a redução sociológica, não é a solerte e irracional hostilidade ao produto cultural estrangeiro. O que preconizamos é a substituição da atitude hipercorreta em face de tal produto pela atitude crítico-assimilativa. Por isso escrevemos em *A redução sociológica* o seguinte trecho, que, apesar de longo, transcrevo, por ser muito pertinente:

> A atitude dos sociólogos que, diante da produção sociológica importada, se comportam como os elegantes e os *snobs* em face dos figurinos das capitais da moda também pode ser explicada pela psicologia da "coqueteria". Uns e outros, em diferentes graus, é certo, se

---

23 Id., "A sociologia como afirmação", op. cit., p. 13.
24 Id., *O padrão de trabalho científico dos sociólogos brasileiros*, op. cit., p. 79.

movimentam no âmbito da consciência ingênua. Ora, o sociólogo genuíno é, exatamente, aquele que, por profissão, é portador do máximo de consciência crítica diante dos fenômenos da convivência humana. Por conseguinte, em um país periférico, o avanço do trabalho sociológico não se deve avaliar pela sua produção de caráter reflexo, mas pela proporção em que se fundamenta na consciência dos fatores infraestruturais que o influenciam. A capacidade de utilizar sociologicamente o conhecimento sociológico é o que caracteriza o especialista de real categoria. O sociólogo *up to date* por sistema, sendo desprovido dessa capacidade, ilustra um caso de dandismo no domínio da sociologia. Nos países periféricos, a sociologia deixa de ser atrasada na medida em que se liberta do "efeito de prestígio" e se orienta no sentido de induzir as suas regras do contexto histórico-social em que se integra. Esse tipo de sociologia exige do sociólogo um esforço muito maior que o de mera aquisição de ideias e de informação especializadas: exige a iniciação numa destreza intelectual, numa instância intelectual que pode ser definida com a palavra *habitus*, na acepção em que os antigos a empregavam. Com efeito, é preciso distinguir a *sociologia em hábito* da *sociologia em ato*, nas acepções filosóficas dos termos.

O que Aristóteles chamava *hexis* e os escolásticos *habitus* é uma aptidão inata, ou adquirida pelo treinamento. A cada ciência corresponde um *habitus* específico. O físico é menos uma pessoa que tenha lido muitos livros de física do que alguém apto a reagir diante dos fatos segundo determinadas regras e referências conceituais. Coisa semelhante se dirá de qualquer outro cientista. Dir-se-á também que o mero alfabetizado em sociologia, por mais exaustiva que seja a sua informação, não é sociólogo. Distinguindo a *arte em hábito* da *arte em ato*, imagina Jacques Maritain, em seu livro *Art et scolastique*, um enérgico aprendiz capaz de trabalhar quinze horas por dia na aquisição do conhecimento teórico e das regras de uma arte, mas no qual o *habitus* não germina. Esse esforço jamais fará dele um artista e não o impedirá de permanecer mais infinitamente afastado da arte do que a criança ou o selvagem portador de um simples dom natural. *Redução é precisamente o contrário de repetição*. A mera repetição analógica de práticas e estudos contraria a essência da atitude científica, porque perde de vista a particularidade constitutiva de toda situação histórica.

PREFÁCIO DO AUTOR À SEGUNDA EDIÇÃO

Os nossos sociólogos convencionais não estão em condições de opinar e aconselhar acertadamente no tocante à institucionalização do ensino sociológico, em particular, e do ensino, em geral, por se mostrarem manifestamente imperitos na prática da sociologia. Passamos assim ao segundo ponto que destacamos no trabalho em exame do professor paulista. As considerações do sr. Florestan Fernandes sobre a matéria são, além de errôneas, perigosas. O sr. Florestan Fernandes faz ideia muito simplificada das razões do atraso da sociologia em nosso país. Parece ser-lhe estranho o imperativo preliminar de reformar a própria atitude metódica do sociólogo brasileiro em face do patrimônio científico alienígena. Descurando disso, supervaloriza aspectos financeiros de nosso trabalho sociológico, relevantes, sem dúvida, mas subsidiários e adjetivos. Diz, taxativamente: "O conhecimento científico não possui dois padrões: um adaptável às *sociedades desenvolvidas*; outro acessível às *sociedades subdesenvolvidas*".[25] Qualquer que seja o sentido de que se entende por *padrões*, na verdade, o sr. Florestan Fernandes, no que diz respeito à sociologia estrangeira, é um hipercorreto. Em nenhum momento dá sinal de compreender que, num país subdesenvolvido, não logra caráter científico o trabalho sociológico senão quando se compadece com certas regras adjetivas, de natureza histórico-social, que distinguem o seu padrão do padrão alienígena. Essas regras, é óbvio, não afetam os princípios gerais do raciocínio sociológico. O professor paulista não só se proclama como se orgulha de ser jejuno nesse campo de cogitações. Por isso não é espantoso que impute à falta de dotações orçamentárias deficiências cujos determinantes reais lhe escapem totalmente à percepção. De modo obsedante fala da penúria financeira: "É justamente nas áreas do ensino e da pesquisa que são maiores as oportunidades de inovação institucional. Há elementos perturbadores na situação em que nos encontramos por causa da penúria de meios financeiros, pedagógicos e humanos".[26]

Toda sociedade subdesenvolvida é definida por um complexo geral de penúria. Há penúria de alimentos, de habitação, de bens e serviços de toda espécie, penúria de recursos para as atividades científicas

---

25 Id., "A sociologia como afirmação", op. cit., p. 12; grifos do original.
26 Ibid., p. 10.

de todo gênero. De todos os homens de ciência, o sociólogo é justamente quem deveria particularmente compreender que, a penúria só podendo ser erradicada pelo esforço coletivo de produção, lhe cabe subordinar a atividade científica às prioridades sociais, o que é possível sem sacrifício do rigor. Pedir recursos orçamentários para o trabalho sociológico sem consciência sociológica, crítica, do problema social global dos recursos é prova inequívoca de um delito contra a sociologia. Na *Cartilha* escrevemos esta proposição, que o sr. Florestan Fernandes condena com veemência:

> No estádio atual de desenvolvimento das nações latino-americanas, em face das suas necessidades cada vez maiores de investimento em bens de produção, é desaconselhável aplicar recursos na prática de pesquisas sobre detalhes da vida social, devendo-se estimular a formulação de interpretações genéricas dos aspectos global e parciais das estruturas nacionais e regionais.[27]

Nossos sociólogos convencionais são infinitamente alienados no tratamento dessas questões de política científica. Avaliam as necessidades do trabalho sociológico por critérios abstratos, simétricos e analógicos. Na crítica do sr. Florestan Fernandes, não há o mais leve indício de que ele tenha ideia de uma política geral do trabalho sociológico em nosso país, induzida da fase atual em que se encontra o seu processo de desenvolvimento. Ele julga que o padrão de trabalho científico dos sociólogos brasileiros é uma fórmula ideal, que nada tem a ver com as particularidades históricas e sociais do país. "O padrão de trabalho intelectual, explorado nos diversos ramos da investigação científica" – diz ele – "é determinado, *formalmente*, pelas normas, valores e ideais do saber científico."[28] Para se ter uma ideia do formalismo em que está envasada a apreciação do sr. Florestan Fernandes, é preciso ler-se o opúsculo em exame. Não raro torna-se difícil, se não impossível, compreendê-lo. Além de não ilustrar de modo concreto suas considerações, não precisa, como seria de desejar, o sentido de certos termos.

---

27 A. Guerreiro Ramos, *Cartilha brasileira do aprendiz de sociólogo*, op. cit., p. 16.
28 F. Fernandes, *O padrão de trabalho científico dos sociólogos brasileiros*, op. cit., p. 11.

PREFÁCIO DO AUTOR À SEGUNDA EDIÇÃO

São, por exemplo, vagos os significados de "padrão", "normas", "valores", "ideais". Na *Cartilha*, todas as críticas estão referidas a situações concretas. O sr. Florestan Fernandes não as discute. E é provável que o leitor do opúsculo, desprevenido, ignorante do texto da *Cartilha*, admita que nós preconizamos um nacionalismo sociológico incompatível com as regras científicas do raciocínio. Esperamos da boa-fé de quem ler este livro a compreensão exata do nosso pensamento. No plano geral do raciocínio sociológico, as "normas", "valores" e "ideais" transcendem as particularidades históricas de cada sociedade nacional. No terreno concreto, porém, a utilização prática do saber sociológico obedece, em cada sociedade nacional, a "normas", "valores" e "ideais" específicos, que refletem a particularidade histórica de sua situação. Devem ser pesquisados e compreendidos pelo sociólogo e, assim, tornar-se pontos de referência de uma política do trabalho científico. Sem essa consciência política, o sociólogo não está habilitado a tirar partido, de modo socialmente positivo, dos recursos disponíveis. Pode ainda aceitar ajudas financeiras externas para a realização de pesquisas e investigações, cujo sutil propósito é distrair a intelectualidade de tarefas criadoras do ponto de vista nacional. São justamente os sociólogos convencionais os mais bem pagos do Brasil, os preferidos das organizações externas financiadoras de investigações. Mas todo mundo sabe que é nula a participação dos sociólogos convencionais no esforço que, em nossos dias, se vem realizando no Brasil no sentido de formular um legítimo pensamento sociológico nacional. Esse pensamento está surgindo, à revelia e contra a resistência deles. O sociólogo de um país subdesenvolvido, mais do que qualquer outro indivíduo, tem o dever de procurar meios e modos de transcender a penúria financeira e fazer o seu trabalho, com o maior rigor técnico e científico, a despeito dessa penúria. Não é inteligente, nem muito menos sociológico, levar à conta de penúria financeira a debilidade de um trabalho científico que decorre principalmente de uma alienada atitude metódica diante do saber e da realidade nacional.

O formalismo induz o sr. Florestan Fernandes a afirmações de gritante teor ingênuo. Diz ele:

> Excetuando-se a produção dos sociólogos estrangeiros, que lecionaram entre nós, as primeiras tentativas de vulto, na exploração de alvos

científicos definidos sistematicamente da investigação sociológica, fazem-se sentir em contribuições posteriores a 1930, de Fernando de Azevedo e de Emílio Willems.[29]

Essa afirmativa demonstra, como temos repisado, que pode coincidir, na mesma pessoa, um alto nível de informação sociológica com incapacidade crítica. Identificando o conhecimento sociológico com a *sociologia em ato*, o sr. Florestan Fernandes acredita que no Brasil a sociologia só começa com as escolas de sociologia. Os autores a que se refere acima e aos quais atribui uma importância extravagante, desproporcional à que realmente representam, são, por assim dizer, sociólogos didáticos, escritores escolares. Como tal, tiveram inegável importância, difundindo ensinamentos úteis. Nunca foram, não são, porém, propriamente sociólogos, como o foram, apesar de suas normais deficiências, homens como o Visconde de Uruguai, Sílvio Romero, Euclides da Cunha, Alberto Torres e Oliveira Viana, em suas respectivas épocas. Esses autores são momentos ilustres da formação de um pensamento sociológico brasileiro, que utilizavam, como subsídios, as contribuições estrangeiras.

Todos esses homens tinham o que fazer – tarefas sociológicas próprias e larga consciência de que a medida por excelência do trabalho sociológico é a sua funcionalidade em relação à realidade nacional. Por isso, o público não sabe hoje quem são Fernando de Azevedo e Emílio Willems, mas continua a ler aqueles autores e em suas obras encontrando esclarecimentos úteis à compreensão objetiva do passado e do presente. Os trabalhos do sr. Emílio Willems só têm interesse escolar. Seus estudos sobre aculturação e assimilação constituem competentes provas de sua atualização didática, mas, além de não conterem nenhuma contribuição no campo da teoria pura, nada mais representam que exercícios. São um episódio da história do ensino da sociologia no Brasil. Não contam, porém, como episódio da história do pensamento sociológico brasileiro. É, pois, exagero, se não sectarismo, afirmar-se que "como atestam as contribuições pioneiras de Emílio Willems, aí se acha a fonte da revolução empírica e teórica por que

---

29 Ibid., pp. 56-57.

PREFÁCIO DO AUTOR À SEGUNDA EDIÇÃO

passou a sociologia entre nós, nos últimos vinte e cinco anos".[30] Esse modo de ver do sr. Florestan Fernandes demonstra o caráter de ideologia de professor que têm as suas considerações. Daqui a cinquenta anos – é preciso advertir – não serão os Emílio Willems de hoje, mas os Sílvio Romero de hoje que estarão vivos na memória e na gratidão dos estudiosos. Os Sílvio Romero de hoje são até mais atualizados em informação sociológica do que os Emílio Willems de hoje. Apenas, à diferença destes últimos, sabem fazer uso sociológico da sociologia.

O opúsculo do sr. Florestan Fernandes, *O padrão de trabalho científico dos sociólogos brasileiros*, é um texto inestimável como documento da ideologia de professor de sociologia no Brasil. Entre os traços salientes dessa ideologia, dois merecem destaque: o provincianismo e o bovarismo.

O sr. Florestan Fernandes paga enorme tributo ao provincianismo quando se acredita no dever de zelar pela "pureza" da sociologia, e julga se destine a ser levado demasiadamente a sério o âmbito do saber academicamente chamado de sociológico. Por isso, típico sociólogo convencional, estranha os "especialistas que defendem uma espécie de deformação 'filosófica' da natureza do ponto de vista sociológico".[31] "[...] o perigo de semelhante orientação" – afirma o professor paulista – "é evidente: ela faria com que os sociólogos optassem, deliberadamente, por modelos pré-científicos de explicação da realidade social."[32] Mas as coisas se passam justamente ao contrário do que imagina o sr. Florestan Fernandes. A institucionalização da sociologia, ao lado de benefícios, acarreta malefícios, entre os quais o de levar estudiosos de escassa habilitação crítica a pensar que os critérios da cientificidade sejam livrescos ou institucionais. Esses critérios têm de ser procurados na estreita relação entre teoria e prática. A sociologia, na forma institucional que assumiu após a morte de Augusto Comte, nós a consideramos como distorção de um esforço de criação de uma teoria social científica, que se vinha realizando desde o século XVIII.

---

30 Id., "A sociologia como afirmação", op. cit., p. 17.
31 Id., *O padrão de trabalho científico dos sociólogos brasileiros*, op. cit., p. 61.
32 Ibid.

Neste livro, publicamos um texto, elaborado em 1958, em que discutimos essa tese.[33] Os grandes sociólogos o foram apesar do conceito institucional de sociologia, que o sr. Florestan Fernandes idealiza. Se fosse válida sua argumentação, a sociologia seria disciplina de escoteiros, e Comte, Marx, Max Weber, Durkheim, Mannheim e Gurvitch não seriam sociólogos, pois todos esses autores sofrem da "deformação filosófica" vituperada pelo sr. Florestan Fernandes. Hoje, mais do que nunca, a disciplina sociológica se afigura a todo estudioso sério algo por fazer, tão aguda é a crise que abala os seus fundamentos. Constitui formidável desatualização defender a "pureza" da sociologia, desconhecendo o grande debate que se trava, em nossos dias, sobre a questão da reforma do saber. O solipsismo sociológico só atende a interesses extracientíficos da burocracia parasitária, gerada pela prematura institucionalização do ensino da sociologia.

O bovarismo é outra falácia em que incorre o sr. Florestan Fernandes. Consiste em extremar a distância entre o mundo dos sociólogos e o dos "leigos", ao ponto de considerá-los cindidos, o que, obviamente, é falso. O sr. Florestan Fernandes reitera, repisa a distinção entre cientistas e "leigos" e parece considerá-la como ideal. Considera "o cientista como participante de um cosmos cultural autônomo"[34] e afirma que "o 'sistema científico' pode ser entendido, etnologicamente, como uma subcultura".[35] Nas condições atuais da civilização, existe, de fato, essa distância que, até certo ponto, é necessária. Mas o saber científico, e, em particular, o sociológico, só é largamente privilégio de círculos restritos por força de condições históricas que limitam o acesso das massas ou dos leigos à cultura. Caminhamos, porém, para uma etapa em que tende a diminuir a força inibitória da popularização do saber que tem aquelas condições. Podemos imaginar uma sociedade-limite, que emergirá, no futuro, da evolução histórica, em que a ciência, sobretudo a sociologia, será ingrediente da conduta ordinária dos cidadãos, em que a qualidade das relações sociais será tão elevada que o indivíduo receberá, difusamente, no processo informal da convivência,

---

33 Ver o Apêndice I deste volume, "Situação atual da sociologia", pp. 146-71. [N.E.]
34 F. Fernandes, *O padrão de trabalho científico dos sociólogos brasileiros*, op. cit., p. 15.
35 Ibid.

PREFÁCIO DO AUTOR À SEGUNDA EDIÇÃO

larga parte do conhecimento sistemático, que hoje só nas escolas e faculdades se adquire. A vocação da sociologia, aliás, é tornar-se um saber vulgarizado. A sociologia se volatizará no processo social global. Essas afirmativas devem escandalizar o aristocratismo do professor paulista. Passemos a outra ordem de considerações mais pertinentes. O sr. Florestan Fernandes deveria refletir sobre este fato: há hoje sociedades avançadas que passam sem sociologia e sem sociólogos, no sentido em que o professor paulista entende essas palavras. E passam, aliás, muito bem. Haverá mesmo a distância entre sociólogos e "leigos" na escala em que o sr. Florestan Fernandes imagina? Positivamente, não. O professor paulista é ideólogo de uma sociologia insustentável, que nunca existiu, não existe, nunca existirá. A sociologia não é exterior à sociedade global. Pode, é certo, transcender a conduta vulgar, mas dentro dos limites prescritos pela sociedade global, à maneira do que lembrava Karl Marx, na terceira tese sobre Feuerbach, quando apontava o utopismo dos pensadores do século XVIII, que queriam educar os outros esquecendo-se de que o "educador também deve ser educado" e de que só no mundo das quimeras a sociedade está dividida em duas partes, uma muito acima da outra. O sr. Florestan Fernandes lamenta "a influência dos leigos"[36] e não oculta o seu anelo. Diz ele: "[...] o ideal seria uma situação diferente, que garantisse aos cientistas a oportunidade de encarregarem-se dessas decisões ou de exercerem maior influência nas circunstâncias [...]".[37]

Vemos, assim, que, embora o sr. Florestan Fernandes seja portador de insígnias institucionais que o convencionam como sociólogo, emite juízos essencialmente leigos. O que se diz no opúsculo em exame não ultrapassa o âmbito laico da sociologia, é pré-sociológico, pré-científico. O sr. Florestan Fernandes se faz porta-voz do infortúnio da sociologia convencional e lastima que "políticos, jornalistas, ensaístas, romancistas, historiadores, folcloristas qualificam como 'sociológicas', com a maior boa-fé, produções intelectuais que não têm nenhuma relação com os propósitos da investigação sociológica propriamente dita".[38]

---

36 Ibid., p. 28.
37 Ibid., p. 27.
38 Ibid., p. 29.

Em qualquer sociedade atual, que melhor gente haverá do que políticos, jornalistas, ensaístas, romancistas, historiadores, folcloristas? Se essa gente não entende a sociologia "propriamente dita", é sinal de que, nesta, algo está errado. O infortúnio a que estão condenados os sociólogos convencionais é um julgamento social. Um escrito recente do sr. Florestan Fernandes revela indícios de que o professor paulista está lutando contra os preconceitos escolásticos. O escrito ainda tem muito de esoterismo, mas ao terminá-lo o autor escreve páginas que nos inspiram a convicção de que o professor paulista está em processo de autocrítica. Diz ele: "o sociólogo, como homem da sociedade de seu tempo, não pode omitir-se diante do dever de pôr os conhecimentos sociológicos a serviço das tendências de reconstrução social".[39] Quem conhece os escritos do professor paulista se dará conta de que essa frase é, nele, indicativa de uma revolução interior. O sr. Florestan Fernandes já escreve sobre a sociologia militante. Temos a esperança de que se torne, em breve, um sociólogo militante. Só então se eliminará sua resistência à redução sociológica.

———

A primeira edição deste livro suscitou a elaboração do mais eminente documento crítico que um militante do Partido Comunista já produziu no Brasil. Refiro-me ao ensaio "Correntes sociológicas no Brasil", de autoria do sr. Jacob Gorender.[40] Aí a redução é exposta e analisada em alto nível de competência e integridade, o que não é comum entre os intelectuais adeptos do PCB, notadamente quando apreciam a produção dos que discordam de suas posições teóricas. A estimulante apreciação do sr. Jacob Gorender é reproduzida na íntegra em apêndice desta edição, para que se possa melhor avaliar a pertinência das objeções que, a seguir, faremos a certos reparos daquele autor.

A militância nos quadros do PC empobrece o horizonte do intelectual. Nem mesmo um pensador extraordinariamente bem-dotado e capaz, como o sr. Jacob Gorender, escapou a essa "estreiteza específica". É por demais notório o sectarismo em que incorre o autor em seu

---

39 Id., "A sociologia como afirmação", op. cit., p. 39.
40 Jacob Gorender, "Correntes sociológicas no Brasil". *Estudos Sociais*, n. 3-4, set./dez., 1958. [N.E.: Incluído neste volume, pp. 182-203]

PREFÁCIO DO AUTOR À SEGUNDA EDIÇÃO

julgamento. O sr. Gorender tem uma visão conspirativa dos assuntos e autores. A partir de circunstâncias muitas vezes extrínsecas e fortuitas aos assuntos e autores, passa a inferências teóricas e ideológicas inexatas, e até pueris, inspiradas pela deformada imaginação conspirativa. O sr. Gorender não oferece nenhuma objeção à parte essencial do livro, isto é, aquela em que definimos a redução e formulamos as suas leis, e parece mesmo estar de acordo conosco nesse ponto. No entanto, afirma que malogramos, que nos "salvamos pela metade", e justifica esse veredicto recorrendo aos aspectos adjetivos de nossa obra. Citamos e valorizamos autores que estão no *index* do marxismo-leninismo, como Jaspers, Husserl, Heidegger, Karl Mannheim, sem, no entanto, aderir ao sistema de nenhum deles. Isso é o bastante para que o sr. Gorender veja em *A redução* um subjetivismo que não existe. Pode-se não ser hegeliano – é o nosso caso –, mas como, não digo ignorar, mas como não incorporar ao esforço de elaboração teórica em nossa época algumas válidas contribuições de Hegel? Receio que os marxistas-leninistas lancem condenação de plano sobre a obra de Heidegger, largamente porque o filósofo foi, alguns anos, reitor de universidade alemã durante o regime nazista. Não podemos conferir seriedade a uma tal visão policial dos assuntos filosóficos e sociológicos. Sartre surpreendeu essa debilidade em certas análises de Georges Lukács, as quais o levaram a escrever:

Vede Lukács: para ele, o existencialismo heideggeriano se transforma em ativismo sob a influência dos nazistas; o existencialismo francês, liberal e antifascista, exprime, ao contrário, a revolta dos pequenos burgueses tiranizados durante a ocupação. Que belo romance! Desgraçadamente, ele negligencia dois fatos essenciais. Primeiramente, existia na Alemanha *pelo menos uma* corrente existencialista que repudiava qualquer coalisão com o hitlerismo e que, entretanto, sobreviveu no III Reich: a de Jaspers. Por que essa corrente não se conformara com o esquema imposto? Teria, como cão de Pavlov, um "reflexo de liberdade"? Em segundo lugar, existe um fator essencial em filosofia: o tempo. Dele se necessita muito para escrever uma obra teórica. Meu livro, *L'être et le néant* [*O ser e o nada*], ao qual ele se refere explicitamente, era o resultado de pesquisas empreendidas desde 1930; eu li pela primeira vez Husserl, Scheler, Heidegger e Jaspers, em 1933, durante estágio de um ano na Casa de França [*Maison française*] em Berlim, e foi *nesse momento* (portanto, quando Heidegger devia estar em pleno "ativismo") que sofri sua influência. Enfim, durante o inverno de 1939-40, estava já de posse do método e das conclusões principais. E que é o "ativismo" senão um conceito formal e vazio que permite liquidar, *ao mesmo tempo*, certo número de sistemas ideológicos, que só têm semelhanças superficiais entre si? Heidegger *jamais* foi "ativista", ao menos tanto quanto se tenha expressado em obras filosóficas. A própria palavra, por vaga que seja, testemunha a incompreensão do marxista em relação às outras correntes de pensamento. Sim, Lukács tem os instrumentos para compreender Heidegger, mas nunca o compreenderá, porque seria necessário *lê-lo*, apreender o sentido das frases uma a uma. E disso não há um marxista, ao que me conste, que seja capaz.[41]

Tem razão Jean-Paul Sartre.

Participo de algumas restrições que o sr. Gorender faz a Jaspers, Husserl, Heidegger. Mas elas não atingem o nosso próprio pensamento exposto neste livro. A redução, em que se fundamenta todo o nosso trabalho sociológico, é originalmente uma intuição básica, resultante de nossa condição de intelectual brasileiro, sensível à tarefa de fundamentação teórica da cultura nacional. Mas o desdobramento analítico dessa intuição não se verifica num meio abstrato, e sim num espaço filosófico-cultural concreto, o do século XX, e Jaspers, Husserl, Heidegger, além de outros, são momentos concretos do saber do século XX em elaboração. Por isso, não podiam deixar de ser referências inevitáveis de nossa elaboração. O solipsismo marxista-leninista é atitude cultural menor, limitação que desnatura e sectariza o pensamento. Por isso, o sr. Gorender escreve, apesar de sua lucidez, absurdos como este:

O sr. Guerreiro Ramos se refere à "instância de enunciados gerais que constituem o núcleo central do raciocínio sociológico". Mas eis os autores dos quais julga deva ser extraído esse núcleo de enunciados gerais: Karl Marx, Comte, Spencer, Georg Simmel, F. Tönnies,

---

41 Vide Jean-Paul Sartre, *Critique de la raison dialèctique* [*Crítica da razão dialética*]. Paris: Gallimard,1960, pp. 34-35.

Max Weber, Max Scheler, Durkheim, Gabriel Tarde, Vilfredo Pareto e outros... A isso se acrescentam esforços especiais para combinar o existencialismo com o marxismo. O ecletismo não se detém aí diante de qualquer limite. Seria esse um dos piores pontos de partida para chegar a uma teoria sociológica íntegra e correta.[42]

Seria espantoso que as minhas referências não fossem esses e outros autores de idêntica formação. Como se pode formar um sociólogo razoavelmente competente se não "extrai" desses autores o "núcleo" de enunciados gerais da disciplina? Wright Mills observa que a sociologia não seria o que é hoje sem Marx. Mas é preciso acrescentar que, reduzida apenas à contribuição de Marx, sem o concurso daqueles autores que o sr. Gorender repudia sem conhecer, nem sequer seria imaginável. Estou quase certo de que o sr. Gorender não realizou estudos sistemáticos sobre nenhum daqueles autores, com exceção de Marx. Como, então, julga com ligeireza o que não conhece? O solipsismo marxista-leninista nega a herança docente do conhecimento, o *continuum* teórico da comunidade dos pensadores, por vício sectário e conspirativo. Traz para o domínio do conhecimento, indebitamente, o princípio de luta pelo poder. O marxismo-leninismo é uma sofística, revestida de fraseologia filosófica e científica, a serviço da luta pelo poder. Porventura acredita o sr. Gorender que Marx não "extraiu" o "núcleo de seus enunciados gerais" dos pré-socráticos, de Platão, de Aristóteles, de Descartes, de Leibniz, de Spinoza, de Kant, de Fichte, de Hegel? Se acredita, é lamentável. Só depois que se libertam da "servidão intelectual" que lhes impõe o marxismo-leninismo, os militantes de partidos comunistas de efetiva vocação teórica, como Lukács e Gorender, atingem a plenitude de suas possibilidades criadoras. A história contemporânea o comprova. Aí, estão, para demonstrá-lo, as retificações políticas que faz a si mesmo o hoje ex-membro do PC francês Henri Lefebvre, em *La somme et le reste* [A soma e o resto]. Alimentamos a esperança de que o sr. Gorender, seguindo o exemplo de Lefebvre e outros, se desligue do PCB e, assim, a cultura brasileira o ganhe, com a sua íntegra capacidade normal, isenta da estreiteza que a limita e a dissipa.

---

42 J. Gorender, "Correntes sociológicas no Brasil", op. cit., p. 347. [N.E.: Ver p. 197 deste volume.]

O sr. Gorender escreve que "a redução sociológica" se inspira diretamente na "redução fenomenológica" de Husserl e que nesse filósofo se apoia o meu pensamento. Coincide com o sr. Paulo Dourado de Gusmão, que nos atribui a criação de "uma técnica husserliana de acesso ao social"[43] e nos inclui na Escola Fenomenológica em seu *Manual de sociologia*.[44] Sobre esse ponto, desejamos proceder alguns esclarecimentos.

Faz parte da instrução de todo aquele que se dedica seriamente aos estudos sociológicos o conhecimento elementar da fenomenologia, das linhas gerais do pensamento de Husserl. Essa instrução nós a tínhamos quando escrevemos este livro. Mas, em 1958, não nos considerávamos fenomenólogos, no sentido restrito do termo. Não paramos, desde então, de estudar Husserl e, a despeito disso, ainda não nos consideramos fenomenólogos, e nem temos a intenção de vir a sê-lo, *stricto sensu*. No entanto, é inadmissível que se possa ser sociólogo competente sem um conhecimento elementar das ideias de Husserl. Aliás, a fenomenologia é, hoje, largamente característica essencial da atmosfera cultural de nossa época. Como Monsieur Jourdain fazia prosa, muita gente é hoje fenomenólogo sem ter disso consciência sistemática: a vedete de televisão e teatro, o motorista de táxi, o político, o romancista, o poeta e outros tipos, ainda que não tenham lido uma linha de Husserl. A redução sociológica é husserliana menos porque aplica o método específico de Husserl no estudo do social do que porque participa da tendência geral do trabalho sociológico representativo do século xx. As críticas procedentes que o sr. Jacob Gorender faz a Husserl não nos atingem. Não nos cabe respondê-las, porque não é uma briga nossa, é uma briga dos outros. Quem objeta a Hegel não objeta necessariamente a Marx. No entanto, Marx era hegeliano em duplo sentido: tinha instrução a respeito da doutrina de Hegel e respirou em ambiente cultural impregnado de hegelianismo.

Ao elaborar este livro, *não tivemos o propósito de aplicar o método husserliano ao estudo do social*, como teve Gurvitch ao escrever os

---

43 Paulo Dourado de Gusmão, *Teorias sociológicas*. Rio de Janeiro: Fundo de Cultura, 1962, p. 39.

44 Id., *Manual de sociologia*. Rio de Janeiro: Fundo de Cultura, 1963, p. 246.

PREFÁCIO DO AUTOR À SEGUNDA EDIÇÃO

ensaios que constituem *Morale théorique et science des moeurs* [Moral teórica e ciência dos costumes] (1937), *Essais de sociologie* (1938) e, mais recentemente, René Toulemont, em *L'essence de la société selon Husserl* (1962), e como parecem admitir o sr. Jacob Gorender, Carlos Cossio (em carta ao sociólogo baiano Machado Neto), Benedito Nunes (em elucidativo estudo reproduzido em apêndice) e o distinto professor Paulo Dourado de Gusmão. Prezamos tanto o esforço do professor Dourado de Gusmão no sentido de expor, sem sectarismo e equidistantes de igrejinhas, as correntes sociológicas no Brasil, que aqui retificaremos algumas de suas considerações a nosso respeito. O professor Dourado de Gusmão diz, com pleno cabimento, que, em *A redução sociológica*, "nota-se [...] a influência do historicismo alemão e da fenomenologia da qual já foi aproveitada a técnica da redução".[45] Não é, porém, pertinente, o trecho que acrescenta em seu livro, *Introdução à sociologia*, o qual, apesar de longo, passo a transcrever:

> Quanto à "redução", em sociologia, antes de Guerreiro Ramos, foi tratada por Gurvitch, que, como é do conhecimento comum, reconheceu dever ser feita, em sociologia, análise dos níveis de profundidade da realidade social através da decomposição das suas várias camadas (*Morale théorique et science des moeurs*, Paris, 1937, *Essais de sociologie*, Paris, 1938 e *Sociology of Law*, New York, 1942). Eis a redução sociológica aplicada à sociologia do "espírito noético". Esclarece Gurvitch: o método de decomposição se inspira no "método de inversão" de Bergson ou na "redução fenomenológica" de Husserl. Consiste, assim, na "redução imanente, regressiva, mediante estádios sucessivos, para o que é diretamente conhecido na experiência da realidade social". Portanto, a sociologia deve usar a "inversão redutiva" ou a "inversão e redução" – eis o pensamento de Gurvitch. Referindo-se a esse processo metodológico, Toulemont (*Sociologie et pluralisme dialectique*, Paris-Louvain, 1955) assim se pronunciou: "*cette réduction est en même temps une inversion, car la pensée y suit une marche apposée à la demarche habituelle, qui*

---

45 Id., *Introdução à sociologia*. Rio de Janeiro: Departamento Administrativo do Serviço Público, 1959, p. 184.

est de superposer sans cesse constructions à constructions".[46] Mas essas ideias metodológicas foram lançadas e praticadas por Gurvitch sem serem, contudo, sistematizadas. Gurvitch praticou a redução sociológica, mas não a estudou minunciosamente. É justamente no estudo sistemático, na análise e no desenvolvimento desse método que consiste a originalidade de Guerreiro Ramos.[47]

Em primeiro lugar, insistamos, a redução sociológica não é, exatamente, aplicação da redução husserliana no estudo do social. Quem fez tal aplicação foi Gurvitch nas obras que o professor Dourado de Gusmão cita. No texto deste livro, escrevemos em 1958: "a redução sociológica, embora permeada pela influência de Husserl, *é algo diverso de uma ciência eidética do social*". O que tomamos de Husserl foi menos o conteúdo filosófico do seu método do que um fragmento de sua terminologia. Além disso, jamais passou pela cabeça de Gurvitch a ideia da redução sociológica como é concebida e exposta neste livro. Essa ideia é estranha a Gurvitch, que não vive o problema da descolonialização do trabalho sociológico. Nem Gurvitch nem nenhum sociólogo antes de nós, ao que nos conste, usou mesmo a expressão redução sociológica. Com esses reparos, respondemos também ao sr. Jacob Gorender, quando nos argui de fenomenologismo no sentido estrito.

O estudo do sr. Jacob Gorender poderia ser mais estimulante e qualificado, se despojado de cacoetes habituais em que incorrem os adeptos do "marxismo institucional". Não é digna da inteligência do crítico aquela tirada panegírica em que fala do "grandioso triunfo (do marxismo) numa área habitada por um terço da humanidade". É ridículo atroz referir a Marx o marxismo-leninismo e certas boçalidades que, na União Soviética e outras repúblicas populares, se pretende impingir como manifestações filosóficas. É extemporânea a defesa que o sr. Jacob Gorender faz do marxismo. Não somos nem marxistas nem antimarxistas. Somos pós-marxistas, como Marx foi pós-hegeliano,

---

46 "[...] essa redução é ao mesmo tempo uma inversão, pois o pensamento segue um caminho aposto na abordagem usual, que é sobrepor constantemente construções sobre construções. [N.E.]

47 P. D. Gusmão, *Introdução à sociologia*, op. cit., p. 184.

PREFÁCIO DO AUTOR À SEGUNDA EDIÇÃO

pós-feuerbachiano. Não somos solipsistas. Chamar de "ecletismo" a redução ou acusar-nos de pretender fazer "acondicionamentos" de uma teoria em outra, porque circulamos em áreas diversas das correntes filosóficas de nossa época, é completamente estapafúrdio. O saber também tem história. Como esforço de atualização do saber, o marxismo transcende Marx, o existencialismo transcende Heidegger, Jaspers, Sartre, a fenomenologia transcende Husserl. Marx jamais teve o projeto de elaborar o marxismo. Seu projeto foi o de liquidar os anacronismos vigentes no pensar filosófico de sua época e, por isso, de certo modo, antecipou a fenomenologia e o existencialismo. Ao contrário do que afirmou o sr. J. Gorender, não desconhecemos que Marx viu, antes de Husserl, a "influência recíproca entre sujeito e objeto". Expressamente, chamamos a atenção para esse ponto em nota de *A redução* em que escrevemos: "o autor pensa que é possível demonstrar que Marx, numa terminologia distinta da de Heidegger, concebia, a seu modo, o homem como *ser-no-mundo*" [p. 104, nota 7]. Ricas de antecipações do existencialismo são as páginas do *Manuscritos econômico-filosóficos* de 1844.

Não podemos deixar passar sem veemente refutação o compromisso com a burguesia que o sr. Jacob Gorender vê, indevidamente, neste livro. Ao contrário do que pensa o sr. Gorender, não temos, nunca tivemos nada de comum com os "isebianos" de que fala em sua crítica. Jamais levei a sério as elucubrações cerebrinas de certos intelectuais menores, pivetes do "desenvolvimentismo" burguês. Leia o sr. Gorender o que escrevemos sobre a falácia do nacionalismo burguês em *O problema nacional do Brasil* ("Princípios do povo brasileiro") e *Mito e verdade da revolução brasileira* ("A filosofia do guerreiro sem senso de humor") e sobre o "desenvolvimento", em *A crise do poder no Brasil*. Além do mais, a nossa saída do ISEB, em 1958, a cujos antecedentes alude o sr. Gorender, serve de cifra para que se possam alcançar as razões existenciais de nossa posição. O ponto de vista proletário é a referência básica de nosso pensamento sociológico. Não vê isso o sr. Gorender em *A redução* não propriamente por má-fé, como certos escribas, mas porque não deu a devida atenção ao conceito de "comunidade humana universal", que preside ao nosso pensamento em geral, e, em particular, neste livro. Não se situa no ponto de vista proletário um estudo apenas porque contenha referências expressas ao proletariado, à classe operária. O contrário pode mesmo acontecer. "O compromisso de que se fala aqui" – dizemos neste livro – "na medida em que seja sistemático, situa o cientista no ponto de vista universal da comunidade humana". Esse ponto de vista engloba o da classe operária. Esse ponto de vista é o da totalidade. A categoria cardinal do pensamento, para Marx, não é a classe operária, é a totalidade. A classe operária é aspecto concreto, episódico, da totalidade. "Não é a predominância dos motivos econômicos na explicação da história" – diz Lukács – "que distingue, de maneira decisiva, o marxismo da ciência burguesa, é o ponto de vista da totalidade".[48] E acrescenta:

> O que há de fundamentalmente revolucionário na ciência proletária não é somente o fato de que opõe à sociedade burguesa conteúdos revolucionários, mas é, sobretudo, a essência revolucionária do próprio método. *O reino da categoria da totalidade é o portador do princípio revolucionário na ciência.*[49]

Muita gente pensa que a prática da ciência revolucionária requer a idolatria de fetiches verbais. Se um texto sociológico não contém a expressão "classe operária", não é revolucionário. Mas essa é a maneira de pensar que caracteriza o escriba, não o homem da ciência. O sr. Jacob Gorender não é escriba, mas a má companhia em que anda impede que os seus trabalhos, e em particular a crítica em exame, atinjam a qualificação de que seria naturalmente capaz, não fosse a servidão partidária que o empobrece intelectualmente.

———

O presente livro teve calorosa acolhida em círculos dedicados à pesquisa tecnológica. Registramos aqui e reproduzimos em apêndice a significativa contribuição de um dos mais respeitáveis engenheiros do país. As notas que nos ofereceu e as considerações que emitiu são relevantes, pois sublinham implicações da redução sociológica

---

48 G. Lukács, *Histoire et conscience de classe* [*História e consciência de classe*]. Paris: Les Éditions de Minuit, 1960, p. 47.
49 Ibid., pp. 47-48.

PREFÁCIO DO AUTOR À SEGUNDA EDIÇÃO

não minuciosamente focalizadas na edição de 1958. O engenheiro...[50] salienta que, no Brasil, de longa data, mesmo em sua fase colonial, se praticava a redução. Onde houve prática houve redução. Nossos agricultores, por exemplo, na labuta direta com a natureza, tiveram consciência de que os processos estrangeiros de lavoura nem sempre eram adequados às nossas condições e, assim, diante deles, assumiram uma atitude redutora. Até estrangeiros, desde que, como Louis Couty, H. A. Millet e muitos outros, identificados, pela prática, com as peculiaridades do país, reconheciam, já no século passado, o imperativo de assimilação crítica da ciência e da técnica. A redução tecnológica precedeu à redução sociológica. Isso porque, na sociedade arcaica do passado, a redução era exigência setorial, ali onde o esforço produtivo da população esbarrava em problemas em que se patenteava claramente o conflito entre as regras, normas, modelos e processos importados e nossa realidade. Esses problemas se resolviam empiricamente. Todavia, o caráter reflexo que definia globalmente a antiga estrutura social não possibilitou que se tomasse consciência sistemática da redução, como acontece hoje entre nós. Propõe ainda o engenheiro... o conceito auxiliar de "teor ideológico". As resistências à redução tendem a diminuir quanto menor for o "teor ideológico" do problema. É mais fácil adaptar uma técnica agrícola do que um estatuto jurídico. A contribuição do engenheiro... consta de breves considerações gerais, de uma pesquisa no *Jornal do Agricultor* (1879-84) e de notas colhidas em diferentes fontes. É reproduzida em apêndice deste livro pelo seu inestimável valor ilustrativo.

Importa finalmente assinalar que integram esta edição dois pronunciamentos que proferimos na xvi Assembleia Geral das Nações Unidas, em 1960, na qualidade de Delegado do Brasil, e que tratam da questão de patentes e da situação social do mundo. Ambos aplicam concretamente a metodologia exposta neste livro.

---

50 Ocultamos o nome desse amigo de acordo com ele, por motivos políticos. Esta parte do presente prefácio foi revista em junho de 1964, quando estavam em curso as repressões de toda ordem, subsequentes ao movimento militar que depôs o presidente João Goulart. O autor foi uma das vítimas do Comando desse movimento. Por ato do referido Comando, teve seus direitos políticos suspensos por dez anos e, por consequência, perdeu seu mandato de deputado federal.

Na presente edição conservamos o texto de 1958, no qual corrigimos alguns erros de citação e introduzimos pequenas alterações de forma. Excluímos do texto os dois capítulos finais que tinham, naquela data, apenas interesse ilustrativo. Essa exclusão, que não altera a essência da obra, está plenamente compensada com os estudos incorporados como apêndices à presente edição.

Rio de Janeiro, 11 de agosto de 1963

NOTA INTRODUTÓRIA

As ideias expostas neste estudo vêm se formando na mente do autor há alguns anos, achando-se implícitas em seus trabalhos anteriores. Aqui são apresentadas de modo sistemático, integrando, pelo menos à guisa de esboço, um método de análise de concepções e de fatos sociais. Com o presente texto, pretende o autor contribuir em duplo sentido para a atualização da sociologia no Brasil. Deseja, por um lado, integrar a disciplina sociológica nas correntes mais representativas do pensamento universal contemporâneo. Por outro, pretende formular um conjunto de regras metódicas que estimulem a realização de um trabalho sociológico dotado de valor pragmático, quanto ao papel que possa exercer no processo de desenvolvimento nacional.

São as atuais condições objetivas do Brasil que propõem a tarefa de fundação de uma sociologia nacional. De fundação, antes que de fundamentação, pois não se trata de utilizar o repertório já existente de conhecimentos sociológicos para justificar orientação ou diretriz ocasional. Trata-se de algo mais árduo: reconhecendo no interior da sociedade brasileira a geração de forças que, só a partir de agora, a constituem como centro de referência, trata-se de tomar esse fato como suporte da atividade teórica. Há que fazer toda uma sociologia do fundamento e da fundação, que não pode ser realizada nesta oportunidade. O fundamento de uma sociologia verdadeiramente brasileira deve ser, antes de mais nada, um fato, um processo real, um dado concreto. Em seguida, é esse fato básico continuamente traduzido em conceitos. A conversão do fato em conceito implica, no entanto, uma criação original. Toda coletividade que tem logrado em seu processo atingir esse ponto culminante, em que se lhe apresenta a possibilidade de um desempenho significativo na história, passa de um modo de ser a outro radicalmente distinto. Ocorre, em tal momento, uma transmutação no ser mesmo da coletividade, a qual inaugura um período de tarefas fundadoras.

O Brasil passa hoje por um desses fecundos períodos e, no âmbito de sua disciplina, o autor procura tirar todo partido da oportunidade de produção teórica inovadora que a sorte de viver esta época do seu país lhe oferece. O Brasil, graças às condições reais do seu processo, está hoje em vias de tornar-se vigorosa personalidade cultural.

O presente estudo é fruto desse otimismo e, por certo, os que sabem ver encontrarão nestas páginas os motivos que o justificam. A redução sociológica é um método destinado a habilitar o estudioso a praticar a transposição de conhecimentos e de experiências de uma perspectiva para outra. O que a inspira é a consciência sistemática de que existe uma perspectiva brasileira. Toda cultura nacional é uma perspectiva particular. Eis porque a redução sociológica é, apenas, modalidade restrita de atitude geral que deve ser assumida por qualquer cultura em processo de fundação. Certamente todos aqueles que estão realizando, em seu campo profissional, uma produção de ideias, de coisas ou serviços, determinada por necessidades específicas do meio nacional, hão de perceber que a conduta metódica, cuja sistematização se propõe aqui, pode ser adotada, quanto ao essencial, em outros domínios do saber e da atividade humana.

A atitude redutora não poderia ter ocorrido a alguém fortuitamente. Na forma em que a expõe o autor, é subproduto do processo global da sociedade brasileira na fase contemporânea. Sua formulação sistemática representa o resultado de uma reflexão indutiva em que o autor partiu da consideração de tendências fatuais para a elaboração teórica.

As ideias deste livro foram fragmentariamente apresentadas nos cursos regulares que o autor tem ministrado no Instituto Superior de Estudos Brasileiros e na Escola Brasileira de Administração Pública, da Fundação Getulio Vargas. Constituíram ainda a matéria de dois cursos monográficos, um realizado em Salvador, sob o patrocínio da Universidade da Bahia, em outubro de 1957, e outro realizado no ISEB, em maio de 1958. O autor muito deve às reações dos seus ouvintes nessas duas oportunidades. Serviram-lhe como prova para apreciar a validade dos seus pontos de vista. Foi sobretudo entre os seus ouvintes da Universidade da Bahia que teve verdadeira experiência das implicações práticas da atitude redutora.

O autor deixa consignado aqui o seu reconhecimento à colaboração inestimável que lhe prestaram o professor Álvaro Vieira Pinto, chefe do

NOTA INTRODUTÓRIA

Departamento de Filosofia do ISEB, e os seus colegas Mário Magalhães e Gilberto Paim, do Departamento de Sociologia do mesmo instituto. Agradece, finalmente, a Roland Corbisier, cuja revisão cuidadosa do presente texto muito contribuiu para torná-lo mais claro e mais rigoroso em sua formulação.

Guerreiro Ramos

A REDUÇÃO SOCIOLÓGICA

A CONSCIÊNCIA CRÍTICA DA REALIDADE NACIONAL

O fato mais auspicioso que indica a constituição, no Brasil, de uma ciência nacional é o aparecimento da consciência crítica de nossa realidade.[1] Nos últimos anos, têm-se registrado em escala crescente acontecimentos de diversas ordens que assinalam a emergência, em nosso meio, de novos esquemas de avaliação e compreensão dos fatos. A ampla repercussão que as ideias renovadoras encontram no público é aspecto relevante dessa mudança de mentalidade.

Importa assinalar que tal consciência coletiva de caráter crítico é, hoje, no Brasil, dado objetivo, fato. Não se trata de anelo de uns poucos, preocupados em modelar um caráter nacional mediante processos, por assim dizer, paretianos, ou seja, pela manipulação de resíduos emocionais populares. O fenômeno tem suportes na massa. Um estado de espírito generalizado não surge arbitrariamente. Reflete sempre condições objetivas que variam de coletividade para coletividade. Mas, em toda parte onde um grupo social atinge aquela modalidade de consciência, aparece o imperativo de ultrapassar o plano da existência bruta e de adotar uma conduta significativa, fundada, de algum modo, na percepção dos limites e possibilidades de seu contexto e, sobretudo, orientada para fins que não sejam os da mera sobrevivência vegetativa. No Brasil, essas condições objetivas, que estão suscitando um esforço correlato de criação intelectual, consistem principalmente no conjunto de transformações da infraestrutura

---

1 O autor tem focalizado a questão da consciência crítica em estudos anteriores. Vide especialmente: "A problemática da realidade brasileira", in ISEB, *Introdução aos problemas do Brasil*. Rio de Janeiro: MEC, 1956; *Introdução crítica à sociologia brasileira*. Rio de janeiro: Editorial Andes, 1957; "Considerações sobre o ser nacional". *Jornal do Brasil*, 20 jan. 1957; e finalmente "Notas sobre o ser histórico". *Jornal do Brasil*, 27 jan. 1957.

que levam o país à superação do caráter reflexo de sua economia. Desde que nele se configurou um processo de industrialização em alto nível capitalista, converteu-se o espaço nacional num âmbito em que se verifica um processo mediante o qual o povo brasileiro se esforça em apropriar-se de sua circunstância, combinando racionalmente os fatores de que dispõe. O imperativo do desenvolvimento suscitou a consciência crítica. Não é essa uma explicação suscetível de ser generalizada para todos os grupos sociais onde o fenômeno tem ocorrido. Cada caso tem seu diagnóstico particular. Esse terreno, aliás, ultrapassa o domínio da sociologia, tal como aqui se tem entendido a disciplina, e somente com o concurso da filosofia e, mais particularmente, da filosofia da cultura pode ser explorado. A autoconsciência coletiva e a consciência crítica são produtos históricos. Surgem quando um grupo social põe entre si e as coisas que o circundam um projeto de existência.[2]

A existência bruta é a que se articula diretamente com as coisas ou transcorre no nível destas e, portanto, sem subjetividade. Eis por que a emergência da autoconsciência coletiva numa comunidade tem sido denominada "elevação", tem sido interpretada como um desprender-se ativo das coisas, como a aquisição da liberdade em face delas. Poderíamos denominar de historização a esse passar de um estado a outro. A divisão dos povos em naturais e históricos tem sido pretexto de grandes discussões. Atualmente predomina nos que se dedicam a estudos antropológicos e sociológicos uma tendência a julgá-la inaceitável. Entre os filósofos, a questão volta hoje a ter grande interesse, de um lado, graças à tematização do "histórico", empreendida por pensadores de orientação fenomenológica ou adeptos de correntes da filosofia da existência; de outro, por motivos mais concretos, como a necessidade de compreender ou explicar a modificação por

---

2 "O mero ser vivo se articula com as coisas, permanece imerso nelas. Entre o animal e as coisas há uma relação de articulação. Entre o homem e as coisas há relação de liberdade. Daqui a diferença qualitativa entre o que as coisas são para o homem e para o simples ser vivo. Ao animal, as coisas são 'dadas' ou 'postas' e o modo pelo qual lhes responde é o da simples reação"; Francisco Javier Conde, *Teoría y sistema de las formas políticas*. Madrid: Instituto de Estudios Políticos, 1953, p. 39.

que passa o mundo contemporâneo promovida pelo despertar de populações que pareciam voltadas a uma definitiva condição larvar.[3] Urge entender a natureza da transmutação que essas populações sofrem em sua existência. Indagação como essa se inclui num conjunto de perguntas acerca das modalidades do ser, às quais os sociólogos não podem permanecer indiferentes. Fenômenos como o irredentismo de grupos tribais africanos (de que os Mau-Mau são um dos casos mais agudos), o nacionalismo de povos coloniais ou dependentes, não podem ser explicados a fundo sem que se formulem indagações daquela ordem. Como se explica a estagnação dos chamados povos primitivos? Por que espécie de transformação passa uma sociedade (a dependente ou colonial) que se define como instrumento de outra (a metropolitana), quando os que a constituem são movidos pela ideia de autodeterminação? Essas perguntas, num plano genérico, trazem de volta a velha questão dos povos "naturais" *versus* povos "históricos". O fato nacional brasileiro tal como hoje se configura torna para nós muito atual a questão, pois exprime um modo de ser que jamais viveram as gerações passadas do Brasil. É, deve-se insistir, um modo de ser novo no Brasil. É um modo de ser histórico. Que significa? Significa estar o nosso povo alcançando a compreensão dos fatores de sua situação. O "histórico" pode ser entendido como uma dimensão particular do ser, na qual até agora têm ingressado alguns, mas não todos os povos. Diz-se que a historização ocorre quando um grupo social se sobrepõe às coisas, à natureza, adquirindo perfil de pessoa coletiva.[4] O que distin-

---

3   O interesse atual pelo tema da "historicidade" revaloriza os textos hegelianos, notadamente as *Lições sobre a filosofia da história* [*Vorlesungen über die Philosophie der Geschichte*] e as *Lições sobre a história da filosofia* [*Vorlesungen über die Geschichte der Philosophie*]. Para uma ampla discussão sobre o fenômeno histórico, vide Martin Heidegger, *El ser y el tiempo* [*O ser e o tempo*], trad. José Gaos. Ciudad de México: Fondo de Cultura Econômica, 1951; Jorge Pérez Ballestar, *Fenomenologia de lo histórico*. Barcelona: s/n, 1955; Antonio Millán-Puelles, *Ontología de la existencia histórica*. Madrid: Rialp, 1955.
4   Diz Hegel; "a história propriamente de um povo começa quando esse povo se eleva à consciência"; *Lecciones sobre la filosofía de la historia universal*. Buenos Aires: Revista de Occidente, 1946, p. 151. Para o filósofo, seria a história uma camada ôntica superposta à natureza. Se o Oriente – pensa Hegel – carece de história, é porque aí "a individualidade não é pessoa", está "dissolvida no objeto"; ibid., p. 201. Não importa

gue a sociedade "histórica" daquela que carece desse atributo é "a consciência da liberdade", a personalização. Não se afirma uma diferença de essência entre as duas modalidades de convivência social. A possibilidade do histórico está contida na convivência chamada "natural". Basta que fatores objetivos suscitem nas sociedades rudimentares a modificação do modo pelo qual os indivíduos se relacionam entre si e com a natureza, tornando-o mais independente da pressão dos costumes, para que uma nova postura existencial aberta à história apareça em tais sociedades.[5] É exatamente essa espécie de postura que define o viver projetivo, propriamente histórico, e possibilita o existir como pessoa. Entre a modalidade natural de coexistência e a propriamente histórica há uma diferença no grau de personalização. A pessoa se define como ente portador de consciência autônoma, isto é, nem determinada de modo arbitrário nem pela pura contingência da natureza. A personalidade histórica de um povo se constitui quando, graças a estímulos concretos, é levado à percepção dos fatores que o determinam, o que equivale à aquisição da consciência crítica.[6]

A consciência crítica surge quando um ser humano ou um grupo social reflete sobre tais determinantes e se conduz diante deles como sujeito. Distingue-se da consciência ingênua que é puro objeto de determinações exteriores. A emergência da consciência crítica num ser humano ou num grupo social assinala necessariamente a elevação de um ou de outro à compreensão de seus condicionamentos. Comparada à consciência ingênua, a consciência crítica é um modo radicalmente distinto de apreender os fatos, do qual resulta não

---

que, nessa condição, encontrem-se "Estados, artes, ciências incipientes" – tudo isso "se acha no terreno da natureza"; Ibid., p. 125.

5   Em sua teoria do histórico, Arnold Toynbee tira grande partido do que Walter Bagehot chamou de *"cake of custom"*, isto é, o forte tradicionalismo que marca a conduta de povos primitivos. Segundo Toynbee, nas "sociedades" dinâmicas, ou históricas, quebra-se o *"cake of custom"*. Vide Arnold Toynbee, *A study of history*, especialmente o v. VIII. Em outras palavras, Georges Gusdorf associa o aparecimento da história propriamente dita ao fim do "sono dogmático do mito"; vide *Mythe et métaphysique*. Paris: Flammarion, 1953.

6   O ponto culminante na cultura de um povo consiste em compreender o pensamento de sua vida e de seu Estado, a ciência de suas leis, de seu direito e de sua moralidade; vide Hegel, *Lecciones sobre la filosofía de la historia universal*, op. cit., p. 142.

A CONSCIÊNCIA CRÍTICA DA REALIDADE NACIONAL

apenas uma conduta humana desperta e vigilante mas também uma atitude de domínio de si mesma e do exterior. Sem consciência crítica, o ser humano ou o grupo social é coisa, é matéria bruta do acontecer. A consciência crítica instaura a aptidão autodeterminativa que distingue a pessoa da coisa. No mundo contemporâneo, descortina--se a propagação da consciência crítica em populações da Ásia e da África. A maioria delas, mesmo as dotadas de formal independência política, não ultrapassou a condição colonial, pois ainda é instrumento de burguesias metropolitanas. Apesar disso, passaram a aspirar à história, e desse estado de espírito coletivo são flagrantes reiteradas ocorrências. Uma dessas – das mais espetaculares – é o fato de terem delineado, nas conferências de Bandung (1955), do Cairo (1957) e de Acra e Tânger (1958), pontos de vista próprios e formulado o propósito de pautarem suas ações segundo normas derivadas de projetos autônomos de existência. Em suma, exprimiram legítima pretensão de realizar na sua plenitude a categoria de pessoa coletiva. Pois, para as coletividades, aspirar à história é aspirar à personalização. A pessoa, como ser eminentemente projetivo, subentende a história.[7] Reações de povos explorados da Ásia e da África contra os seus exploradores sempre se verificaram nesses continentes, desde que os europeus os ocuparam. Mas eram reações que poderiam ser comparadas a um processo ecológico, a uma competição animal por espaço, alimentos e riquezas, embora tivessem, como não podiam deixar de ter, tratando-se de populações humanas, um conteúdo também cultural. Mas a reação ao colonialismo que hoje se verifica no mundo afro-asiático é, quanto ao caráter, distinta das anteriores. É a reação contra o colonialismo considerado como sistema,[8] é a reação mediante a qual esses povos fazem uma reivindicação cujo conteúdo não é parcial, mas infinito, universal. É que pretendem ser, eles também, sujeitos de um destino próprio. Nas sociedades coloniais apareceram hoje quadros

---

7   "A pessoa é o ser que tem uma história", diz Mohamed Aziz Lahbabi. Vide *De l'être à la personne*. Paris: PUF, 1954, p. 56.

8   Sobre o colonialismo, considerado como sistema, vide Jean-Paul Sartre, "Le colonialisme est un système". *Les Temps Modernes*, n. 123, 1956 [ed. bras.: "O colonialismo é um sistema", in *Colonialismo e neocolonialismo – Situações v*. Rio de Janeiro: Tempo Brasileiro, 1968].

novos, empenhados num esforço de repensar a cultura universal na perspectiva da autoafirmação dos seus respectivos povos. Não é um comportamento romântico que levaria esses povos ao enclausuramento, a se apegarem aos seus costumes sob a alegação, realmente suicida, de preservá-los em sua pureza; é antes uma atitude que não exclui o diálogo, pois contém a consciência de que, para ser historicamente válida, a autoafirmação dos povos deve confluir para o estuário de todas as altas culturas da humanidade. Tal é a perspectiva em que se acham situados esses novos quadros.

Em apoio dessas observações, basta lembrar três obras recentes. Numa delas, *Nations nègres et culture*, Cheik Anta Diop denuncia o que chama de "falsificação da história", devida, em grande parte, ao fato de que tem sido escrita do ponto de vista europeu. Seu livro, tentativa de rever um aspecto da história universal (as origens da civilização egípcia) à luz do ponto de vista da África Negra, se inscreve na reação de autodefesa do "povo africano", tendente a "eliminar o mal cotidiano que nos causam as terríveis armas culturais a serviço do ocupante".[9] Em um *Discurso sobre o colonialismo*, Aimé Césaire julga o que chama a "hipocrisia" da civilização ocidental na justificação de sua tarefa colonizadora. O autor a vê como aventura e pirataria, dissimulada em evangelização e obra filantrópica, e nisso consiste o seu significado hipócrita. No julgamento de Aimé Césaire, porém, a colonização é condenada não em nome de um exclusivismo nativista, mas porque realmente não estabelece verdadeiro contato entre os povos, proclamando o autor que a Europa deveria ter sido uma "encruzilhada", "lugar geométrico de todas as ideias, receptáculo de todas as filosofias e de todos os sentimentos".[10]

---

9 "Diante dessa atitude generalizada dos conquistadores, era de prever uma reação natural de autodefesa no seio do povo africano, reação tendente, é claro, a erradicar o mal cotidiano que nos causam essas temíveis armas culturais a serviço do ocupante"; vide Cheikh Anta Diop, *Nations nègres et culture*. Paris: Éditions Africaines, 1954, p. 8. Um livro precursor da atual corrente revisionista, em que se integra C. A. Diop, é *Le crépuscule de la civilisation: L'Occident et les peuples de couleur*, de Arturo Labriota. O livro foi editado em Paris, sem data. Pode-se presumir que sua publicação tenha ocorrido por volta de 1936.

10 "[...] admito que é um bem colocar civilizações diferentes em contato umas com as outras; que é excelente desposar mundos diferentes; que uma civilização, seja qual for seu gênio íntimo, se embota quando se volta para dentro de si mesma; que o inter-

São menos gerais os temas de Abdoulaye Ly, em *Les masses africaines et l'actuelle condition humaine*, livro em que pesquisa os termos da equação do desenvolvimento nas regiões africanas, procurando mostrar o que há de vicioso nos estudos acadêmicos e marxistas relacionados com a matéria. Também Ly é universalista e acredita numa "inelutável marcha da humanidade para a identidade relativa, para a unidade mundial racional, para a igualdade".[11]

Esses quadros, de que são representantes Diop, Césaire e Ly, vivem um momento que poderia ser considerado "fichtiano". Sentem-se convocados a um empreendimento de fundação histórica e procuram contribuir, pelo esclarecimento, para que as comunidades a que pertencem venham a constituir personalidades culturais diferenciadas no nível da universalidade. Por isso, falam em "nação", que é a mais eminente forma contemporânea de existência histórica, e em "condição humana" para as massas afro-asiáticas, ainda estigmatizadas por extrema pauperização. Finalmente, o termo "discurso", utilizado por Aimé Césaire, que, além de político, é poeta, evoca a atitude fichtiana, atitude surgida episodicamente na história alemã, embora seja verdadeiro modelo de postura intelectual para todo homem de pensamento que vive uma hora incerta de sua comunidade.

---

câmbio representa aqui o oxigênio, e que a grande oportunidade da Europa é a de ter sido uma encruzilhada, e que o fato de ter sido o lugar geométrico de todas as ideias, o receptáculo de todas as filosofias, o ponto de chegada de todos os sentimentos, fez dela o melhor redistribuidor de energia"; Aimé Césaire, *Discours sur le colonialisme* [*Discurso sobre o colonialismo*]. Paris: Présence Africaine, 1955, p. 10.

11 Cf. Abdoulaye Ly, *Les masses africaines et l'actuelle condition humaine*. Paris: Présence Africaine, 1956, p. 16.

FATORES DA CONSCIÊNCIA CRÍTICA DO BRASIL

O Brasil, em condições muito especiais, participa dessa transformação da psicologia coletiva das chamadas sociedades periféricas. É necessário, todavia, entender o que torna aqui particular essa transformação. Sem pretender analisar a fundo os fatores genéticos da consciência crítica no Brasil, devem ser mencionados alguns fatos que autorizam afirmar que o povo brasileiro vive, nestes dias, uma nova etapa do seu processo histórico-social. Essa nova etapa é naturalmente caracterizada por fatos inéditos. Que fatos são esses? Seria impossível descrevê-los em todos os seus pormenores. Mas, como se trata de mudança estrutural em que esses fatos estão articulados entre si, basta considerar alguns dos mais salientes para que se demonstrem a existência e o sentido da aludida transformação. Por isso, mencionar-se-ão apenas três: a *industrialização* e duas de suas consequências, a *urbanização* e as *alterações do consumo popular*. É posto de lado o problema das causas desses fenômenos, ou seja, não se cogitará de perquirir que circunstâncias têm possibilitado o desenvolvimento do Brasil, à diferença do que acontece em outras regiões periféricas do mundo. Para compreender por que no Brasil a consciência crítica está em emergência, é suficiente considerar aqueles três fatos, tais como se apresentam, e mostrar os seus efeitos sociológicos.

EFEITOS SOCIOLÓGICOS DA INDUSTRIALIZAÇÃO

Em primeiro lugar, a industrialização. Não se têm explorado, do ponto de vista sociológico, as implicações do processo de industrialização. Na envergadura em que hoje transcorre, contribui para caracterizar, como nova, a atual etapa de nossa evolução histórico-social. É certo que as atividades industriais já têm, relativamente, um longo passado no Brasil. Alguns fatos o atestam. É lícito supor que, durante o período inicial de nossa evolução econômica, o consumo de bens importados era privilégio de senhores, grandes proprietários de terra e de restrita parcela da população dotada de poder de compra. A maior parte da população realizava muito raramente operações mercantis e consumia diretamente a produção que obtinha no âmbito das fazendas ou das unidades domésticas. Aí, além do cultivo do produto destinado à exportação, açúcar, café, algodão, realizavam-se muitas outras atividades, a fim de garantir à população rural o consumo dos bens de que necessitava. Em tais condições, eram muito débeis, no país, os impulsos endógenos de desenvolvimento. De início, esses impulsos vieram de fora, por intermédio do setor exportador. Não podia deixar de ter sido assim, pois que o desenvolvimento só ocorre onde há pagamento a fatores, em especial ao fator mão de obra. À exportação coube, portanto, inicialmente, no Brasil, fornecer os meios de pagamento. Pode-se registrar a prática de pagamentos no Brasil já em período anterior à sua emancipação política. No período do ouro já existia aqui uma produção mercantil, um movimento interno de transações econômicas de que se beneficiava significativa parcela da camada popular. Iniciada a incorporação da população no circuito propriamente econômico, começa um processo que cedo se firma e se torna irreversível. Esse processo segue uma linha continuamente ascendente, sejam desfavoráveis ou favoráveis os nossos termos de intercâmbio com o exterior. O vulto da produção mercantil, a despeito da baixa dos nossos termos de intercâmbio, depois de passado o surto do ouro, continua a crescer e se incrementará mais ainda a partir de 1850, quando se voltam para aplicação no interior do país os capitais empregados até então no tráfico, e se iniciam novas relações favoráveis de comércio exterior.

Convém assinalar que, se for incluída na produção para o consumo interno a parcela natural, a não ser nas décadas iniciais do século xvi, jamais a importação foi suficiente para atender à demanda de bens de nossa população. Para uma exata compreensão do processo econômico brasileiro, é necessário sublinhar o fato de que a importação sempre foi um suplemento da produção interna. Mais significativo ainda é observar que, na década de 1840, as correntes internas de comércio já permitiam que se verificasse no território brasileiro uma produção mercantil para o consumo interno consideravelmente superior à importação. No ano de 1846, enquanto a exportação era da ordem de 53 630 contos, segundo o depoimento do Visconde de Villiers de l'Ile Adam, "o que se fabricava na província (fluminense) e se vendia para outras se elevava provavelmente a 180 mil contos".[1] Esse nível de comércio interno relativamente alto constituía, sem dúvida, fator ponderável de desintegração do *oikos*, ou seja, de abertura das unidades domésticas de produção. A esse fator dinâmico interno aliava-se um fator externo – a exportação, que, de 1850 a 1929, possibilitando a venda para o exterior de quantidades crescentes de mercadorias a preços também crescentes, muito contribuiu para dotar a economia brasileira de condições de autodesenvolvimento.

A fim de demonstrar o caráter favorável dos nossos termos de intercâmbio naquele período, é suficiente considerar o *quantum* da exportação do café. Já no período de 1850/51-59/60 a participação do produto na exportação correspondia a 48,8%, tendo alcançado mesmo 53,2% em 1837/38. A saca de café, que em 1850/51 valia a bordo £ 1,57, passara em 1860/61 a £ 2,39; em 1862/63, a £ 2,90; para atingir, em 1925, £ 5,50. No período de 1839/44, as quantidades exportadas, em toneladas, foram 88 667; passaram, no período de 1869-74, a 165 114 e cresceram continuamente até 1929. Esses fatos têm extrema significação sociológica. Mostram que as correntes internas de comércio, bem como a exportação, assegurando o escoamento de nossos produtos a preços altos, induziram a especialização de nossa agricultura e, portanto, a transferência, para os núcleos urbanos que iam aparecendo, de atividades produtivas até então exercidas no âmbito rural. No período de alguns decênios, essa modalidade já adiantada de atividade econômica consegue vingar definitivamente, habilitando o país a desenvolver a sua produção industrial em ritmo crescente e, assim, assegurando à economia brasileira impulsos próprios de crescimento. A consciência dessa transmutação só recentemente veio a formar-se, quando os estudiosos começaram a apreciar a maneira ativa pela qual a economia brasileira reagiu à grande depressão mundial dos anos trinta. Enquanto outros países periféricos estagnavam ou deteriora-

---

1 Afonso d'E. Taunay, *História do café no Brasil: No Brasil imperial (1822-1872)*, v. 5, t. III. Rio de Janeiro: Departamento Nacional do Café, 1939, p. 144.

FATORES DA CONSCIÊNCIA CRÍTICA DO BRASIL

vam a sua estrutura econômica, o Brasil continuou a crescer, graças ao esboço de mercado interno que conseguira formar. Mas não se deve privilegiar a década de trinta. Já anteriormente, eram vigorosos os impulsos de autodesenvolvimento em nossa economia. Na primeira década do século, o vulto da produção industrial igualava o da exportação. Daí por diante decresce continuamente, em termos absolutos, o valor da exportação comparado ao valor da produção industrial, como se vê nos dados a seguir compilados pelo Departamento de Sociologia (Serviço de Pesquisas) do ISEB.

Valor da exportação comparado ao valor da produção industrial em cruzeiros

ANO	PRODUÇÃO INDUSTRIAL	EXPORTAÇÃO
1850	10 000 000	55 032 000
1889	211 000 000	259 000 000
1907	742 000 000	860 981 000
1920	2 989 176 281	1 752 411 000
1929	7 400 000 000	3 860 482 000
1939	17 479 393 000	5 615 519 000

Para avaliar atualmente a magnitude de nosso processo industrial, e portanto a capacidade de autodesenvolvimento da economia nacional, uma das melhores referências é a composição das importações. Até recentemente, apesar do vulto crescente da produção industrial, o país precisava converter a maior parte de suas divisas em bens de consumo para suplementar a demanda interna da população. No começo do século, mais de 80% do valor da importação era de bens de consumo. Nos últimos decênios, inverteu-se a situação. A percentagem de bens de produção em relação ao valor total das importações já era de 67,5% em 1947; subindo para 73,8% em 1950; para 78,3% em 1952; e para 79,5% em 1954.

Dados como esses revelam que a industrialização, no nível em que se realiza hoje no Brasil, demanda elevada capacidade empresarial de particulares e do Estado, assume o caráter de empreendimento político, provocando modificações na psicologia coletiva, entre as quais se inclui o pensar em termos de projetos. O povo brasileiro está atualmente empenhado na realização de projetos. Ora, um povo que projeta enfrenta a sua circunstância de modo ativo, procurando explorar as suas potencialidades segundo urgências determinadas. Uma população que projeta articula-se no seu contexto espacial de modo diverso da que não projeta, da que vive de modo imediatista. Uma e outra vivem modalidades diferentes de tempo. Em numerosos trabalhos antropológicos e sociológicos, encontra-se abundante material à espera de um esforço de elaboração de uma sociologia diferencial do tempo. Georges Gurvitch, em *Determinismes sociaux et liberté humaine*, propõe oito gêneros de temporalidade. Mas, em sua exploração pioneira do tema, infelizmente não se detém no exame da relação entre o tempo e a equação: sociedade e natureza. Autores mais afoitos têm afirmado que, nas sociedades dependentes, de modo direto, de sua moldura natural, não há tempo. A vida dessas populações é espacialidade, é pré-reflexiva. Entre esses autores estaria, em posição extremada, Oswald Spengler, para quem existe um estado *fellahico* que define a vida de populações sem história.[2] Sem adotar esse arriscado ponto de vista, parece, entretanto, certo que uma nova forma de existência temporal surge quando, numa coletividade, "a produção se transforma em produtividade",[3] isto é, quando as relações dos homens entre si e com a natureza se tornam mediatas, graças à intensificação do trabalho social e à diminuição do impacto das necessidades elementares na vida ordinária. Escapam assim esses indivíduos "à finalidade imanente ao seu estado atual e perseguem uma experiência progressiva".[4] Vivem um tempo que "supõe uma retomada ativa do passado

---

2   Referência aos felás [*fellaheen*], que Spengler define da seguinte forma: "estabeleço agora uma diferença entre os povos antes de uma cultura, durante uma cultura, e depois de uma cultura. Em todos os tempos se fez sentir profundamente a circunstância de terem os povos cultos caráter mais definido do que os demais povos. O que os precede é por mim chamado de *povos primários*, ao passo que aos povos posteriores a uma cultura dou a denominação de *povos de felás*, adotando o nome de seu exemplo mais famoso, que oferecem os egípcios a partir da época romana"; O. Spengler, *A decadência do ocidente: Esboço de uma morfologia da história universal*, trad. Herbert Caro. Rio de Janeiro: Zahar Editores, 1973, pp. 290-91. [N.E.]

3   Cf. Claude Lefort, "Société 'sans histoire' et historicité" ["Sociedade 'sem história' e historicidade"]. *Cahiers Internationaux de Sociologie*, v. XII, 1956.

4   Ibid.

FATORES DA CONSCIÊNCIA CRÍTICA DO BRASIL

e uma antecipação constante do futuro".[5] Já se falou no "torpor" da vida colonial.[6] Deriva de seu escasso conteúdo projetivo. A colônia é, por definição, instrumento da metrópole. Quando, porém, um povo passa a ter projeto, adquire uma individualidade subjetiva, isto é, vê-se a si mesmo como centro de referência.

EFEITOS SOCIOLÓGICOS DA URBANIZAÇÃO

O segundo fato que deve ser focalizado, consequência do anterior, é a urbanização. Os traços rurais são ainda predominantes na sociedade brasileira. Mas o exame dos movimentos da população leva a admitir que essa predominância está em vias de desaparecer. As tendências objetivas do panorama demográfico do país se orientam decididamente no sentido da urbanização. Do ponto de vista estático, o rural predomina hoje sobre o urbano no Brasil, sendo apenas de 36,12 a percentagem da população classificada como urbana. Todavia, do ponto de vista dinâmico, as tendências para a urbanização tornam-se cada vez mais preponderantes. Dependente que é esse processo da industrialização, o seu vulto atual já permite formar uma ideia da importância que vai assumindo no país o fato urbano. No período de 1940-50, enquanto a mão de obra agrícola desce de 64% para 57,7%, a mão de obra na indústria cresce 60%. No mesmo período, a nossa população rural cresce 18%, enquanto a urbana aumenta 45%. E, já em 1950, mais da metade da população (52,59%) de um estado da União, São Paulo, era urbana. Todas essas são indicações de que a distribuição dos contingentes demográficos se vem orientando cada vez mais para a urbanização. Trata-se de vigoroso processo mediante o qual continuamente se incorporam a um círculo de intensas relações, sobretudo econômicas, brasileiros que antes viviam em nível quase puramente vegetativo. Entre outras coisas, essa incorporação transforma esses brasileiros de indivíduos escassamente compradores em essencialmente compradores.

---

5   Ibid.

6   Vide Roland Corbisier, *Formação e problema da cultura brasileira*. Rio de Janeiro: ISEB, 1958.

É necessário realçar a diferença de psicologia coletiva entre um contingente de pessoas que praticam largamente o autoconsumo da produção e o de pessoas que vivem de salários e que assim têm de comprar tudo, ou quase tudo, de que necessitam. A sociedade que estas últimas formam tem maior conteúdo político que a de rurícolas. Não é por acaso que a consciência política de nossas populações se vem incrementando nos últimos anos. Está configurando-se entre nós a categoria de verdadeiro povo, graças àquela incorporação. Não tem precedentes o grau de politização que revelam as massas atuais do Brasil. O ingresso da população nacional num círculo de intensas relações, pressupostas por um mercado interno que cada dia mais se robustece, a torna capaz de uma modalidade de convivência que, anteriormente, não lhe era possível. Enquanto não se constituiu o mercado interno, o povo não foi propriamente sujeito do acontecer político, ao menos no sentido moderno ou *nacional* da expressão. A população brasileira descobriu o político a partir de sua integração no âmbito de interações surgido no país graças à formação do mercado interno.[7]

Ordinariamente, nos países subdesenvolvidos, o tipo rural de existência, dada a própria natureza das relações habituais dominan-

---

7 Usando terminologia de Carl Schmitt, poderia dizer-se que "a convivência não tensa" (Fr. J. Conde), característica de um período ultrapassado de nossa evolução demográfica, era um puro conviver natural, "*natürliches Dasein*". Segundo Carl Schmitt, é certo grau de intensidade que distingue dois tipos de existência humana: a natural (*Dasein*) e a propriamente política ou histórica (*Existenz*). A existência política ou histórica supõe um conviver tenso e intenso que não se verifica no simples modo de existir natural. Para o autor, a natureza se transforma em espírito quando entra em tensão. No que diz respeito ao homem e à sua forma de existência, deve ser olhada com cautela a diferença entre o natural e o histórico, a divisão dos povos em naturais e históricos podendo, muitas vezes, denunciar uma atitude etnocêntrica e ideológica. O homem, em suas possibilidades, é sempre fundamentalmente o mesmo, numa ou na outra forma de existência humana a que se refere C. Schmitt. Todos os atos humanos são "projetivos", como adverte Javier Conde, tanto no estado de natureza como no estado político. O incremento de intensidade na coexistência dos homens não lhes modifica a estrutura essencial, apenas os torna aptos a realizar plenamente uma das possibilidades dessa estrutura – a política. De qualquer forma, a distinção de C. Schmitt é esclarecedora. Sem dúvida, o recente incremento de intensidade no âmbito das relações de diversas ordens vigentes no espaço brasileiro veio dar-lhe um conteúdo político que, em termos comparativos, pode ser considerado novo.

tes em seu horizonte espacial, não favorece, em plenitude, a vida propriamente política. Esta surge somente a partir de certa densidade demográfica. No caso, a quantidade condiciona o nível qualitativo da vida coletiva. O rurícola é, por definição, o habitante de zonas demograficamente rarefeitas, integrante de pequenas coletividades. É justamente essa escassez demográfica que, em grande parte, condiciona sua psicologia coletiva. Em sua vida domina primeiramente o trato com os produtos naturais, o que lhe impõe um ritmo de existência muito lento, afetado pelo próprio ritmo da natureza. Tem de ser, portanto, um indivíduo pouco tenso em suas relações com objetos e outros indivíduos, uma vez que estas são, em larga margem, ajustadas à maneira habitual como os fenômenos naturais transcorrem. Em segundo lugar, a pequenez relativa das coletividades rurais, em vez de estimular acentuada diferenciação dos indivíduos, de diversificar seus objetivos e sua motivação, levando-os a adotar condutas fortemente competitivas, integra-os de modo profundo em grupos dotados de vigorosa consciência coletiva. Em outras palavras, em tais coletividades se obtém alto grau de solidariedade social, garantida pela semelhança psicológica dos indivíduos. Foi a compartimentação da população brasileira em uma poeira de pequenas coletividades rurais que, em épocas anteriores, e mesmo até recentemente, assegurou tanto o domínio das oligarquias quanto a passividade política do eleitorado.

A industrialização vem promovendo a transferência de pessoas do campo para as cidades e incrementando a formação de aglomerações urbanas, e disso está decorrendo certa mudança na psicologia coletiva dos brasileiros. A ambiência urbana, à diferença da rural, insere o indivíduo numa trama de intensas relações nas quais se registra considerável carga de cálculo. São relações que estimulam o individualismo, a competição, a capacidade de iniciativa, o interesse pelos padrões superiores de existência. A tensão constitutiva da vida urbana traduz-se naturalmente em politização acentuada, tornando decisiva a participação popular nas várias formas de atividades diretivas da sociedade. Alguns fatos políticos podem ser aqui lembrados para mostrar a perda de representatividade de quadros políticos anacrônicos. O eleitorado urbano, em nosso país, desde 1950, vem retirando sistematicamente o seu apoio a candidatos a funções governamentais nos quais não reconhece propósitos sinceros de efetivar suas aspirações. Na história política dos últimos anos, têm sido frequentes lutas eleitorais que se concluem, significativamente, com a derrota de candidatos do governo, tanto na esfera federal como na estadual e municipal.

EFEITOS SOCIOLÓGICOS DAS ALTERAÇÕES DO CONSUMO POPULAR

Um terceiro fato novo, que particulariza a presente etapa da evolução brasileira, é a modificação que vem sofrendo a composição do consumo popular. Nos últimos decênios, graças ao crescimento do poder aquisitivo, que o desenvolvimento sempre acarreta, não só se tem verificado o acréscimo dos consumos vegetativos do povo (alimentação, casa, roupa) como também (o que é mais relevante) o aparecimento de novos hábitos de consumo em massa, de caráter não vegetativo.

Pode-se imaginar a simplicidade do consumo popular no passado, levando-se em consideração a estrutura de produção no Brasil, pouco diferenciada em relação ao que é hoje. A falta de dados quantitativos é suprida pelo depoimento de observadores. Um deles é Tobias Barreto. Em seu Discurso em Mangas de Camisa, pronunciado em Escada no ano de 1877, referindo-se à população daquele município, dizia:

> Sobre estas três mil almas, ou melhor, sobre estes três mil ventres, é probabilíssimo o seguinte cálculo:
>
> 90% de necessitados, quase indigentes,
> 8% dos que vivem sofrivelmente,
> 1½% dos que vivem bem,
> ½% dos ricos em relação.
> _____
> 100%

Num panorama do Brasil, na primeira década deste século, Sílvio Romero observa a precariedade do consumo popular. Diz que, naquela época, em geral o povo ganhava apenas o suficiente para a sua subsistência material. E observa: "Tirados o padre, o mestre-

-escola, os funcionários da justiça, onde os há alguns vendeiros e lojistas que exercem um reles comércio, alguns oficiais de ofício braçais, não se percebe bem de que vive o resto, que é a maior parte da população".[8]

Infelizmente não se encontram, a esse respeito, informações técnicas que aqui possam ser referidas. Mas, a partir de 1934, começam a aparecer informações um tanto mais qualificadas sobre as condições de vida do povo, embora de variável grau de objetividade. Naquela data (1934), realizou-se em Recife pesquisa pioneira sobre padrão de vida. Segundo os resultados da investigação, os gastos com alimentação absorviam 71,6% da renda dos operários recifenses, restando menos de 30% para as outras despesas. É claro que tal orçamento apenas permitia que os indivíduos se mantivessem quase tão só no plano animal. Outras investigações posteriores vieram, porém, revelar a tendência para a baixa do percentual das despesas com alimentação. Segundo o Censo do Salário Mínimo de 1939, a percentagem da alimentação na despesa total de famílias operárias era: em Salvador, 69,4%; em Recife, 68,7%; em Maceió, 70,9%; em São Paulo, 54,9%; em Curitiba, 58,6%; em Porto Alegre, 61,7%. Em 1952, esses percentuais baixaram ainda mais, sendo em Salvador 58,29%; em Recife, 54,4%; em Maceió, 52,4%; em São Paulo, 41%; em Curitiba, 45,9%; em Porto Alegre, 35,4%. Note-se que, em 1952, nas três últimas capitais, nos grupos populares investigados, mais de metade da despesa total era aplicada em itens diferentes da alimentação. Por mais precário que fosse esse padrão de vida, já dizia respeito a uma população que ingressara num plano de vida superior ao da subsistência. Mais ilustrativos são ainda outros resultados das investigações de 1939 e 1952[9] no seio da classe operária. Os gastos com *alimentação, habitação, vestuário, médico, remédio e transportes* absorviam os seguintes percentuais da despesa total:

---

8   Cf. Sílvio Romero, "O Brasil na primeira década do século xx", in Sílvio Romero e Arthur Guimarães, *Estudos sociais: O Brasil na primeira década do século xx – Problemas brasileiros*. Lisboa: A Editora, 1912, p. 79.

9   Nota da segunda edição: Vide sinopse dessa pesquisa no *Anuário Estatístico do Brasil*, de 1954, elaborada pelo Instituto Brasileiro de Geografia e Estatística. O projetamento, a execução e apuração dessa pesquisa foram dirigidos pelo autor.

CIDADES	CENSO DO SALÁRIO MÍNIMO 1939	PESQUISA NACIONAL 1952
Recife	108,7	78,9
Maceió	104,4	75,2
Distrito Federal	95,5	77,4
São Paulo	101,2	79,7
Curitiba	95,6	78,8
Porto Alegre	103,9	69,6

A despeito da margem de erro que pode ser facilmente apontada nesses informes, são consistentes do ponto de vista global e atestam que está ocorrendo um refinamento dos hábitos populares de consumo. É pertinente observar que a pesquisa de 1952 registrou larga difusão de hábitos de consumo de teor elevado. Das famílias investigadas, tinham aparelho de rádio 92%, em Porto Alegre; 73,8% em São Paulo; e 64,5% no Distrito Federal. Tinham luz elétrica 98% em Porto Alegre; 95,6% em São Paulo; 86,2% no Distrito Federal. Tinham máquina de costura 76% em Porto Alegre; 52,5% em São Paulo; 45,8% no Distrito Federal. De uma população na qual se verifiquem alterações como essas, pode-se dizer que está ingressando na história. Tais consumos vêm a dar fundamento a uma psicologia coletiva de grande conteúdo reivindicativo. Quanto mais uma população assimila hábitos de consumo não vegetativos, tanto mais cresce a sua consciência política e maior se torna a sua pressão no sentido de obter recursos que lhe assegurem níveis superiores de existência. Os padrões precários de existência, mantendo a população em estado de servidão à natureza, não propiciam o aprofundamento de sua subjetividade. Concentrando suas forças para obter a mera subsistência, presas de necessidades rudimentares, não resta às populações pauperizadas senão restrita margem para desenvolver a aptidão de se conduzirem significativamente como protagonistas de um destino histórico. Poder-se-ia considerar como expostas à heterodeterminação as coletividades de escassa subjetividade, por isso que dispõem de recursos limitados, quase tão só hábeis para permitir a sua reprodução animal. Só adquire a possibilidade de autodeterminação o povo que, libertando-se da motivação grosseira, dos misteres puramente biológicos, transfere seus interesses para motivos cada vez mais requintados. É a autodeterminação, garantida por supostos concretos, que leva uma população a ascender do plano do existir acidental, dir-se-ia quase espacial, para o da duração; da condição de objeto ou coisa à condição de sujeito. A autodeterminação está, decerto, associada com refinamento dos motivos da vida ordinária, com a libertação progressiva dos afazeres elementares.[10]

---

10 É a esse refinamento da motivação que A. Toynbee chama *eterealização*.

Nota da segunda edição: Seria pertinente ressaltar a importância decisiva que assume, na promoção de consciência crítica da realidade brasileira, a imagem dessa própria realidade que se difunde rapidamente em toda população, graças aos meios de transporte, como o caminhão e o automóvel, e de informação, como o rádio, a televisão e, especialmente, o aparelho transistor.

A MENTALIDADE COLONIAL EM LIQUIDAÇÃO

A exigência do desenvolvimento, que a comunidade brasileira se impôs atualmente, exprime o projeto coletivo de uma personalidade histórica, ao menos já esboçada, a pretensão do país de assenhorear-se de sua realidade, de determinar-se a si próprio. Portanto, vive o Brasil uma fase de sua evolução em que está superando o seu antigo caráter reflexo. Até há pouco, a nossa estrutura econômica estava organizada como seção descentralizada da área do capitalismo hegemônico no mundo e, assim, orientada para satisfazer a demanda externa. Também política, social e culturalmente, a sua existência era, em sentido histórico, adjetiva e tributária. Na periferia ocidental, o Brasil não se recortava como um espaço histórico, capacitado para a autoconformação. Atualmente, porém, tendências centrípetas estão surgindo em nosso meio, as quais dão suporte a um processo de personificação histórica. Quer isso dizer que o espaço brasileiro se tornou teatro de um empreendimento coletivo, mediante o qual uma comunidade humana projeta a conquista de um modo significativo de existência na história.[1] À maneira de um princípio configurador, o centripetismo incide em todos os níveis de nossa vida, estabelecendo uma tensão dialética entre a estrutura anacrônica do país e sua estrutura em gera-

---

1   "[...] o tempo histórico se transcende por nossos projetos. De fato, um momento é dito histórico quando seu desenvolvimento coincide com o de uma ideia-acontecimento. O Majlis iraniano vota a nacionalização das companhias de petróleo num sábado; na segunda-feira seguinte, os jornais de Teerã já falam do período 'anterior à nacionalização', explicitando uma experiência temporal coletiva à altura da História da Pérsia, experiência que corresponde a aspirações nacionais de onde tira toda sua significação histórica e sua densidade. Vai ao encontro da visão que a maioria dos iranianos possuem do futuro. Pela decisão de uma mudança – em função do futuro – transforma-se o presente em passado"; Mohamed Aziz Lahbabi, *De l'Être à la personne*. Paris: PUF, 1954, p. 129.

ção. Em termos superestruturais, essa tensão traduz um conflito de duas perspectivas: a do país velho e a do país novo, a da mentalidade colonial, ou reflexa, e a da mentalidade autenticamente nacional. No domínio das ciências sociais, essa tensão também se verifica. Até agora, considerável parcela de estudiosos se conduziu sem se dar conta dos pressupostos históricos e ideológicos do seu trabalho científico. Sua conduta era reflexa e se submetia, passiva e mecanicamente, a critérios oriundos de países plenamente desenvolvidos. Ora, na medida em que os nossos especialistas em ciências sociais não pretendam ficar indiferentes ao sentido centrípeto que a vida brasileira está adquirindo, terão de acrescentar ao esforço de aquisição do patrimônio científico universal o de iniciação em um método histórico de pensar que os habilite a participar ativamente do novo sentido da história do país.

À assimilação literal e passiva dos produtos científicos importados ter-se-á de opor a assimilação crítica desses produtos. Por isso, propõe-se aqui o termo "redução sociológica" para designar o procedimento metódico que procura tornar sistemática a assimilação crítica.

Não há, porém, uma redução sociológica apenas da produção sociológica propriamente dita. Há também uma redução sociológica do direito, da economia, da política, da antropologia cultural, da psicologia, da filosofia, das ciências da cultura em geral.

Que é a redução sociológica?

DEFINIÇÃO E DESCRIÇÃO DA REDUÇÃO SOCIOLÓGICA

Antes de responder à pergunta, cumpre esclarecer o sentido do termo "redução". Em seu sentido mais genérico, redução consiste na eliminação de tudo aquilo que, pelo seu caráter acessório e secundário, perturba o esforço de compreensão e a obtenção do essencial de um dado. E, portanto, a redução, seja praticada no domínio teórico, seja no domínio das operações empíricas, é sempre a mesma atividade. A redução de uma ideia ou de um minério, por exemplo, consiste em desembaraçá-los de suas componentes secundárias para que se mostrem no que são essencialmente.

No domínio restrito da sociologia, a redução é uma atitude metódica que tem por fim descobrir os pressupostos referenciais, de natureza histórica, dos objetos e fatos da realidade social. A redução sociológica, porém, é ditada não somente pelo imperativo de conhecer, mas também pela necessidade social de uma comunidade que, na realização de seu projeto de existência histórica, tem de servir-se da experiência de outras comunidades.

Para melhor encaminhar a exposição e a compreensão do assunto, é sem dúvida conveniente proceder a algumas considerações mais minuciosas. Pode a redução sociológica ser descrita nos seguintes itens:

1) *É atitude metódica.* É maneira de ver que obedece a regras e se esforça por depurar os objetos de elementos que dificultem a percepção exaustiva e radical do seu significado. Pretende ser o contrário da atitude espontânea, que não vai além dos aspectos externos dos fenômenos. A atitude natural não põe em questão os aspectos diretos dos dados que lhe são oferecidos. A atitude metódica os "põe entre parênteses", isto é, exime-se de toda afirmação ou aceitação desses aspectos, invertendo, por assim dizer, o processo ordinário da atitude natural.

2) *Não admite a existência, na realidade social, de objetos sem pressupostos.* A realidade social não é uma congérie, um conjunto desconexo de fatos. Ao contrário, é sistemática, dotada de sentido, visto que sua matéria é vida humana. E a vida humana se distingue das formas inferiores de vida por ser permeada de valorações. Portanto, os fatos da realidade social fazem parte necessariamente de conexões de sentido, estão referidos uns aos outros por um vínculo de significação.

3) *Postula a noção de mundo.* Isto quer dizer que considera a consciência à luz da reciprocidade de perspectivas. O essencial da ideia de mundo é a admissão de que a consciência e os objetos estão reciprocamente relacionados. Toda consciência é intencional porque estruturalmente se refere a objetos. Todo objeto, enquanto conhecido, necessariamente está referido à consciência. O mundo que conhecemos e em que agimos é o âmbito em que os indivíduos e os objetos se encontram numa infinita e complicada trama de referências.

4) *É perspectivista.* A perspectiva em que estão os objetos em parte os constitui. Portanto, se transferidos para outra perspectiva, deixam de ser exatamente o que eram. Não há possibilidade de repetições na realidade social. O sentido de um objeto jamais se dá desligado de um contexto determinado.

5) *Seus suportes são coletivos, e não individuais.* O sociólogo chega à redução sociológica quando torna sua uma exigência de autoconformação surgida na sociedade em que vive. A redução sociológica é um ponto de vista que tem a consciência de ser limitado por uma situação e, portanto, é instrumento de um saber operativo, e não da especulação pela especulação. Por aí se revela o caráter coletivo de seus suportes. Para que alguém apreenda e pratique a redução sociológica, carece viver numa sociedade cuja autoconsciência assuma as proporções de processo coletivo. A redução sociológica não é, portanto, em sentido genérico, primariamente um ato de lucidez individual. Fundamenta-se numa espécie de lógica material, imanente à sociedade.

6) *É um procedimento crítico-assimilativo da experiência estrangeira.* A redução sociológica não implica isolacionismo nem exaltação romântica do local, regional ou nacional. É, ao contrário, dirigida

por uma aspiração ao universal, mediatizado, porém, pelo local, regional ou nacional. Não pretende opor-se à prática de transplantações, mas quer submetê-las a apurados critérios de seletividade. Uma sociedade em que se desenvolve a capacidade de autoarticular-se torna-se conscientemente seletiva. Diz-se aqui conscientemente seletiva pois em todo grupo social há uma seletividade inconsciente que se incumbe de distorcer ou reinterpretar os produtos culturais importados, contrariando, muitas vezes, a expectativa dos que praticam ou aconselham as transplantações literais.

7) *Embora seus suportes coletivos sejam vivências populares, a redução sociológica é atitude altamente elaborada.* A redução sociológica de um produto cultural, de uma instituição, de um processo não se alcança senão recorrendo a conhecimentos diversos, principalmente de história. Consistindo em pôr à mostra os pressupostos referenciais de natureza histórico-social dos objetos, a pesquisa desses pressupostos leva a indagações complexas que só são efetivadas, com segurança, mediante estudo sistemático e raciocínio rigoroso. A atitude redutora não é modalidade de impressionismo. Para ser plenamente válida, no campo da ciência, precisa justificar-se, basear-se num esforço de reflexão, hábil para demonstrar, de modo consistente, as razões nas quais se fundamenta em cada caso.

DEFINIÇÃO E DESCRIÇÃO DA REDUÇÃO SOCIOLÓGICA

DUAS ILUSTRAÇÕES DA REDUÇÃO SOCIOLÓGICA

Mediante exemplos, o sentido básico da redução sociológica será mais claramente apreendido. A fim de concretizar melhor o pensamento aqui exposto, proceder-se-á à redução de um conceito e à de uma técnica sociológica.

No livro *Introdução crítica à sociologia brasileira*, o autor teve o ensejo de aplicar o método na crítica dos conceitos de "cultura" e "aculturação" e, de modo geral, na análise da antropologia anglo--americana. Agora será objeto de consideração outro conceito – o de "controle social". Pretende-se demonstrar o seguinte:

1) que o conceito de "controle social" assume fundamental importância na sociologia norte-americana em virtude do caráter altamente problemático da integração social nos Estados Unidos;
2) que, naquela sociedade, a exploração exaustiva do tema confere grande funcionalidade e pragmaticidade ao trabalho sociológico;
3) que, finalmente, para o sociólogo brasileiro, o conceito de "controle social" tem baixa funcionalidade e, assim, deve ser utilizado subsidiariamente nas considerações teóricas relacionadas com os problemas específicos de sua realidade social.

O "controle social" é tema obrigatório de todo compêndio elementar de sociologia nos Estados Unidos. Mais do que isso, é, frequentemente, assunto de seminários e cursos monográficos. Em nenhuma parte do mundo se publicam tantos livros sobre a matéria. É claro que isso não acontece fortuitamente. A própria formação histórica daquele país o explica. Dado o escasso grau de integração da sociedade norte-americana, o controle social constitui ali, mais do que em outra qualquer coletividade, um desafio permanente, que, para ser satisfatoriamente conjurado, demanda não só o uso intensivo de meios diretos de coação, mas também o emprego em massa de técnicas de manipulação indireta de condutas, tendo em vista o fortalecimento da estabilidade social. A formação histórica nacional, no caso, foi marcada por extrema aceleração. Não há exemplo, no mundo, de coletividade que, no período de sua existência histórica, tenha percorrido tantos graus da evolução econômico-social. Essa aceleração histórica tem dificultado a transmissão da experiência coletiva de geração a geração. Mesmo em estruturas estáveis podem verificar-se hiatos entre gerações; ali, porém, tais descontinuidades, por motivos óbvios, têm sido particularmente graves.

Em virtude do ritmo acelerado que marcou a evolução norte-americana, cada geração, enfrentando inovações radicais, adota necessariamente estilos de vida em grande parte discrepantes dos modos de ver da geração anterior. Condição da estabilidade das representações coletivas de um grupo social é que o seu contexto não mude com demasiada rapidez. Não é sem motivo que os educadores norte-americanos têm sido os mais pródigos em estudos sobre o problema da "educação para uma civilização em mudança". Além disso, durante longo período, os Estados Unidos receberam sucessivas levas de imigrantes, constituindo agudo problema a integração das diferentes psicologias coletivas e motivações de que eram portadores. Sob o nome de "assimilação", esse problema atrai ainda hoje a atenção dos sociólogos. A "assimilação", que, no caso, não passa de eufemismo de "americanização", é tema de monografias numerosas e de capítulos obrigatórios em compêndios de sociologia nos Estados Unidos, nos quais, até há bem pouco, eram encontradas referências frequentes à chamada "brecha cultural" entre pais e filhos de imigrantes, à delinquência e aos desajustamentos juvenis, provocados por conflitos de avaliação entre gerações. É possível talvez afirmar que, não se tendo formado, naquele país, um substrato lentamente sedimentado de tradições e costumes, não existe ali propriamente sociedade; existe, antes, um público, isto é, uma composição societária destituída de atributos estáveis e, por isso, extremamente plástica e dotada de pequena resistência aos estímulos de manipulações habilmente conduzidas. Ademais, têm sido observados nos Estados Unidos o debilitamento do papel dos grupos "primários", baseados nos contatos afetivos (a família, a vizinhança etc.), e o incremento da influência dos grupos secundários, baseados

DUAS ILUSTRAÇÕES DA REDUÇÃO SOCIOLÓGICA

em contatos superficiais. Nos Estados Unidos, chegou ao máximo a fragmentação da sociedade em grupos organizados artificiais, e, portanto, a mecanização social.[1]

Como aspecto particular da mecanização social, pode-se citar o papel saliente dos grupos de pressão na vida norte-americana. Compondo uma gama infinitamente variada, esses grupos lutam entre si pela participação em vantagens de toda ordem. Finalmente, agravando todo esse panorama de tensões, há que referir o sistema capitalista norte-americano, que, dadas as suas proporções excepcionais, acentua, mais do que em outra parte, o caráter competitivo das relações sociais. Todos esses aspectos concorrem para fazer do "controle social", nos Estados Unidos, magna questão sociológica.

Os especialistas norte-americanos, dando-lhe a atenção que merece, tornam a sociologia operativa e funcional. Assim procedendo, respondem a uma exigência do meio. Põem à disposição da coletividade conhecimentos que pode utilizar para fins de autopreservação. Num país onde os grupos "organizados" assumem tamanha importância, a não divulgação em massa de conhecimentos sobre o "controle social" poderia possibilitar o exercício monopolizado da influência sobre as decisões, por parte de algum ou alguns grupos privilegiados, em detrimento dos interesses gerais. É significativo que, no referido país, o princípio competitivo, exacerbando e generalizando a luta pelo acesso a parcelas de influência social, tenha atingido a própria vida privada, garantindo o êxito de obras do tipo *Como fazer amigos e influenciar pessoas*. As relações humanas tornaram-se relações de mercado.

O *frame of reference*, isto é, o sistema de conceitos básicos da sociologia elementar norte-americana, de que é constitutiva a noção de "controle social", tem como pressuposto as condições particulares dos Estados Unidos. Ilustra um dos modos de aplicação concreta do saber sociológico. Ao elaborar aquele sistema, os sociólogos foram sensíveis aos assuntos relevantes em sua sociedade. No Brasil, porém, não se deveria conduzir preferencialmente a meditação sociológica para aquela ordem de assuntos. É certo que, na sociedade brasileira,

---

1   A "mecanização social" é assunto tecnicamente estudado em sociologia. Sobre o seu conceito e seus efeitos, vide Lucio Mendieta y Nunez, *Teoría de los Agrupamientos Sociales*. México: UNAM, 1950.

se verificam situações que os sociólogos norte-americanos estudam à luz de conceitos como "controle social", "assimilação", "acomodação", "conflito", "isolamento", "contato" e, portanto, esses conceitos são aqui aplicáveis. Mas o importante é assinalar que tais situações, na etapa atual do Brasil, não têm a mesma relevância que nos Estados Unidos. Outro é o esquema de prioridade de assuntos que se induz de nossa presente realidade social. Sobre aquelas, prevalecem aqui situações distintas. Não é, acrescente-se, uma prevalência presumida ou subjetiva. É uma prevalência objetiva. Na fase atual da sociedade brasileira, oferecem-se outros assuntos mais salientes à especulação do sociólogo, como os que dizem respeito à transição pela qual está passando. Existem na sociedade brasileira os mesmos antagonismos que levam os sociólogos norte-americanos às pormenorizadas indagações sobre o mecanismo eficiente para sua contenção – o "controle social". Mas, enquanto a *exigência do "controle social" supõe o interesse em anular as tensões, conservando a estrutura já estabelecida, a solução dos antagonismos fundamentais da atual sociedade brasileira requer antes a mudança na qualidade de sua estrutura.* O modo de especulação sociológica, que justifica a preocupação do especialista norte-americano com noções como "conflito", "acomodação", "assimilação", "controle social", se literalmente adotado pelo sociólogo brasileiro, leva-o a distrair-se das questões que têm mais interesse para a coletividade nacional. Os antagonismos essenciais da sociedade brasileira são atualmente os que se exprimem na polaridade, "estagnação" e "desenvolvimento", representados por classes sociais de interesses conflitantes, e, ainda, "nação" e "antinação", isto é, um processo coletivo de personalização histórica contra um processo de alienação. Outras contradições que não se enquadram nesses termos são, no momento, secundárias.

Pode-se imaginar o que deveria ser um *Tratado brasileiro de sociologia*, dotado de alto teor de funcionalidade e estritamente ajustado à nossa realidade. Deveria traduzir um esforço de conceituação de matérias dentre as quais estariam as seguintes, que passam a ser mencionadas sem preocupação sistemática: desenvolvimento, industrialização, mudança social, estrutura social, conjuntura, sistema social, distrofia, processo em geral, processo cultural, processo social, processo civilizatório, institucionalização, estilização, valor, modelo,

DUAS ILUSTRAÇÕES DA REDUÇÃO SOCIOLÓGICA

fundação, instituição, evolução, revolução, totalidade, transplantação, região, dualidade, heteronomia, historicidade, temporalidade, tempo social e suas modalidades, ideologia, massificação, consciência coletiva, consciência crítica, consciência ingênua, período crítico e período orgânico, desestruturação, reestruturação, fase, época, geração, *principia media*, antagonismos sociais, realidade social, realidade nacional, prática social, alienação, país, povo, nação, colônia, centro, periferia, personalização histórica, efeito de prestígio, efeito de dominação, efeito de demonstração, classe social, quadro, elite, memória social, imitação e suas leis, *nómos*, eunômia, anomia, redução, etnocentrismo, situação, situação colonial, urbanização, elevação, complexo rural, divisão social do trabalho, oligarquia, clã, clientela, coronelismo, consciência nacional, amorfismo, vigência social, poder, princípio de limites e possibilidades, reflexo, quadros sociais da população. Esse *Tratado* seria diferente do *Tratado* norte-americano, do francês, do inglês, do alemão, embora baseado em princípios gerais de raciocínio sociológico, válidos universalmente.

———

Cumpre agora proceder à redução sociológica de uma técnica de investigação social. Para tanto, será invocada ocorrência da vida profissional do autor. No ano de 1952, teve a oportunidade de dirigir o planejamento e a execução da Pesquisa Nacional de Padrão de Vida, realizada em 29 municípios rurais e em mais de 90 cidades, inclusive todas as capitais. Nessas investigações, a fim de apurar, nos centros urbanos, o consumo alimentar das famílias operárias que constituíram as amostras selecionadas, foi utilizado o conhecido processo das cadernetas. Nestas, durante seis semanas, anotaram-se, diariamente, entre outras coisas, as despesas com alimentos de cada unidade doméstica. Na fase de apuração dos informes coletados, surgiu o momento em que as rações efetivas das famílias deveriam ser expressas em unidades de consumo.

Como se sabe, as unidades de consumo permitem obviar os inconvenientes da média *per capita*. Por exemplo, suponham-se duas famílias de seis pessoas, ambas com uma despesa mensal de Cr$ 7.200. Admita-se que uma dessas famílias seja constituída de marido, mulher e quatro filhos menores de dez anos. Admita-se que a outra família seja constituída de marido, mulher e quatro filhos maiores de quinze anos. Ora, a despesa *per capita* de cada uma das famílias é igualmente de Cr$ 1.200. Todavia, não é possível, para efeito de mensuração do padrão de vida, que o estudioso se contente com essa média. De fato, ela não propicia conhecimento preciso do padrão de vida, porque, na segunda família, os filhos maiores de quinze anos devem consumir alimentos em quantidades diversas das que se verificam na outra família, em que os filhos são todos menores de dez anos. Com a mesma renda, famílias de igual número de pessoas podem ter níveis de consumo bastante diferentes, conforme a idade e o sexo dos indivíduos.

Para corrigir a imprecisão da média *per capita*, os analistas de resultados de pesquisa de padrão de vida têm utilizado as chamadas unidades de consumo.

Em geral, as escalas de consumo alimentar tomam como unidade a ração do homem em determinada faixa de idade. Ao homem e à mulher em idade não compreendida na faixa etária escolhida se atribuem coeficientes variáveis. Nas investigações de padrão de vida, os consumos efetivos das famílias devem ser comparados em termos de "adultos equivalentes". Quando, na Europa e nos Estados Unidos, os técnicos enfrentaram esse problema, tiveram de criar escalas de consumo adequadas à apuração dos resultados dos seus inquéritos. Lógico seria, portanto, que, no Brasil e em outros países periféricos, também os pesquisadores criassem suas próprias escalas de consumo adequadas à verificação dos resultados de seus inquéritos. Isso, porém, não tem acontecido. No BrasWil e nos países sul-americanos, *têm sido usadas escalas estrangeiras*, sendo a mais generalizada a abaixo transcrita, proposta em 1932 por uma conferência de higienistas da antiga Sociedade das Nações.

Escala Internacional estabelecida por uma
Conferência de Técnicos em 1932

| | COEFICIENTES | | |
IDADE	SEXO MASCULINO	AMBOS OS SEXOS	SEXO FEMININO
0-2 anos	0,2	—	—
2-4 anos	0,3	—	—
4-6 anos	0,4	—	—
6-8 anos	0,5	—	—
8-10 anos	0,6	—	—
10-12 anos	—	0,7	—
12-14 anos	—	0,8	—
14-59 anos	1,0	—	0,8
60 anos e mais	—	0,8	—

Nota: 1,0 = 3 000 calorias brutas

Ora, é legítimo presumir que essa escala de 1932 não seja adequada
à fisiologia de populações tropicais. Tem importância assinalar que
seus autores eram, na maior parte, europeus. Tiveram naturalmente
de socorrer-se de suas respectivas experiências nacionais e regionais.
Perguntar-se-á: um menino de doze anos é, do ponto de vista fisioló-
gico, a mesma fração do adulto na Europa e no Nordeste brasileiro?
Tudo indica ser negativa a resposta. Condições ecológicas, culturais
e econômicas muito peculiares devem influir na fisiologia do menino
brasileiro e diferenciá-lo do europeu.

Que relação tem o exposto com o tema do presente estudo? É que
descreve uma situação na qual se impunha ao investigador brasileiro
a prática da redução sociológica de um procedimento técnico. Aquela
escala de consumo é produto de trabalho científico referido a um
contexto particular, no caso, europeu. Não pode constituir modelo
ou paradigma universal, portanto obrigatório para o pesquisador brasileiro. Este não deve utilizá-la senão como subsídio na elaboração de
nova escala que seja funcional e significativa no meio que investiga.
*São necessárias escalas brasileiras de consumo, embora devam ser
obtidas à luz dos mesmos princípios científicos gerais de que se servi-
ram os técnicos estrangeiros.*

Pode-se acrescentar ainda outro exemplo de redução – já agora no nível tecnológico. Sabe-se que o Brasil importava caminhões e ainda os importa em certa medida. Mas já começamos, graças à Fábrica Nacional de Motores, a produzi-los aqui. O caminhão FNM é nacional em cerca de 70% de seu peso. No entanto, mesmo a parte dele não produzida aqui já é confeccionada, no exterior, em obediência a certas especificações estabelecidas pelos técnicos brasileiros. Além disso, o caminhão FNM, como um todo, em confronto com o caminhão estrangeiro, apresenta características brasileiras. Entre as observações feitas pelo autor, se incluem as modificações que se verificam no sistema de molejo, nos calços que suportam o motor, nos *chassis*, no sistema de refrigeração, no comando da caixa de câmbio, nos parafusos usados na montagem, na colmeia do radiador, na coroa cilíndrica, na caixa do diferencial, essas e outras características impostas para ajustar o caminhão a condições ecológicas, econômicas e psicossociais particulares do Brasil. Esse é um caso do que se poderia chamar de redução tecnológica, em que se registram a compreensão e o domínio do processo de elaboração de um objeto, que permitem uma utilização ativa e criadora da experiência técnica estrangeira.[2]

A seguir serão examinados os antecedentes filosóficos e sociológicos da redução sociológica.

---

2 Nota da segunda edição: Essas considerações foram escritas em 1958. Hoje, 1965, a indústria automobilística do Brasil apresenta elevada escala de nacionalização, quantitativa e qualitativa, de que o exemplo acima dá apenas ideia muito pálida. Vide, ainda, sobre redução tecnológica, as "Observações gerais sobre a redução sociológica", em apêndice deste livro.

ANTECEDENTES FILOSÓFICOS DA REDUÇÃO SOCIOLÓGICA

Foi a fenomenologia que tornou a redução um dos seus temas centrais. Husserl, na busca de um conhecimento de essências, procura levar o sujeito a uma experiência transcendental em que somente pode ocorrer o defrontar-se do eu puro com o objeto puro. Para elevar-se até aí, ao que chama o "fluxo puro", o sujeito deve proceder a três reduções: a *histórica*, pela qual "suspende" ou exclui as doutrinas e opiniões anteriores a respeito do objeto; a *eidética*, na qual elimina a existência individual do objeto; e a *transcendental*, mediante a qual encontra a consciência, cuja estrutura se nos revela como *intencional*, "consciência de", isto é, como essencialmente referida ao objeto. Husserl, no entanto, opera com a redução (*epoché*) em nível extremamente abstrato.

Levando às últimas consequências ideias do próprio Husserl, coube a Martin Heidegger mostrar, com particular realce, que a *epoché* implica o problema do mundo. O eu e os objetos estão na história e, assim, a "vivência intencional" que os liga verifica-se no mundo. Para Heidegger, o sujeito jamais é um "eu puro", "transcendental"; ao contrário, é um "ser-no-mundo". É impensável um eu que não seja constituído por uma íntima união com o mundo. Não se pode conceber nenhum momento em que o eu se verifique independentemente daquela ligação ontologicamente insuperável. Em qualquer momento de sua existência, o homem está no mundo "preocupado com suas tarefas, absorvido por seus interesses",[1] em familiaridade

---

1   Cf. Walter Biemel, *Le concept de monde chez Heidegger*. Paris: Vrin, 1950, p. 75-76. No livro *Phénoménologie et vérité* (Paris: PUF, 1953), A. de Waelhens expõe algumas observações sobre o que seria a ideia de mundo em Husserl. Chama a atenção para o fato de que Hume e Husserl teriam descoberto o substrato de fé que existiria em todo ato de conhecimento. O que Hume e Husserl chamavam, respectivamente, *belief* e *Glaube* (crença) é um dado prévio à nossa percepção dos objetos. Não atin-

com o complexo de objetos que o circundam. Para Heidegger, cada objeto do mundo participa de uma estrutura referencial que lhe dá sentido. Implicado nessa estrutura, o homem adquire, no trato com os objetos, uma compreensão do mundo. Esta, porém, é ateórica, pré-ontológica. Como alcançar a compreensão teórica? A resposta decisiva é a seguinte: pela suspensão das relações referenciais constitutivas dos objetos no mundo, pela "desmundanização" dos objetos. Eis como se pode entender a redução em Heidegger. Supõe a eliminação do ponto de vista cotidiano, consiste num *Entschränken*, na eliminação dos "limites que pertencem aos elementos constitutivos da vida cotidiana".[2] E é esse tipo de eliminação que ocorre quando, por exemplo, consideramos um martelo, "suspendendo" o seu significado referencial; no caso, a utilidade para martelar. Conduzimo-nos, então, diante dele como um eu teórico, reflexivo, e não como um eu ingênuo ou pré-reflexivo submerso na cotidianidade.

A redução sociológica se aproxima do que Heidegger chama de *Entschränken* sem confundir-se com esse procedimento. Põe à mostra a função e as implicações do produto cultural e os determinantes de que resulta. Um objeto cultural é constituído não só pelos seus elemen-

---

gimos o conhecimento do mundo partindo da percepção discreta dos objetos. O próprio Husserl já entendia que o mundo "precede a toda visão particular do objeto nele contido"; A. de Waelhens, *Phénoménologie et vérité*, op. cit., p. 52. Waelhens insiste no caráter radical das crenças. "A tendência que temos para crer na realidade das 'ideias'" (leia-se "crenças" – G. R.) "é a impossibilidade em que nos encontramos de conduzir nossa vida psicológica senão na pressuposição *fatual (facticielle)* e *exercida* de nossa inserção numa realidade qualquer (quaisquer que sejam as definições que lhe sejam dadas)"; Ibid., p. 52. O mundo implica uma visão que não é produto da elaboração intelectual sistemática, visão que, garantindo "a unidade intencional de nossa experiência", "constitui verdadeiro *a priori* de projeção constitutiva de toda objetividade e fundado sobre a pré-compreensão do ser, característica de todo existente humano"; Ibid., p. 44. Nenhum objeto se oferece ao nosso conhecimento como "totalmente indeterminado", como se fosse possível partir do seu "não conhecimento absoluto" para o seu conhecimento. O sujeito do conhecimento parte sempre de um determinado "horizonte mundano" do qual diz Waelhens: "a natureza do horizonte mundano implicado na experiência de um objeto é tal que, no momento em que essa experiência começa, esse horizonte a provê de diversos elementos estruturais"; Ibid., p. 53.

2   W. Biemel, *Le concept de monde chez Heidegger*, op. cit., p. 148.

tos objetivos, mas também pela função que exerce no sistema de objetos de que faz parte. Essa observação, aliás, é ponto central da antropologia anglo-saxônica, especialmente do chamado "funcionalismo". Para os funcionalistas, não se podem pensar os objetos da cultura sem relacioná-los com a função que exercem. Não tem sentido para o antropólogo – já notava Adolf Bastian – reunir em mostruário objetos de culturas diferentes, pois cada um deles *só* pode ser compreendido no seu contexto. Um dos mais autorizados teóricos do funcionalismo, A. R. Radcliffe-Brown, escreve:

A vida social da comunidade define-se como o *funcionamento* da estrutura social. A *função* de uma atividade recorrente, como a punição de um crime ou uma cerimônia fúnebre, é o papel que representa na vida social como um todo e, portanto, a contribuição que faz à manutenção da continuidade estrutural.[3]

Mas é preciso observar que a antropologia anglo-americana, viciada pelo naturalismo em que se fundamenta, adota noção muito estreita de *função*, enquanto a induz de uma analogia entre sociedade e organismo. Para efeito de redução sociológica, a função dos objetos é entendida menos em termos de conotação material, isto é, enquanto contribuição ao equilíbrio global da comunidade, do que em termos de sentido, de acordo com a intencionalidade que possuem numa estrutura referencial. Desde já se torna evidente que, no domínio de redução sociológica, há duas acepções da palavra intencionalidade, estritamente ligadas, para as quais se deve estar sempre alerta. Numa acepção, usa-se a palavra para esclarecer que a consciência está sempre referida aos objetos. Husserl, neste caso, fala sempre de *Intentionalität*. Na outra acepção, a palavra designa o conteúdo significativo ou referencial dos objetos no mundo, o "para quê". Para esse segundo sentido, existe, no idioma alemão, o termo *Absicht*. Quando se tratar, mais adiante, do conteúdo objetivo do ato intencional, voltar-se-á a focalizar essa dualidade de significações.

---

3 Vide A. R. Radcliffe-Brown, "'Função' em ciência social", in Donald Pierson (org.), *Estudos de organização social*, v. 2: *Leituras de sociologia e antropologia social*. São Paulo: Martins, 1949.

Para Heidegger, o sentido de qualquer objeto só se revela a partir do momento em que se integra numa unidade de referências à qual o filósofo chama *Bedeutsamkeit*.[4] Embora o radical da palavra seja o verbo *bedeuten* (significar), em Heidegger ela diz respeito às relações referenciais que remetem uns aos outros os existentes no mundo.[5] Estamos aqui diante de novo sentido da palavra mundo. O mundo – eis o que pensa Heidegger – não é mais o que se tem admitido na tradição filosófica, um conjunto de coisas ou realidades subsistentes, um dado externo ao homem. No ensaio "Da origem da obra de arte", Heidegger escreve:

> O mundo é mais existente que as coisas perceptíveis, com as quais podemos contar, no meio das quais nos acreditamos em casa numa (atmosfera de vida) cotidiana. Mas o mundo não é, jamais, um objeto que se encontra diante de nós. É o que é, sempre não objetivo. Não sendo nem um objeto nem uma coisa, não é, porém, um termo abstrato. O mundo é mais concreto que todo objeto concreto, porque é em realidade nele e a partir dele que tudo que aparece e tudo que é presente surge e se coordena. O mundo é o não objetivo do qual nós dependemos...[6]

---

4   Cf. W. Biemel, *Le concept de monde chez Heidegger*, op. cit., p. 162.

5   Ibid., p. 54.

6   Ibid., p. 176. Se, como diz Biemel, interpretando Heidegger, "é o *pro-jeto* que torna possível o *ob-jeto*" (Ibid., p. 150), seria pertinente indagar em que medida as ciências naturais são tributárias de visões de mundo determinadas. Há muito subsídio para essa tarefa nos livros de Collingwood sobre a "ideia da natureza" e a "ideia da história". Um cientista, na linha do pensamento de Heidegger, escreveu um pequeno estudo sobre o "apriorismo" das ciências naturais. Trata-se de Wilhelm Szilasi. Afirma esse autor que "o físico, antes de entrar na consideração de um fenômeno qualquer, possui um conceito prévio do que quer dizer natureza" (vide *Que es la ciencia?* Ciudad de México: Fondo de Cultura Económica, 1951, p. 42). Um dos grandes avanços da física de nossos dias consiste precisamente em ter tomado consciência do relativismo que afeta as suas categorias, pois converteu em tema os conceitos implícitos nas suas perguntas dirigidas à natureza, conceitos como espaço, tempo, massa, até bem pouco aproblemáticos em sua validade apriorística (Ibid., p. 51). Para demonstrar o apriorismo da ciência da natureza, Szilasi colhe na terminologia de Heidegger a expressão *Miteinandersein*, o "ser-uns-com-os-outros". O "estarmos juntos uns com os outros" ou, em outras palavras, a totalidade a que pertencemos, predetermina

Sem aceitar o idealismo de Husserl e Heidegger, nada impede de acolher a atitude metódica por eles perfilhada, a qual, em essência, se define por um propósito de análise radical dos objetos no mundo. Transpondo essa atitude para o âmbito da ciência social, pode-se afirmar que cada objeto implica a totalidade histórica em que se integra e, portanto, é intransferível, na plenitude de todos os seus ingredientes circunstanciais. Pode-se, no entanto, suspender, ou "pôr entre parênteses", as notas históricas adjetivas do produto cultural e apreender os seus determinantes, de tal modo que, em outro contexto, possa servir subsidiariamente, e não como modelo, para nova

---

a nossa visão da realidade. É o que leva Szilasi a dizer aos ouvintes de uma sua lição: "Este local [a sala de aula] em que nos achamos é o que é graças ao nosso 'estar uns com outros' e graças mais especialmente à intencionalidade atual deste estar juntos. Se pretendêssemos descrevê-lo como algo diferente de uma sala de aula, teríamos de basear-nos em outra situação. Mas, em qualquer caso, nossa situação real e os propósitos a ela inerentes de nosso estar reunidos, de nosso 'estar uns com os outros', determinariam de antemão a compreensão daquilo em que nos instalássemos. Em latim, a condição que precede, a condição prévia, chama-se *a priori*. A situação efetiva do "estar uns com os outros" determina *a priori*, em cada caso, o quê do ente em que se acha instalado nosso "estar uns com os outros", nossa reunião. Assim, pois, esta reunião científica, este 'estar com os outros' com fins científicos, determina o que tem que ser o nosso âmbito"; Ibid., pp. 21-22. Mas não terminaria aí o apriorismo da ciência natural. Heidegger é radical nesse apriorismo. O pressuposto básico das ciências naturais exatas é um projeto matemático da própria natureza. É esse projeto que torna possível o objeto de tais ciências. Expondo essas observações do filósofo, escreve Biemel: "O que é importante nesse projeto não é tanto sua *estrutura matemática*, mas antes o fato que revela uma estrutura *a priori*. Essa estrutura, colocada *a priori*, na base de toda pesquisa ulterior, é a condição que permite ao existente tornar-se objeto e segundo a qual se determinam seus caracteres 'objetivos' fundamentais. Cada ciência possui assim seu projeto particular, fundamento constitutivo do existente que tal ciência estuda, e é no seio desse projeto que seus objetos se lhe tornam presentes. – É esse projeto que torna possível a elaboração de um 'fato' científico. A 'criação' das 'ciências de fatos' não foi possível senão no dia em que os sábios compreenderam que não há fatos puros, isto é, que um dado não se eleva ao nível de fato científico enquanto a ciência não estabelece um esquema preliminar de seu objeto"; Biemel, *Le concept de monde chez Heidegger*, op. cit., pp. 149-51. A natureza não teria, assim, sentido unívoco; mostrar-se-ia sempre dentro da perspectiva noética e ainda histórica ou existencial em que está o observador. Mostra-se de um modo ao grego, de outro ao homem medieval, de outro ao renascentista, de outro ao homem contemporâneo.

elaboração. A redução sociológica se opõe à transplantação literal. A prática das transplantações literais, largamente realizada nos países de formação colonial como o Brasil, implica a concepção ingênua de que os produtos culturais produzem os mesmos efeitos em qualquer contexto. Desde que, porém, se forma, no espaço que deixa de ser colonial, a consciência crítica, pelo imperativo da realização de um projeto comunitário, de uma tarefa substitutiva no âmbito da cultura – já não mais se trata de importar os objetos culturais acabados e consumi-los tais quais, mas é preciso agora, pela compreensão e pelo domínio do processo de que resultaram, produzir outros objetos nas formas e com as funções adequadas às novas exigências históricas. Por isso a redução sociológica só ocorre e se faz necessária nos países que estão empenhados numa tarefa substitutiva, de que é mero detalhe a substituição de importações a que se referem os economistas. Nesse estádio, é necessário produzir, de acordo com as imposições do meio, o que antes se importava, tanto as ideias quanto as coisas.

ANTECEDENTES SOCIOLÓGICOS DA REDUÇÃO SOCIOLÓGICA

A ideia de redução se encontra em antecedentes próximos do que, atualmente, se chama de sociologia do conhecimento. Desde os materialistas franceses, Condillac, Helvétius e Holbach, até Destutt de Tracy, criador da Science des Idées, que, ao ser sublinhada a origem social das ideias, se postulou que o seu significado essencial não é o que nos dá aparente ou diretamente, mas o indireto, isto é, aquele que se apreende quando se põem em suspensão os seus aspectos externos, referido, porém, ao contexto de que são parte. A análise ideológica, tal como a entendem os marxistas e a sociologia do conhecimento, já se fundamenta numa conduta eminentemente redutora. Atualmente, porém, se trata de dar um passo adiante, submetendo à reflexão aquela atitude metódica já implícita no trabalho sociológico. Porque não se iniciaram nesse princípio metódico é que até mesmo sociólogos, principalmente nos países coloniais, ainda não fazem uso sociológico da sociologia. Para assumir atitude sociológica científica, não bastam a informação e o conhecimento das ideias e dos sistemas. Nada pode suprir, na formação da atitude sociológica científica, a prática da redução. O sociólogo não é mero alfabetizado em sociologia, não é somente aquele que conhece a literatura desse campo do saber. Sociólogo é o que pratica a redução sociológica. É preciso, porém, distinguir redução sociológica e fenomenologia do *social*. Esta seria o estudo do *modo de ser do social*. A fenomenologia do social descreveria como se dá o social ou mostraria a sua essência, o seu *eidos*, mediante o que Husserl chama o processo de *variação*. Para Husserl, além do estudo da essência do objeto em geral, ou seja, da fenomenologia *tout court* (verdadeira *mathesis universalis*, como a concebiam Descartes e Leibniz), existem tantas ciências eidéticas (fenomenologias regionais) quantos sejam os objetos das diversas disciplinas.

O próprio Husserl tentou aplicar ao estudo dos fenômenos sociais sua teoria da *Wesensschau* (intuição das essências). Seguiram esse caminho vários autores, que têm procurado elaborar uma ciência eidética do social, e, assim, há um ramo fenomenológico na sociologia, representado, entre outros, por Max Scheler, Alfred Vierkandt, S. Kracauer, Theodor Litt, Theodor Geiger, Gerda Walther, Edith Stern, Alfred Schütz, Georges Gurvitch, Jules Monnerot, Luis Recaséns Siches. Entre os autores de língua alemã, as contribuições mais destacadas no âmbito da sociologia fenomenológica são: a de Max Scheler, sobre a simpatia como condição da sociabilidade e sobre o condicionamento histórico-cultural das formas de saber e do conhecimento; a de Alfred Vierkandt, sobre as formas dos grupos sociais e as disposições inatas ou instintivas que os constituem (como, entre outros, o sentimento de si próprio, a vontade de poder, a vontade de subordinação); a de Theodor Litt, que, utilizando um processo de análise da consciência do eu, descobriu o princípio da "reciprocidade de perspectivas", que permite resolver o problema das relações entre o indivíduo e a sociedade.

Os autores de língua românica Gurvitch, Monnerot e Recaséns são bastante conhecidos na América Latina. Em seus livros *L'Expérience juridique et la philosophie pluraliste du droit, Morale théorique et science des moeurs* e *Essais de sociologie,* Gurvitch utiliza um processo redutor para descobrir critérios de classificação de formas de sociabilidade. Gurvitch, porém, utiliza a redução fenomenológica ou, mais precisamente, o que Husserl chama a "primeira redução", isto é, redução histórica, conduzindo-se como filósofo, embora tendo em vista atingir o domínio da "sociologia em profundidade". Aplica simplesmente a redução fenomenológica no domínio do social. Procede assim à fenomenologia do social, o que corresponde a "uma decomposição imanente, atravessando em profundidade as camadas superpostas da realidade social" em busca de "dados cada vez mais imediatos do social".[1] Luis Recaséns Siches entende a fenomenologia

---

1 Cf. Georges Gurvitch, *Essais de sociologie.* Paris, s/d., p. 21. Georges Gurvitch é um sociólogo cujo pensamento se vem depurando e clarificando progressivamente. Para a compreensão exaustiva desse pensamento, é necessário conhecer as obras mais antigas do autor, pois nelas se encontram as primeiras formulações de suas grandes teses atuais. Além disso, nessas obras, há muitas considerações, não reto-

do social como a "descoberta e a descrição de cada gênero dos comportamentos humanos".[2] Entre estes, em sua obra *Lecciones de sociología*, analisa quatro: o rogo, a pergunta, o mandato e a promessa. Dos três últimos autores mencionados, foi Jules Monnerot que, em sua obra *Les faits sociaux ne sont pas des choses*, mais se aproximou das cogitações do presente texto, embora a redução sociológica tivesse permanecido fora do horizonte de sua percepção.[3]

O esforço de Monnerot é aplicado estritamente na elaboração de uma fenomenologia social, não obstante tenha colocado o problema da "sociologia da sociologia". Na verdade, o interesse primordial de Monnerot restringe-se antes a uma "psicologia da sociologia", isto é, tem em vista mostrar o condicionamento dos sistemas sociológicos pela psicologia dos seus respectivos criadores. A sociologia – escreve – é a psicologia humana decidida a colocar entre parênteses os limites individuais. Ainda que, mediante a consideração dos fatores psicológicos individuais, tenha aquele autor, algumas vezes, focalizado o condicionamento histórico-social das ideias sociológicas, escapou-

---

madas posteriormente, de decisiva importância para caracterizar a contribuição desse autor. Nos estudos pertencentes à fase atual do sociólogo, seu débito para com Husserl não é facilmente identificado. Daí a oportunidade do texto que vai ser aqui reproduzido, em que Gurvitch confessa o caráter redutor dos seus critérios de classificação pluralista das formas de sociabilidade: "Como é igualmente evidente que os critérios da classificação desejada não podem ser trazidos de fora e escolhidos arbitrariamente como simples hipóteses de trabalho, só resta, portanto, uma via para encontrar critérios objetivos que permitam distinguir as formas de sociabilidade: é o método da inversão ou da redução fenomenológica (Husserl), da decomposição imanente, penetrando em profundidade as camadas superpostas da realidade social. Mergulhando em etapas sucessivas na direção dos dados cada vez mais imediatos do social, elaborando uma 'sociologia em profundidade', chega-se a um 'pluralismo social vertical'; ora, esse pluralismo das camadas superpostas na vida das unidades coletivas reais justifica por si só o 'pluralismo horizontal' das formas de sociabilidade; ao mesmo tempo, a camada mais profunda e mais imediata da realidade social, os estados espontâneos da consciência coletiva, sendo regidos por princípios diferentes que constituem seus conjuntos, servem de ponto de referência fundamental na distinção dos critérios"; Ibid., p. 21.

2   Cf. Luis Recaséns Siches, *Lecciones de sociología*. Ciudad de México: Porrúa, 1948, p. 418. Para uma aplicação da fenomenologia ao fato jurídico, vide Fritz Schreier, *Conceptos y formas fundamentales del derecho*. Buenos Aires: Losada, 1942.

3   J. Monnerot, *Les faits sociaux ne sont pas des choses*. Paris: Gallimard, 1946.

-lhe o problema da atitude redutora como instrumento metodológico de fundação da sociologia nacional. A sua própria situação o impediu de vislumbrar essa possibilidade de aplicação da fenomenologia. Vivendo numa sociedade já fundada, a redução, para ele, seria mero expediente técnico destinado a permitir a discussão radical das doutrinas sociológicas, porém apenas em tese. A redução, tal como Monnerot a entenderia, leva a um relativismo *à outrance* e somente poderia ser adotada por um amador, em sociologia, como é o seu caso (o que, aliás, não implica nenhum desapreço). Para Monnerot, "o que o sociólogo precisa é da possibilidade de passar de um ponto de vista a outro".[4] Ora, o relativismo é incompatível com situações nas quais o sociólogo pretende atribuir papel operante à teoria de que é criador. Nesse caso, a teoria não pode deixar de ter algum conteúdo dogmático empiricamente justificado pelo fato mesmo de que a realidade a que se refere é dotada de sentido. Somente uma sociologia de cátedra ou, como diria Hegel, "de professores" poderá adotar um relativismo sem limites. Afora essas restrições, muito há que se assimilar na contribuição do autor. É feliz, apesar de um tanto rebarbativo, o conceito de *condição humana situada e datada*, mediante o qual Monnerot contorna as sediças conotações do termo *indivíduo*. Para compreender o conceito, é capital o seguinte enunciado:

> A visão depende dos valores. Só a condição humana situada e datada confere um sentido ao que "vê". Ora, a *condição humana situada e datada é aquilo que valoriza*. Em toda visão manifesta-se a atividade valorizadora da condição humana. Trata-se de descrever corretamente o aparecimento que é o correlato dessa visão, o *noema* dessa *noese*.[5]

É precisamente a tomada de consciência, pelo sociólogo, de tais implicações da *condição humana situada e datada* que, segundo Monnerot, o tornaria apto a praticar a verdadeira sociologia, a sociologia compreensiva, que permite "passar de um ponto de vista a outro".

A redução sociológica, embora permeada pela influência do pensamento de Husserl, é algo diverso de uma ciência eidética do

---

4   Ibid., p. 37.
5   Ibid., p. 79.

ANTECEDENTES SOCIOLÓGICOS DA REDUÇÃO SOCIOLÓGICA

social. Funda-se numa atitude metódica interessada em descobrir as implicações referenciais, de natureza histórico-social, de toda sorte de produção intelectual e em referir sistematicamente essa produção ao contexto em que se verifica, para apreender exaustivamente o seu significado. Ilustração da redução sociológica são, por exemplo, os estudos de K. Marx, reunidos em obra conhecida em francês com o nome de *História das doutrinas econômicas*,[6] na qual, pondo à mostra o condicionamento histórico das ideias econômicas, fundamenta uma atitude de restrição em face da pretensa universalidade da sua vigência. Os estudos marxistas, ou de inspiração marxista, sobre correntes de pensamento, doutrinas e ideias fundamentam-se, em geral, num ponto de vista redutor. Recentemente, nos trabalhos de Georges Lukács e Lucien Goldmann, pode-se verificar a prática da redução no estudo dos fatores sociais das doutrinas sociológicas.

Fora dos quadros marxistas, o sociólogo e economista sueco Gunnar Myrdal tem sustentado em seus estudos uma posição de grande alcance crítico em face de teorias e doutrinas do campo de sua especialidade, para cujo *background* ideológico vem chamando a atenção dos estudiosos, principalmente no livro *The Political Element in the Development of Economic Theory*.[7] Recentemente, em conferências proferidas no Cairo, denunciou a inadequação à realidade mundial contemporânea de teorias econômicas dominantes nos Estados Unidos e em países europeus. As ideias expostas por Myrdal em tal oportunidade estão, sem dúvida, decididamente muito próximas da redução sociológica. Tudo parece indicar, no autor, a convicção de que há sempre um resíduo ideológico nas ciências sociais, não se apresentando, para ele, a rigor, o problema de uma teoria econômica ideologicamente neutra. O que importa, para assegurar a qualidade científica da ciência econômica, é verificar se está ideologicamente ajustada à realidade. Exprime, na referida conferência, o desejo de contribuir para "o ajustamento ideológico das ciências sociais à nova

---

6 Karl Marx, *Histoire des doctrines économiques*, org. Karl Kautsky, trad. Jules Molitor. Paris: A. Costes, 1924-25. 8 v. [N.E.]

7 Gunnar Myrdal, *The Political Element in the Development of Economic Theory*, trad. Paul Streeten. London: Routledge & Paul, 1953.

situação política do mundo".[8] As reflexões de Myrdal assumem extrema importância pelas relevantes questões que focalizam. O autor não trata apenas em tese do condicionamento ideológico da atual literatura do desenvolvimento e do subdesenvolvimento. Reconhece haver uma tendência na teoria do comércio internacional, de generalizada aceitação dos países dominantes, para evitar o tratamento a fundo da desigualdade econômica internacional, em virtude do caráter "embaraçoso" do tema. Mais do que isso, acredita que os conselhos dados por especialistas e órgãos técnicos de países dominantes sobre a política comercial dos países periféricos, e mesmo as "pressões" que sobre eles exercem, "são comumente racionalizados em termos de uma teoria do comércio internacional, baseada em hipóteses sem realidade".[9] Pode-se verificar como está longe de ser um devaneio acadêmico o problema da redução no domínio das ciências sociais quando, mediante um depoimento tão autorizado quanto o de Myrdal, somos alertados para as consequências práticas negativas da teoria econômica vigente nos países dominantes, pois o autor vê elementos "ideológicos infiltrados" na conduta de organizações internacionais como o Gatt [General Agreement on Tariffs and Trade – Acordo Geral de Tarifas e Comércio] e o Fundo Monetário Internacional, que os levam a influenciar perniciosamente os governos das nações periféricas. Não por acaso, Myrdal é um dos raros economistas capazes de submeter sua especialidade a uma reflexão radical. Como se sabe, é também sociólogo e proclama sem hesitação a impossibilidade de o cientista social libertar-se inteiramente do que chama "premissas de valor".[10] Uma "ciência social desinteressada" – diz ele – "nunca

---

8   Id., "Desenvolvimento e subdesenvolvimento". *Revista do Conselho Nacional de Economia*, n. 47, set.-out. 1957.

9   Ibid.

10   "Tem sido um propósito extraviado da ciência social durante pouco mais de um século tratar de fazer 'objetivos' nossos principais conceitos carregados de valor, ao defini-los de modo 'puramente científico', aparentemente livre de qualquer associação com valorações políticas. Para isolá-los de tal associação, a miúdo se inventaram e substituíram novos sinônimos de aspecto inocente. Sobre uma base lógica, esses propósitos estavam condenados ao fracasso. A carga de valorações não estava ali sem motivo e sem função; e não tardou em surgir por intermédio das forçadas definições 'puramente científicas' e ainda voltou a deslizar-se nos sinônimos especialmente

existiu e por motivos lógicos não pode existir."[11] E adverte que tal contingência não deve desesperar o especialista escrupuloso, mas induzi-lo a eleger uma premissa de valor "adequada e significativa em relação à sociedade em que vive".[12] O que mais adiante se chamará de *a priori* existencial do trabalho sociológico é ponto pacífico para Myrdal, que o afirma nos seguintes termos:

> Creio que o nosso pensamento e também nossas observações, mesmo quando nos esforçamos em ser objetivos, são dominados, muito mais do que imaginamos, por certas ideias muito gerais ou padrões de pensamento. Essas ideias gerais são, de algum modo, carregadas de juízos de valor; isso influencia nossos esforços intelectuais e tende a excluí-los de nossa atenção e do nosso senso crítico se não trabalhamos com explícitas premissas de valor. Tais ideias são parte de uma tradição poderosa e, assim, modelam todos os nossos instrumentos mentais: deram forma não somente às respostas, mas determinaram de modo mais fundamental as perguntas que formulamos e a maneira como as formulamos.[13]

É, todavia, na obra de Karl Mannheim que se encontram referências mais abundantes para a fundamentação teórica da redução sociológica.[14] Embora não usasse a expressão e não tivesse se ocupado em

---

fabricados"; G. Myrdal, *Solidaridad o desintegración* [*An International Economy: Problems and Prospects*, trad. Salvador Echavarría e Enrique González Pedrero]. Ciudad de México: Fondo de Cultura Económica, 1956, p. 438.

11 Ibid.

12 Ibid., p. 439.

13 Id., "Desenvolvimento e subdesenvolvimento", op. cit.

14 "É, entretanto, uma peculiaridade da vida e do pensamento vivo que [os problemas metodológicos e lógicos aparentemente mais extremamente especializados] não procedem, como poderia parecer do ponto de vista do sistema completo, do concreto e do particular, deduzindo este último do primeiro. Antes, o processo é algo como isto: a vida não reflexiva se refere inicialmente às experiências concretas, imediatas, e começa *in media res*. Só subsequentemente, na fase reflexiva, são abstraídas as premissas que se ocultam nos estímulos. Mas aquilo que exatamente se percebe na imediatidade "fenomenológica" é, na verdade, já conformado pelo processo histórico; já está permeado pelas categorias conformadoras de uma nova "razão", de uma nova "psiquê". Em cada acontecimento há, então, algo além do próprio acontecimento

refletir sobre as suas regras, Mannheim aplicou a redução sociológica no estudo de vários assuntos. É um dos raros sociólogos contemporâneos que tiveram a preocupação sistemática de incorporar as ideias filosóficas atuais à sociologia, sendo visível sua familiaridade com o pensamento fenomenológico e culturalista, ao qual se prende a redução sociológica. Inclui-se entre os poucos especialistas de sua época que submeteram as doutrinas sociológicas a uma reflexão radical, na apreensão de cujo sentido sempre as referia ao seu substrato histórico e cultural. Em um dos seus ensaios, aceitando a observação de Dilthey, segundo a qual "a *Weltanschauung* não é produto do pensamento", Mannheim afirma que o teórico é manifestação daquela "fundamental entidade".[15] A *Weltanschauung* é totalidade transcendente, à qual devem ser referidos os objetos para serem compreendidos. Cada objeto cultural (*cultural objectification*) é veículo de significação quanto ao seu modo de ser e, por isso, não pode ser inteiramente compreendido nem como "coisa" nem como conteúdo psíquico.[16] E, numa ilustração de seu pensamento, imaginando o ato de suposto amigo que dá uma esmola a um transeunte, comenta: "É apenas num contexto social que o homem da esquina será um 'mendigo'; meu amigo, 'alguém que presta assistência'; e o pedaço de metal em sua mão – uma 'esmola'".[17]

Somente situados na configuração referencial de que fazem parte, os acontecimentos e os objetos aparecem em seu adequado sentido. Ou como diz ainda Mannheim:

---

em "si mesmo". O acontecimento é moldado por uma totalidade, quer no sentido de uma lei de enquadramento, quer no sentido de um princípio de sistematização. Por conseguinte, há, contidas no simples acontecimento, premissas que podem ser desentranhadas"; Karl Mannheim, *Essays on the Sociology of Knowledge*. London: Routledge & Kegan Paul, 1952, p. 89. [N.E.: O trecho entre colchetes foi adicionado nesta quarta edição, com base no original de Mannheim.]

15 "[...] se essa totalidade que chamamos *Weltanschauung* é entendida nesse sentido como algo ateórico e, ao mesmo tempo, como o fundamento de todas as objetivações culturais, tais como a religião, os *mores*, a arte, a filosofia, e se, mais ainda, admitimos que essas objetivações podem ser ordenadas numa hierarquia segundo sua distância respectiva desse irracional, então a vontade teórica aparece exatamente como uma das manifestações mais remotas dessa entidade fundamental"; Ibid., p. 38.

16 Ibid., p. 41.

17 Ibid., p. 45.

Um produto cultural não poderá ser compreendido em seu próprio e verdadeiro sentido se atentarmos simplesmente para a significação que veicula quando só o olhamos como é diretamente – em seu sentido objetivo; devemos considerá-lo como portador de um sentido expressivo e documental, se queremos captá-lo exaustivamente".[18]

Há, na obra de Mannheim, toda uma teoria, fragmentariamente expressa, da compreensão indireta da produção sociológica. Particularmente relevantes são os seus estudos sobre a sociologia norte-americana e alemã,[19] nos quais caracteriza as singularidades dessas disciplinas como decorrência de particulares condições existenciais dos especialistas.

Menciona-se o nome de Hans Freyer em último lugar porque a esse autor se deve o esforço mais importante para a elaboração da redução sociológica. Ele está intimamente associado à "sociologia da sociologia", na qual consiste, em essência, a redução sociológica. É fácil tarefa colher, em seus livros, passagens em que se revela o domínio do método, embora também a esse autor não tenha ocorrido a expressão com que é aqui designado. Para fixar a contribuição de Freyer, algumas observações suas são oportunas. Em sua obra capital *A sociologia, ciência da realidade* [*Soziologie als Wirklichkeitswissenschaft*], perfilha o ponto de vista de Andreas Walther, para quem "uma sociologia é o produto orgânico de certa cultura e por isso não pode transferir-se simplesmente a outra cultura".[20]

Freyer vê uma impregnação histórica no pensamento sociológico até em suas categorias mais abstratas.[21] À ideia de adotar na Alemanha modelos e modos da sociologia norte-americana, Hans Freyer reage mostrando a impossibilidade de tal transposição. Contrariamente

---

18 Ibid., p. 44.

19 Id., *Essays on Sociology and Social Psychology*. London: Routledge & Kegan Paul, 1953.

20 Vide Hans Freyer, *La sociología ciencia de la realidad*. Buenos Aires: Losada, 1944, p. 21.

21 "Toda sociologia que leva a sério sua tarefa de ser uma ciência concreta da realidade social tem de dar-se conta desde o início de que seus conceitos necessitam estar escritos no corpo dessa realidade e, portanto, impregnados de história"; Id.

à sociedade norte-americana – explica –, é a alemã uma sociedade de articulações historicamente complicadas, em que têm caráter muito especial conceitos como classe, proletariado, artesanato, funcionário, grande cidade, camponês e Estado.[22] Quando aí aparece, a sociologia encontra uma complexa tradição filosófica, o que não acontecera nos Estados Unidos. Inclusive – acrescenta Freyer –, tem importância sociológica assinalar o fato de que os Estados Unidos são um país sem basalto e sem castelos vetustos. A razão da intransferibilidade literal dos procedimentos sociológicos é formulada por Freyer nos seguintes termos:

> [...] uma sociologia é a autoconsciência científica de uma realidade social. Ademais, é determinada inseparavelmente por sua história quanto à situação de seus problemas e à forma interna de seu pensamento. Por essas razões, é impossível à nossa sociologia [alemã] adotar sem maior exame, como norma para seu próprio desenvolvimento, modelos de construção e modos de produção que se formaram em outra parte e se acreditaram ali. Nada ganharia, e perderia em troca, se quisesse negar as condições de sua existência e intentasse resvalar para uma forma alheia.[23]

São esses os antecedentes próximos da redução sociológica. Essa é, indubitavelmente, a essência do criticismo sociológico mais radical. Encontrando-se de modo implícito e fragmentário na obra desses pensadores, o passo que agora incumbe realizar é o de dar início à sua exposição sistemática. Considerando, porém, a situação ainda incipiente dessa ideia, é em caráter exploratório que, a seguir, será formulado o que seria permitido chamar de "leis da redução sociológica".

---

22 Ibid.
23 Ibid., p. 19.

ANTECEDENTES SOCIOLÓGICOS DA REDUÇÃO SOCIOLÓGICA

LEI DO COMPROMETIMENTO

Essa lei pode ser enunciada do seguinte modo: nos países periféricos, a ideia e a prática da redução sociológica somente podem ocorrer ao cientista social que tenha adotado sistematicamente uma posição de engajamento ou de compromisso consciente com o seu contexto.

Antes de tentar justificá-la, parecem necessários alguns esclarecimentos, pois o sentido dessa lei se clarifica imediatamente quando se observa que há uma diferença essencial entre um engajamento sistemático e um engajamento ingênuo. É bem de ver que somente em casos aberrantes se registrará a existência de especialistas em ciência social que não desejem contribuir para a promoção histórica de sua coletividade. Há, porém, especialistas que, professando um universalismo não qualificado, pretendem depurar a sua prática científica do influxo de um compromisso com a realidade social. Julgam que esse influxo vicia a atividade científica. Nos países periféricos, os especialistas que adotam esse modo de ver, não refletindo sobre os pressupostos da prática científica, ficam indefesos diante da perspectiva implícita na produção científica estrangeira e sucumbem às suas "premissas de valor", como diria Myrdal. A outra posição não aconselha que o sociólogo seja um formulador de "racionalizações", de "coberturas", de autoexaltações nacionais, pela manipulação de resíduos emotivos, sob o rótulo de ciência. É preciso advertir: tal posição está longe de ser equivalente ao fascismo. A posição de engajamento nada tem a ver com aquela subalterna atitude. Ao invés, é baseada numa crítica radical, ou seja, numa reflexão sobre os fundamentos existenciais da ciência em ato ou da produção científica. O compromisso de que se fala aqui, na medida em que seja sistemático, situa o cientista no ponto de vista universal da comunidade humana. O regional e o nacional, em tal compromisso, não são termos finais, são termos imediatos de concretização do universal. Essa posição confere extrema lucidez ao cientista, pois o leva a colocar, sob a luz da consciência, as virtualidades que habitualmente estão obscurecidas na conduta ordinária. É o requisito imprescindível para que surja nos países subdesenvolvidos a verdadeira ciência. Ademais, é também a condição indispensável para que o cientista desses países se libere da "servidão intelectual",[1] transcenda a condição de copista e repetidor e ingresse num plano teórico eminente.

O sociólogo, como qualquer especialista em ciências sociais, está sempre condicionado, em sua especulação, por um *a priori* de caráter existencial, tenha ou não consciência disso. Decorre o fato de que sua consciência se elabora invariavelmente a partir do trato com os objetos e as pessoas do mundo particular em que vive. Não existe um eu acósmico ou a-histórico capaz de postar-se diante do mundo, livre de condicionamentos. O eu e a consciência do eu brotam do "nós" que os antecede lógica e historicamente. A consciência ingênua não percebe a implicação recíproca do ser humano e do mundo. Resíduo de ingenuidade se encontra na atitude do cientista que acredita numa ciência imune de condicionamentos. Ao refletir sobre os supostos da atividade científica, ver-se-á que está implicada numa teia de relações complexas que constituem o mundo tal como aparece ao cientista que nele vive. Não se toma aqui posição de caráter idealista, nem se retorna à querela entre o idealismo e o realismo. As concepções do conhecimento, de um lado, como determinação do objeto pelo sujeito e, de outro, como determinação do sujeito pelo objeto não são as únicas possíveis no domínio da gnosiologia. O conhecimento, descritivamente, é uma relação entre a consciência cognoscente e o objeto, na qual se verifica reciprocidade de influência, fato esse que não foi visto pelas antigas teorias gnosiológicas. No plano histórico-social, essa reciprocidade de influências permite compreender a ideia de mundo, que torna inteligíveis as relações entre o sujeito e o objeto. O mundo não é uma coleção de objetos que possamos contemplar do lado de fora. Estamos necessariamente no mundo e por ele somos constituídos. O homem é *ser-no-mundo*, não, porém, como um par de sapatos está numa caixa, mas enquanto suas ações implicam o mundo, ou uma visão prévia do mundo (*Weltanschauung*).

---

1 Gunnar Myrdal, *Economic Theory and Under-Developed Areas*. London: G. Duckworth, 1957.

LEI DO COMPROMETIMENTO

São de capital importância, no presente estudo, os esclarecimentos que nos oferece o conceito contemporâneo do mundo.[2] A atual teoria filosófica do mundo é tributária das indagações de pensadores alemães a respeito do que são as visões do mundo. É comum a esses pensadores o ponto de vista de que a visão do mundo não é adquirida por esforço intelectual nem pode ser exposta como se explica uma doutrina ou um sistema de ideias. A visão do mundo, apesar disso, é sistema porque é configuradora de atos e de ideias, tem organicidade. Mas não é puramente intelectual e, por isso, não se pode neutralizar seu efeito condicionador sobre a atividade científica. Porque nos integramos na totalidade do mundo "de modo não intelectual"[3] é que nossa existência supõe um *a priori* histórico social. Não aceitamos uma visão de mundo como esposamos uma doutrina ou nos convertemos a uma religião. Vivemos necessariamente a visão de mundo de nossa época e de nossa nação. Jaspers a entende como um ponto de vista não escolhido: "Impõe-se a mim, na situação histórica concreta em que me encontro, não escolhi tal corpo, tal país, tal caráter...".[4] Eis porque Dilthey afirmava que é a vida a "raiz última" da visão do mundo.

---

2   Para uma tentativa de definição de visão de mundo, vide a contribuição de Lucien Goldmann, em *L'homme et l'histoire: Actes du vie Congrès des sociétés de philosophie de langue française*. Paris: PUF, 1952.

3   "Estamos em contato com a totalidade do mundo de maneira não intelectual"; Jean Wahl, *Traité de métaphysique*. Paris: Payot, 1953, p. 660. Interpretando a ideia de mundo, escreve ainda J. Wahl: "O ser que nós somos [...] não pode ser separado daquilo em que nós somos, e que é o mundo"; Ibid., p. 659.

4   Cf. Mikel Dufrenne e Paul Ricoeur, *Karl Jaspers et la philosophie de l'existence*. Paris: Seuil, 1947, p. 102. Ponto de vista semelhante é o de G. Gusdorf: "O mundo humano é uma consciência do mundo, a perspectiva de uma consciência situada no tempo sobre a situação que lhe é dada. Mas uma dificuldade nova intervém aqui: o que caracteriza a visão do mundo, no sentido de estilo de vida comum à época, é não ser reconhecida como tal. Impõe-se antes à maneira de um inconsciente coletivo; é a lista de preço dos valores que cada sociedade fornece a todos os seus membros, por força de uma espécie de pedagogia imanente. Reconheço sempre o pressuposto cultural do outro, enquanto o meu me escapa de ordinário, meus preconceitos sendo a forma mesma que a evidência reveste a meus olhos. Mas a concepção de mundo, própria de outro, será desnaturada por uma descrição que a transfira para a ordem da consciência, modificando assim sua significação existencial"; G. Gusdorf, *Traité de métaphysique*. Paris: A. Colin, 1956, p. 350.

É a partir de um engajamento vital que as coisas adquirem sentido para nós. E o alcance de nossa relação vital cotidiana não é algo cuja eliminação fosse de desejar. Nada para o homem teria sentido se não pudesse ser referido a um engajamento vital. Este é, portanto, condição para que as coisas tenham sentido. Em Jaspers, essa condição de possibilidade do conhecimento é sustentada: "é porque estou certo de estar vivo que posso elaborar uma teoria da vida, porque estou ligado à minha paisagem por mil laços históricos e afetivos que posso edificar uma física da natureza, porque estou integrado a grupos sociais que posso constituir uma sociologia".[5]

E em um escrito autobiográfico, dizia o filósofo alemão: "vi claramente que o estudo dos filósofos anteriores servia de muito pouco se não ia acompanhado da própria realidade. Só partindo desta, compreendemos as questões dos pensadores, de sorte que possamos ler seus textos como se fossem atuais, como se todos *os* filósofos fossem contemporâneos".[6]

Reflexões como essas pertencem ao domínio do que Dilthey chamava de "filosofia da filosofia" ou do que atualmente se pode considerar como redução filosófica da filosofia.

Tenha ou não consciência disso, o homem não é um termo isolado da realidade histórico-social. Esta é uma totalidade em que está implicado.[7] Todo fazer humano implica uma "interpretação" das coisas

---

5 M. Dufrenne e P. Ricoeur, *Karl Jaspers et la philosophie de l'existence*, op. cit., p. 74.

6 Karl Jaspers, *Balance y perspectiva* [*Rechenschaft und Ausblick*], trad. Fernando Vela. Madrid: Revista de Occidente, 1953, p. 251. "A condição substancial de nossa verdade" – diz Jaspers nesse livro – "é a apropriação de nossa base histórica"; Ibid., p. 247.

7 Seria necessário tematizar a noção de *implicação*, implícita na ideia do homem como *ser-no-mundo*. É à luz dessa noção que se tornam claras as relações entre teoria e prática. É necessário verificar até que ponto, antes de Heidegger, já Karl Marx considerava a teoria e a prática à luz da implicação. O autor pensa que é possível demonstrar que Marx, numa terminologia distinta da de Heidegger, concebia, a seu modo, o homem como *ser-no-mundo*. Para ele, "as circunstâncias fazem o homem como os homens fazem as circunstâncias". Seu modo de conceber a educação parece basear-se na ideia de implicação recíproca do homem e do mundo. As indicações desse ponto de vista em Marx se encontram em suas "Teses sobre Feuerbach" e em *A ideologia alemã*. Nesse livro, diz Marx: "A produção das ideias, das representações, da consciência está, em primeiro lugar, imediatamente implicada na atividade material

LEI DO COMPROMETIMENTO

que manipula, como todo teorizar é extensão do fazer ao nível da representação. Não é, pois, legítimo extremar a distinção entre teoria e prática. Ambas têm sua raiz comum no que Heidegger chama de "cuidado" (*Sorge*).[8] Decerto, sob pena de constituir um *flatus vocis*, o impulso para teorizar jamais é gratuito, origina-se na ocupação. Supor que o homem teoriza primeiro e age depois é incorrer em erro. O homem não se esgota no pensar, é também sentir e querer. O pensar é apenas um aspecto particular da vida, que consiste em converter em objeto determinado conteúdo do agir humano. A nova teoria, resultante do esforço de pensar, era, no agir humano, uma virtualidade. É precisamente a reflexão que torna explícita e exprime, de modo elaborado, a virtualidade implícita no agir humano. A pergunta famosa "quem educa o educador?" só tem uma resposta: a sociedade, e não outro educador. E assim se desfaz a polaridade entre teoria e prática. Por que a sociedade? Porque é um fenômeno total. É pressuposto essencial da categoria de totalidade a ideia de implicação. O verdadeiro educador sabe que só conseguirá levar a efeito a pedagogia que lhe possibilitem as condições sociais determinadas em que vive. Tem a consciência da implicação do homem no mundo.

Tal ideia encontra-se afirmada, na Europa, em algumas correntes da filosofia, principalmente no historicismo e no existencialismo. Mas nem todas as suas consequências foram percebidas, pois tem sido sustentada principalmente como tese filosófica. Integrados que se acham os pensadores europeus em estruturas históricas rígidas e seculares em que praticamente quase tudo está feito, encontram-se existencialmente limitados para tirar, no plano da vivência ordinária, todo partido de tal ideia. Um dos que mais longe avançaram nesse caminho foi Karl Jaspers, que, com a categoria da *assunção*, caracterizou uma modalidade de filosofia e de psicologia que se esforça por incorporar ao trabalho teórico a perspectiva existencial do teorizador. No campo da sociologia, porém, tem sido pouco adotada essa diretriz. É certo que representa grande progresso o fato de ter

---

e no comércio material dos homens e é a língua da vida real"; *Idéologia allemande, oeuvres philosophiques*, trad. Jules Molitor. Paris: A. Costes, 1937, p. 157.

8   Vide Martin Heidegger, *Ser e tempo*. Vide também Carlos Astrada, *La revolución existencialista*. Buenos Aires: Nuevo Destino, 1952.

a sociologia europeia contemporânea, principalmente a francesa, redescoberto a noção de totalidade. Seja numa conotação "maussiana" (em Gurvitch, principalmente), seja numa conotação hegeliana (nos trabalhos de Georges Lukács, Henri Lefebvre, Pierre Naville e Edgar Morin), sociólogos europeus têm ultimamente feito estudos em que os fenômenos humanos e sociais são vistos como fenômenos totais. Para eles, no entanto, a totalidade é ainda uma ideia, ou se realiza em nível de grande generalidade. Quem lê, por exemplo, os estudos de sociologia colonial de Georges Balandier, verifica, sem dúvida, que o autor já analisa os problemas das sociedades não letradas à luz de uma perspectiva mais correta e científica do que os "antropólogos culturais" e os estudiosos não iniciados na noção de totalidade. Todavia, esses trabalhos de Balandier, a despeito do seu avanço metodológico, refletem atitude ingênua, que se revela como tal àqueles que, nos contextos ordinariamente considerados como objeto de antropologia ou etnologia, assumem uma posição de engajamento, marcada pelo propósito de transformar, mais do que interpretar, a realidade histórico-social.

Há ainda um vício europocêntrico em tais estudos, expresso no academicismo que os afeta. Aqui se verifica um limite imposto ao estudioso europeu. A sua prática social entra em conflito com a prática do estudioso de regiões subdesenvolvidas. O estudioso europeu só poderá ultrapassar esse limite se, por um esforço de "desideologização", adotar, em caráter sistemático, o ponto de vista universal da comunidade humana. Só assim transcenderá o seu contexto histórico-social particular. É esse ponto de vista que atualmente torna possíveis, em países dominantes, pensadores como Georges Lukács, Gunnar Myrdal, Paul Sweezy, Paul Baran, Wright Mills e outros. Habitualmente, porém, o projeto de desenvolvimento de uma região atrasada não afeta, não configura o destino de um europeu ou norte-americano. Mas configura normalmente o destino dos naturais dessa região. O homem não é apenas um "ser-no-mundo", é também um "ser-do-mundo", em determinada forma histórica particular. Em seus estudos sociológicos ou antropológicos sobre as regiões subdesenvolvidas, o europeu pode utilizar a categoria de "ser-no-mundo", mas muitos aspectos da realidade ficam fora do seu alcance, que só podem ser percebidos à luz do ponto de vista da comunidade humana universal, ou na medida em que se verifique no observador um compromisso sistemático com as virtualidades do mundo sobre o qual incide a sua especulação.

Nos países periféricos, é a adoção sistemática de um ponto de vista universal orientado para o futuro que possibilita a redução sociológica. É o imperativo de acelerar, de modo historicamente positivo, a transformação de contextos subdesenvolvidos que impõe ao cientista de países periféricos a exigência de assimilar não mecanicamente o patrimônio científico estrangeiro. Essa exigência se torna particularmente aguda quando, naqueles países, se deflagram impulsos concretos de ordenação própria ou de articulação interna. Enquanto permanecem ordenados ou articulados para fora, referidos a um centro dominante que lhes é exterior, carecem da condição mesma que os habilitaria à prática da redução. Esta, no caso, surge como pormenor da reação global de um país situado no âmbito de dominação de outro mais poderoso, no sentido de obter capacidade autodeterminativa. Nesses países periféricos, a sociedade não está fundada segundo critérios próprios, é algo a fundar,[9] e, por isso, a assunção, o engajamento, abre para o intelectual um horizonte de infinitas possibilidades.

---

9 Há, por fazer, toda uma sociologia da "fundação" e do "fundamento". É tarefa de grande urgência para o esclarecimento da transmutação por que passa uma sociedade nacional, como a brasileira.

LEI DO CARÁTER SUBSIDIÁRIO DA PRODUÇÃO CIENTÍFICA ESTRANGEIRA

Essa lei pode ser enunciada do seguinte modo: *À luz da redução sociológica, toda produção científica estrangeira é, em princípio, subsidiária.*

A consciência cognoscente está sempre referida aos objetos. Eis uma afirmação abstrata da fenomenologia *Ego cogito cogitatum*. Demonstrando a estrutura intencional da consciência, Husserl caracteriza sua posição em face do método cartesiano. O eu, para Descartes, é substância, *res cogitans*, algo hipostasiado. Para Husserl, o eu está sempre relacionado com os objetos. Mas, a fim de tirar partido desse enunciado de Husserl, no campo da sociologia, é necessário considerar o eu e os objetos no plano empírico ou no eidético, jamais no plano transcendental. O sujeito ordinário da vida psíquica é sempre alguém cuja consciência está referida a objetos concretos de uma circunstância determinada.[1] Esses objetos não estão simplesmente justapostos, constituem uma totalidade dotada de sentido de que cada um deles participa. Assim, para o sociólogo, a intencionalidade de que fala Husserl tem sempre concreticidade. É preciso distinguir a intencionalidade do eu puro da intencionalidade do eu concreto, episódico, historicamente configurado. O eu puro só é sujeito do ponto de vista da redução transcendental. Para a redução sociológica, o sujeito é, porém, o eu concreto, inserido na comunidade.[2] O que a sociologia tem a fazer é transferir

---

1 Há, na obra do jovem Marx, abundantes subsídios para uma teoria sociológica da intencionalidade. Para Marx, a consciência é sempre consciência de alguém, "é um produto social". "A consciência" – diz ele em *A ideologia alemã* – "jamais pode ser outra coisa senão o ser consciente"; Karl Marx, *Idéològia allemande, oeuvres philosophiques*, trad. Jules Molitor. Paris: A. Costes, 1937, p. 157.

2 Um tema a desenvolver é o do *horizonte*, considerado como "campo onde o eu se personaliza com e por outro". M. A. Lahbabi dedica um capítulo de seu livro ao

a noção husserliana de intencionalidade do plano da ontologia pura para o plano regional do social, onde os objetos não são intencionais, como pensa Husserl, apenas porque estejam referidos à consciência. São objetivamente intencionais, são intencionais enquanto carregados de determinado sentido, de determinado propósito, enquanto veiculam um "para", enquanto integrados em particular estrutura referencial. Para usar a própria terminologia de Husserl, pode-se dizer que a redução sociológica não é uma reflexão sobre o "objeto puro" do ato intencional. É uma reflexão sobre os sentidos dos *noemas*, ou seja, as formas como os objetos são dados ao ato intencional ou *noese*. O que Husserl[3] chama *noema* não equivale à *forma* aristotélica, àquilo que faz que o objeto seja o que é, à sua essência. Se assim fosse, a cada objeto corresponderia apenas um *noema*. Para Husserl, um objeto pode aparecer à consciência segundo diversos *noemas*, mantendo, no entanto, sua identidade apesar de todas as perspectivas. O *noema* não é, pois, a essência do objeto, é o conteúdo objetivo de um ato intencional.

Um objeto cultural, por exemplo o Estado, pode ser considerado, no domínio da sociologia, sob várias formas (*noemas*). O sociólogo norte-americano o considera de uma forma; o alemão, de outra; o francês, de outra, e assim por diante. Cada uma dessas formas (*noemas*) está referida ao ato referencial (*noese*) do respectivo sociólogo. *Os*

---

assunto. Para esse autor, a consciência, isolada de seu horizonte, é pura abstração; *De l'Être à la personne*. Paris: PUF, 1954, p. 127. Digna de nota esta observação: "A consciência só pode existir no e pelo seu horizonte. Não se trata de uma relação do quadro englobante ao ser englobado, mas de interconstituição, de entrecruzamento de implicações recíprocas. Dizer que a consciência é conhecimento, "consciência de", é afirmar que ela é transitiva. Se, ao contrário, encarássemos uma 'consciência em *si*', obteríamos algo sem extensão, intemporal, e não relacional. Então, não nos referiríamos mais a uma 'consciência *de si*', o 'eu' não estaria mais ligado ao seu campo de personalização"; Ibid., p. 157.

3 Cf. Edmund Husserl, *Ideas relativas a una fenomenología pura y una filosofía fenomenológica*. Ciudad de México: Fondo de Cultura Económica, 1949. Os sociólogos ainda não tiraram partido da literatura existente sobre o problema da percepção, visto à luz da fenomenologia. Essa disciplina abre novos horizontes para o estudo da ideologia. Particularmente importantes nesse campo de cogitações são os seguintes livros: Maurice Merleau-Ponty, *Phenoménologie de la perception* [*Fenomenologia da percepção*]. Paris: Gallimard, 1945; Aron Gurwitsch, *Théorie du champ de la conscience*. Paris: Desclée de Brouwer, 1957.

"noemas" não são paradigmas universais e, portanto, não podem ser transferidos da perspectiva noética em que se dão para outra. Desde que, mediante a redução sociológica, descubramos, no contexto onde surgem, o sentido dos produtos sociológicos (por exemplo, os diferentes *noemas* do Estado), podemos utilizá-los como subsídios, em uma *noese* não meramente imitativa, mas dotada, para nós, de autêntica intencionalidade. Um produto sociológico qualquer (sistema, teoria, conceito, técnica de pesquisa, método), a menos que seja fruto de uma atividade lúdica ou ociosa, é sempre elaborado *para* atender a uma imposição. Esse *para* é que constitui o sentido do produto sociológico. O sistema de Spencer tem pleno sentido, sobretudo *para* os ingleses. Como o de Comte, *para* os franceses, o de Max Weber, *para* os alemães, o de Lester Ward, *para* os norte-americanos. É nessa acepção que se falava aqui na intencionalidade do produto sociológico bruto. O que, nesses sistemas, transcende os respectivos contextos imediatos é a sua contribuição a formar o que mais adiante se chamará de "núcleo central do pensamento sociológico". Ao utilizarmos um objeto ou produto, sem reduzi-lo, somos envolvidos pela intencionalidade de que é portador. A observância dessa lei levará o sociólogo a utilizar a produção estrangeira como matéria-prima de elaboração teórica, condicionada por fatores particulares da sociedade em que vive. A redução só se torna possível, portanto, quando, na sociedade em que vive o sociólogo, aqueles fatores operam efetivamente, prevalecendo, de modo objetivo, sobre o condicionamento exógeno. Somente naquelas sociedades em que se gera uma prática coletiva (*práxis*), é que se pode liquidar a ociosidade do trabalho intelectual e, portanto, do trabalho sociológico. Em tais condições, a própria sociedade coloca diante do sociólogo as tarefas que deve empreender. Essas tarefas deixam de ser arbitrariamente selecionadas pelo gosto individual do sociólogo e passam a ser determinadas pela comunidade. O caráter ocioso da especulação sociológica nos países coloniais transparece no fato de não ter exigências próprias, mas obedecer às variações das correntes estrangeiras. Trata-se de fenômeno que pertence ao domínio da sociologia da moda. É a prática da redução que converte o sociólogo de consumidor (colecionador) de ideias em produtor de ideias. A produção sociológica estrangeira, para o sociólogo que fundamenta sua especulação na prática social, não vale como paradigma ou modelo, mas apenas como subsídio.

LEI DO CARÁTER SUBSIDIÁRIO DA PRODUÇÃO CIENTÍFICA ESTRANGEIRA

Dada a grande voga no Brasil da sociologia norte-americana, não será demais utilizá-la ainda uma vez, a fim de servir como material ilustrativo da lei em discussão. Mostrar-se-á que tal sociologia só tem, para nós brasileiros, utilidade subsidiária. Pode-se, por exemplo, aprender muito examinando a produção sociológica nos Estados Unidos. Mas os seus conceitos, métodos e processos não constituem paradigmas para o pensador brasileiro. É justo admirar a exigência de quantificação que se impõe às pesquisas sociológicas nos Estados Unidos, bem como o desenvolvimento considerável que ali tiveram certos ramos dessa disciplina, como a sociologia rural, a urbana, a ecologia social, a patologia social, o controle social, e também o sistema de referências conceituais que a disciplina adota. Todos esses e outros aspectos da sociologia norte-americana se explicam pela realidade social desse país. Os Estados Unidos, porque plenamente desenvolvidos, chegaram a um grau extremo na divisão social do trabalho. Os fatores que condicionam os problemas de sua complicada estrutura capitalista são de caráter muito refinado. É óbvio que a estreita interdependência das partes dessa estrutura exige que as investigações sejam extremamente minuciosas.

Impõe-se, assim, que as análises sociológicas se apresentem tanto quanto possível em formas quantificadas. É sabido que a extrema divisão social do trabalho leva a maioria dos membros de uma sociedade a perder o sentido unitário do seu movimento global. Durkheim chamava de *anomia* a esse estado em que, por força de uma pronunciada especialização de funções, os indivíduos acabam dominados por uma visão fragmentária da coletividade.[4] A sociedade norte-americana é, internamente, constituída de partes mal integradas, carece de *eunomia*, o que explica a necessidade de tomar consciência do imperativo de mobilizar, em grande escala, processos coercitivos, diretos e indiretos, para garantir um mínimo de estabilidade social. A muito peculiar formação histórica dos Estados Unidos, embora lhes tenha propiciado

---

4   Vide Émile Durkheim, *De la division du travail social*. Paris: F. Alcan, 1893; Id., *Le suicide*. Paris: F. Alcan, 1897 [ed. bras.: *Da divisão do trabalho social*, trad. Eduardo Brandão. São Paulo: WMF Martins Fontes, 2019; *O suicídio*, trad. Monica Stahel. São Paulo: WMF Martins Fontes, 2019].

um desenvolvimento material que os tornou um país economicamente hegemônico no mundo contemporâneo, não lhes permitiu, como já indicamos, uma sedimentação lenta de tradições e usos próprios. Por falta de um substrato de práticas comunitárias longamente decantadas no tempo, a sociedade norte-americana não realiza um modo de coexistência humana, no qual os indivíduos estejam submetidos a uma instância consuetudinária superior, a um "estatuto de fundação",[5] ou seja, a um *nomos*.

Tal sociedade tem, por isso, aguda consciência de quanto é problemática a integração das condutas de seus membros e sente a necessidade de promover continuamente, de modo dirigido, essa integração, que não se processa espontaneamente. A possibilidade desse dirigismo é garantida pelos poderes que a hábil burguesia norte-americana soube conquistar. Wright Mills descreve as condições que levaram essa burguesia a ocupar o centro do poder como elite praticamente exclusiva, só se registrando, no mundo de hoje, situação equivalente a essa na Rússia Soviética, onde uma burocracia dominante exerce o mesmo dirigismo totalitário. Diz Wright Mills:

> O fato de que a sociedade norte-americana não haja passado nunca por uma época feudal é de importância decisiva para o caráter de sua *elite*, assim como para a dita sociedade em geral, porque significa que nenhuma nobreza, nem aristocracia, criada antes da era capitalista sustentou uma longa oposição à alta burguesia; que essa burguesia monopolizou não só a riqueza, mas também o prestígio e o poder; que nenhum grupo de famílias nobres ocupou as posições mais altas e monopolizou os valores em geral tidos em grande estima e, desde logo, nenhum grupo o fez explicitamente, baseando-se em direito hereditário; significa, finalmente, que nem os altos dignitários da

---

5 Expressão de Fr. J. Conde em seu estudo sobre a *pólis*. "O *eidos* da *pólis*, sua figura, o que determina sua unidade interna, sua essência, é o *nómos*. Tem cada *pólis* seu próprio *nómos*, no qual se mostra a peculiaridade de sua essência. 'O povo – dirá Heráclito – deve combater por seu *nómos* como por uma muralha.' É como a decantação das tradições próprias, o espírito de seu estatuto de fundação, usos já inveterados e consagrados e princípio de distribuição da terra"; *Teoría y sistema de las formas políticas*. Madrid: Instituto de Estudios Políticos, 1953, pp. 111-12.

LEI DO CARÁTER SUBSIDIÁRIO DA PRODUÇÃO CIENTÍFICA ESTRANGEIRA

igreja, nem a nobreza cortesã, nem os poderosos latifundiários condecorados com atavios honoríficos, nem os monopolizadores dos altos postos militares se opuseram à burguesia enriquecida, nem fizeram resistência à sua elevação, em nome do nascimento e do privilégio.[6]

Essa elite não poderia ficar indiferente aos meios eficazes de condicionamento em massa das condutas. Em diversas formas, ostensivas ou discretas, administra complicado sistema de prêmios e castigos, cujo objetivo é a conservação social. Não são apenas técnicas sociais, como a propaganda, as "relações públicas", as "relações humanas", as únicas armas de autodefesa do vigente sistema norte-americano. A "conservação social" é, *grosso modo*, a essência da ideologia em que se fundamentam as ciências sociais nos Estados Unidos. Por exemplo, não constituem ciências, mas tecnologias sociais de índole conservadora, disciplinas como psicologia social, patologia social, problemas sociais, desorganização social, sociologia industrial, controle social, ecologia social e, ainda no domínio parassociológico, o serviço social. O propósito eminentemente "acomodativo" que Wright Mills denunciou na "patologia social"[7] não é particularidade dessa disciplina, mas característica dominante da sociologia norte-americana. Na verdade, apenas dominante, e não exclusiva, tanto assim que Wright Mills e outros cientistas conseguem realizar, apesar de tudo, uma carreira universitária. Ademais, é curial afirmar-se que a sociologia norte-americana tem fraca consistência teórica, a qual, aliás, decorre também de fatores socioculturais globais. Enquanto a estrutura capitalista assegurar aos norte-americanos as condições de vida comparativamente altas de que desfrutam, a tendência a um esforço de radical teorização do social será neutralizada.

O pleno desenvolvimento que atingiram os Estados Unidos não estimula a formação, no campo das ciências sociais, de concepções dinâmicas. Na presente etapa do processo histórico-social norte-

---

6   C. Wright Mills, *The Power Elite* [*A elite do poder*]. New York: Oxford University Press, 1956.

7   Id., "The Professional Ideology of Social Pathologists". *American Journal of Sociology*, v. 49, n. 2, set. 1943.

-americano, há ainda possibilidades de conjurar os principais problemas que afloram à consciência coletiva. Esse é um dos motivos por que a sociologia norte-americana é uma disciplina essencialmente descritiva e tautológica, cujos profissionais, na maioria, não estão aplicados num trabalho de elaboração conceitual que ponha em questão a estrutura mesma dos Estados Unidos. A proliferação de estudos e pesquisas que realizam para chegar a conclusões óbvias (como é o caso dos chamados estudos de comunidade) não é fortuita. É uma das maneiras de ocupar considerável mão de obra de pessoas diplomadas pelas universidades que, de outra forma, poderiam aplicar o seu conhecimento para colocar em foco assuntos temerários. Em consequência, é legítimo afirmar que o caráter atual da sociologia norte-americana é historicamente necessário. Só se transformará, qualitativamente, quando a estrutura do país, pelo esgotamento de suas possibilidades, suscitar o aparecimento de problemas cuja resolução demande novo esquema de convivência social. A debilidade teórica e o relativo atraso da sociologia norte-americana são, assim, no presente, estruturais e justificados, do ponto de vista norte-americano. *Por todas essas razões, a experiência sociológica desse país é, para nós, subsidiária.*

———

O pensamento sociológico no Brasil tem sido um fenômeno explicável pelas leis daquilo que Gabriel Tarde chamava de imitação-moda. No caso, a assimilação da produção sociológica estrangeira se verifica sob o alcance do "efeito de prestígio". O "efeito de prestígio" é algo análogo ao efeito de demonstração de J. S. Duesenberry, utilizado pelos economistas. O conhecimento dos padrões de vida dos povos desenvolvidos leva todas as classes sociais nos países subdesenvolvidos a pretenderem consumos relativamente altos, que dificultam a acumulação de capital.[8] Nos países periféricos, a propensão a consumir, na escala e modalidade equivalentes às dos países industrializados, dificulta o seu desenvolvimento, pois desestimula a poupança, assumindo caráter predatório. Propõe-se aqui a expressão "efeito de prestígio" para

---

8   Sobre o assunto, vide Ragnar Nürkse, *Problemas de formação de capital em países subdesenvolvidos*, trad. Cid Silveira. Rio de Janeiro: Civilização Brasileira, 1957.

explicar a vida intelectual das camadas letradas das regiões subdesenvolvidas. Esse efeito se verifica por força de um contato a distância entre as pessoas e os grupos, em que determinados modos de ser e pensar, particulares a um povo, são idealizados e, graças ao prestígio desse povo, propagados, como dogmas, aos outros povos. A atitude dos sociólogos que, diante da produção sociológica importada, se comportam como os elegantes e os *snobs* em face dos figurinos das capitais da moda também pode ser explicada pela psicologia da "coqueteria". Uns e outros, em diferentes graus, é certo, se movimentam no âmbito da consciência ingênua. Ora, o sociólogo genuíno é, exatamente, aquele que, por profissão, é portador do máximo de consciência crítica diante dos fenômenos da convivência humana. Por conseguinte, em um país periférico, o avanço do trabalho sociológico não se deve avaliar pela sua produção de caráter reflexo, mas pela proporção em que se fundamenta na consciência dos fatores infraestruturais que o influenciam. A capacidade de utilizar sociologicamente o conhecimento sociológico é o que caracteriza o especialista de real categoria. O sociólogo *up to date* por sistema, sendo desprovido desta capacidade, ilustra um caso de dandismo no domínio da sociologia. Nos países periféricos, a sociologia deixa de ser atrasada na medida em que se liberta do "efeito de prestígio" e se orienta no sentido de induzir as suas regras do contexto histórico-social em que se integra. Esse tipo de sociologia exige do sociólogo um esforço muito maior que o de mera aquisição de ideias e de informação especializadas: exige a iniciação numa destreza intelectual, numa instância intelectual que pode ser definida com a palavra *habitus*, na acepção em que os antigos a empregavam. Com efeito, é preciso distinguir a *sociologia em hábito* da *sociologia em ato*, nas acepções filosóficas dos termos.

O que Aristóteles chamava *hexis* e os escolásticos *habitus* é uma aptidão inata, ou adquirida pelo treinamento. A cada ciência corresponde um *habitus* específico. O físico é menos uma pessoa que tenha lido muitos livros de física do que alguém apto a reagir diante dos fatos segundo determinadas regras e referências conceituais. Coisa semelhante se dirá de qualquer outro cientista. Dir-se-á também que o mero alfabetizado em *sociologia*, por mais exaustiva que seja a sua informação, não é sociólogo. Distinguindo a *arte em hábito* da *arte em ato*, imagina Jacques Maritain, em seu livro *Art et scolastique*, um enérgico aprendiz capaz de trabalhar quinze horas por dia na aquisição do conhecimento teórico e das regras de uma arte, mas no qual o *habitus* não germina. Esse esforço jamais fará dele um artista e não o impedirá de permanecer mais infinitamente afastado da arte do que a criança ou o selvagem portador de um simples dom natural. *Redução é precisamente o contrário de repetição.* A mera repetição analógica de práticas e estudos contraria a essência da atitude científica, porque perde de vista a particularidade constitutiva de toda situação histórica.

LEI DA UNIVERSALIDADE DOS ENUNCIADOS GERAIS DA CIÊNCIA

Essa lei pode ser formulada do seguinte modo: *a redução sociológica admite a universalidade da ciência tão somente no domínio dos enunciados gerais.* A redução sociológica não implica, de modo algum, negar a universalidade da ciência. Seu propósito é, apenas, levar o cientista a submeter-se à exigência de referir o trabalho científico à comunidade em que vive. A sociologia, como toda ciência, é universal em duplo sentido. Em primeiro lugar porque, no mundo contemporâneo, os povos não estão compartimentados, mas estreitamente relacionados uns com os outros. Assim, em cada momento, o avanço científico obtido em um país tende a propagar-se rapidamente por todos os outros países. Mais do que nunca, a ciência é universal porque resulta de um esforço organizado de especialistas dispersos por toda parte. Em qualquer país, todo verdadeiro homem de ciência está obrigado a manter-se em dia com o estado geral do conhecimento, principalmente no domínio ao qual se dedica. E isso é possível graças aos variados meios de informação que se tornam cada vez mais acessíveis. A ciência é, pois, universal enquanto patrimônio de aquisições comuns a todos os cientistas do mundo. O estado geral da ciência influi necessariamente no cientista de determinado país como a elaboração nova de um especialista de determinada nação inevitavelmente terá repercussões universais. Em ciência, não há lugar para o jacobinismo, ninguém pode realizar progressos senão a partir do que foi conquistado pelo esforço universal dos cientistas.

Outro sentido é o seguinte: é universal a ciência enquanto todos os que a ela se devotam estão, em determinado momento, em um mesmo círculo semântico, isto é, admitem como válido um mesmo repertório central de enunciados. Assim como Alfred Marshall distinguia, no campo da ciência econômica, um "esquema central de raciocínio", ao qual atribuía "universalidade elevada e transcendência", também podemos admitir no campo da sociologia um elenco central de categorias universais. Não é fácil exprimir esses enunciados gerais, mas os que se dedicam à ciência sabem que existem, constituindo os pressupostos fundamentais da atividade científica. Por exemplo, nenhum sociólogo contesta que os caracteres sociais do homem são adquiridos, e não inatos. Há menos de um século, porém, essa afirmação seria contestada. Estava em voga, na antropologia europeia, um conceito errôneo de raça que só recentemente se tornou insustentável. Mediante a leitura de autores como Karl Marx, Comte, Spencer, Georg Simmel, F. Tönnies, Max Weber, Max Scheler, Durkheim, Gabriel Tarde, Vilfredo Pareto e outros, nos iniciamos numa instância de enunciados gerais que constituem o núcleo central do raciocínio sociológico. Esse núcleo é apreendido menos pela observação literal e direta do que esses autores pensaram que mediante a percepção de como pensaram o que escreveram. Por diferentes caminhos pode-se chegar ao núcleo central do raciocínio sociológico, equivalente ao que, no domínio filosófico, Kant chamava de "astúcia da razão". Na *Crítica da razão pura*, afirmava Kant que a filosofia jamais pode ser apreendida, salvo historicamente, porquanto, no que concerne à razão, só se pode aprender a filosofar. Também a sociologia, como a filosofia para Kant, é sempre uma "ciência possível que não é dada em concreto em parte alguma", mas à qual se chega apenas quando se adquire o *habitus* em que essencialmente consiste.

A negação da existência de sociologias nacionais quase sempre se faz em nome de um universalismo equivocado. Quando, em trabalho anterior,[1] o autor afirmou que toda sociologia autêntica assume sempre caráter nacional, levantou-se uma celeuma contra esse ponto de vista. Dois eminentes sociólogos, o professor Roger Bastide[2] e o professor Mario Lins,[3] debateram o assunto e muita coisa relevante escreveram em seus respectivos estudos. A questão, porém, não ficou esclarecida. Em que sentido pode ser nacional a sociologia?

---

1 Alberto Guerreiro Ramos, *O processo da sociologia no Brasil*. Rio de Janeiro, 1953.
2 Roger Bastide, "Carta aberta a Guerreiro Ramos". *Anhembi*, n. 36, set. 1953.
3 Mario Lins, "Integration of Theory and Research in Sociology". Paper presented at the First Brazilian Congress of Sociology. São Paulo, 1954.

O que caracteriza como nacional uma sociologia não é o fato de que os princípios gerais do raciocínio científico variem de nação para nação, mas tão somente a funcionalidade das cogitações dos sociólogos. Do sociólogo pode-se afirmar o que se diz de toda criatura humana – é um ser em situação, um ser historicamente encarnado. Necessariamente terá de apreender os objetos mediante o ponto de vista de sua situação ou, segundo Gabriel Marcel, daquilo que tem: seu corpo, sua condição social, seu bairro, sua cidade, sua nação, sua profissão, sua época. Dir-se-á: mas, se o sociólogo é também um ser em situação, por que motivo a sociologia verdadeiramente nacional não tem sido possível no Brasil? Trata-se de que, nesse caso, o sociólogo se encontrava numa *situação colonial*, na qual tudo participa da natureza desse fenômeno social total, que, em essência, consiste na alienação. Tudo é colonial na colônia, observa, com razão, Roland Corbisier, inclusive a mentalidade dos que nela vivem. Significa dizer: a *situação colonial* como um todo, e, portanto, a consciência do sociólogo colonial, é essencialmente condicionada por fatores externos e secundariamente por fatores internos. O sociólogo, também "ser-no-mundo", está incluso na referida situação e, portanto, não pode superar individualmente, neutralizar o seu determinismo global e conduzir-se como "ser-do-mundo" particular em que vive. É necessário que um conjunto de fatores favoráveis venha revelar a heteronomia da vida colonial à consciência dos que dela participam (inclusive o sociólogo) para que se sintam convocados a superá-la, contrapondo-lhe uma conduta comum autodeterminada. Nessas condições, os problemas do mundo particular em que vive o sociólogo tornam-se os *seus* problemas, e o seu pensamento ganha funcionalidade na medida em que está referido à sua comunidade. O que diferencia em nacionais as sociologias é o caráter necessariamente particular de que se revestem os pontos de vista dos sociólogos, tanto quanto sejam significativa e funcionalmente adequados aos problemas da nação em que vivem. Nas estruturas coloniais, em que os fatores intelectuais são em grande margem ociosos, os assuntos se tornam mais ou menos gratuitos, e mais ou menos decorativa a produção de ideias. Nas estruturas nacionais dotadas de capacidade de autodesenvolvimento, o trabalho intelectual, e, portanto, científico, está direta ou indiretamente carregado de funcionalidade, enquanto referido a perguntas concretas.

Não se poderá, por outro lado, confundir sociologia nacional com sociologia aplicada.[4] A exigência de funcionalidade não exclui das cogitações do sociólogo as tarefas teóricas. Ao contrário, a teoria sociológica, como a teoria científica em qualquer domínio, só se desenvolve efetivamente quando se funda na prática. E justamente o que o sociólogo mentalmente descolonizado adquire é uma prática social em que fundamenta a sua elaboração teórica. Diversamente do que acontecia na situação colonial, abre-se diante dele a oportunidade de contribuir para o desenvolvimento científico, não apenas como fornecedor de material informativo, mas como criador no plano dos conceitos. Articulando o seu pensamento com a prática social, o sociólogo, que deixou de ser mentalmente colonizado, passa de consumidor passivo de ideias importadas a instrumentador e, até mesmo, a produtor de novas ideias destinadas à exportação. Provavelmente, em breve, será despertada a atenção dos estudiosos para o fato de que temos, hoje, no Brasil, uma teoria sociológica geral mais penetrante e avançada do que a norte-americana, capaz inclusive de envolvê-la e explicá-la. Todavia, a sociologia norte-americana ainda não escreveu as suas *Cartas persas*,[5] não suporta o exame dos fatores infraestruturais que a condicionam. É certo que profissionais isolados realizaram, nos Estados Unidos, um esforço no sentido de proceder à análise radical do pensamento sociológico norte-americano, pondo à mostra os seus pressupostos. Entre eles estão, por exemplo, Wright Mills, Robert S. Lynd, Leslie White, David Bidney, Paul Sweezy e Paul Baran. Apesar desses esforços, porém, a sociologia norte-americana, de modo geral, carece de consciência crítica de seus suportes objetivos. No Brasil, porém, a sociologia hoje reflete sobre si mesma e, pela atitude eminentemente crítica que, dia a dia, nela se aguça, torna-se apta a descobrir os pressupostos dos sistemas sociológicos estrangeiros. Em outras palavras, a sociologia

---

4   Inclinam-se a considerar o autor deste estudo representante de uma "sociologia aplicada" Pinto Ferreira e Elias Chaves Neto. Vide, respectivamente, "Panorama da sociologia brasileira" (*Revista Brasiliense*, n. 15, 1958) e "Resenha a *Introdução crítica à sociologia brasileira*" (*Revista Brasiliense*, n. 10, 1957). Pelas razões aqui expostas, parecem parcialmente verdadeiras as opiniões desses autores.

5   Imagem de Edgar Morin, referindo-se à sociologia em geral. Vide "Préliminaires à une sociologie du cinéma". *Cahiers Internationaux de Sociologie*, v. 17, 1954.

LEI DA UNIVERSALIDADE DOS ENUNCIADOS GERAIS DA CIÊNCIA

no Brasil encontra-se numa fase de depuração crítica, de purgação da consciência ingênua, a qual ainda caracteriza a sociologia norte--americana. À luz dos padrões de rigor e exigência da nova sociologia brasileira, a sociologia norte-americana padece de baixo nível técnico e científico, pois tende a confundir a dinâmica particular da sociedade dos Estados Unidos com a dinâmica social geral, além de ser disciplina excessivamente especializada e, por isso mesmo, exposta a cometer grosseiras simplificações dos fenômenos sociais.

Além disso, podem os temas de uma sociologia ser nacionais sem que a própria sociologia seja nacional. Tudo depende da postura de estudioso, de *como* vê esses temas. Se um sociólogo brasileiro, ao analisar o nosso processo de desenvolvimento, assume, por exemplo, a postura ordinária do seu colega anglo-saxônico especializado em antropologia cultural, fará o que em outro estudo o autor chamou de "sociologia consular", pois tenderá a assumir uma atitude estática, imobilista, diante de nosso contexto. Não é por acaso que todos, absolutamente todos, os sociólogos patrícios que assim procedem são levados a condenar a industrialização no Brasil, o mais eminente deles tendo chegado a preconizar a fidelidade de nosso país à sua "vocação agrícola". Em tais condições, vê-se o Brasil de um ponto de vista que se pretende universal, formulado a partir do contexto de nações dominantes, para as quais o quadro mundial, quanto menos alterado for, mais ajustado será à sua óptica; não se vê o Brasil do ponto de vista particular do projeto de modificar o seu modo de existência histórica, passando de área subdesenvolvida a desenvolvida. Mais uma vez, ocorre a noção proposta de "ser-do-mundo", a qual, para o cientista, define a única postura capaz de tornar a sua produção realmente funcional. É nessa postura que se fundamenta uma sociologia nacional, mais do que propriamente na natureza dos temas. É nessa atitude, à qual já se chamou de *empática*, não sem felicidade, que se baseia o que há de melhor em nossas letras sociológicas, mesmo no passado, e que está associado aos nomes de Sílvio Romero, Euclides da Cunha e Alberto Torres, estudiosos que praticaram a redução sociológica, embora não tenham refletido sobre ela.

LEI DAS FASES

Essa lei pode ser enunciada nos seguintes termos: À luz da redução sociológica, a razão dos problemas de uma sociedade particular é sempre dada pela fase em que tal sociedade se encontra.

A lei das fases pressupõe um estilo de pensar os fenômenos sociais fundamentado no que se pode chamar de *razão sociológica*. Cada problema ou cada aspecto de determinada sociedade é parte de uma totalidade, em função da qual é compreendido. As ideias de *razão histórica* em Dilthey ou de *razão vital* em Ortega [y Gasset] lhes ocorreram porque verificaram a impossibilidade de compreender os fatos sem referi-los à realidade em que se acham integrados, ao mundo histórico ou à vida. Há também uma *razão sociológica*, isto é, uma referência básica, a partir da qual tudo o que acontece em determinado momento de uma sociedade adquire o seu exato sentido. Tem aqui plena vigência a lei de psicologia da forma segundo a qual "o todo antecede as partes". De fato, é impossível a compreensão adequada dos fenômenos mediante o mero conhecimento empírico imediato ou o somatório de percepções diretas. O pensamento em termos de fase vem conjurar as falácias a que conduziu o pensamento linear em termos de causa e efeito. Aquilo que à sociologia do século passado se afiguravam causas ou fatores predominantes nada mais foi do que acentuação de aspectos temporários de totalidades histórico-sociais, em permanente transformação dialética. A teoria da história e a teoria social foram, pois, levadas a elaborar a categoria de totalidade, descoberta por processos lógicos e empíricos. Em Hegel, com efeito, a totalidade é sobretudo uma categoria lógica, retomada em seguida por Karl Marx. Ambos esses autores procuraram apreender o sentido dos fatos histórico-sociais à luz da conexão de fatores de que resultam. Hegel e Marx veem o processo histórico-social como sucessão de épocas, cada uma das quais constituindo totalidade de sentido, presidida por lei estrutural básica, que dá a razão de tudo o que dentro dela acontece. Em Hegel, a descrição da época se faz em termos ideais genéricos, mais ou menos imprecisos, enquanto em Marx tal descrição já atinge maior grau de concretização. Em sua fase hegeliana, Marx concebia a época sem se impor a exigência de sua caracterização propriamente material. Num texto de sua autoria, datado de 1842, escreveu:

> Os filósofos não saem da terra como cogumelos, são frutos de sua época, de seu povo, cujas energias mais sutis, mais preciosas e *menos visíveis* se exprimem nas ideias filosóficas. O mesmo *espírito* que constrói os sistemas filosóficos no cérebro dos filósofos constrói os caminhos de ferro com as mãos dos operários. A filosofia não é exterior ao mundo... Porque toda filosofia verdadeira é a *quinta-essência* espiritual de seu tempo, deve vir a época em que a filosofia terá um contato, uma reação recíproca com o mundo real de seu tempo – não só internamente, por seu conteúdo, mas também exteriormente, por suas manifestações. A filosofia cessará então de ser uma oposição de sistema a sistema para tornar-se a filosofia em face do *Mundo*, a filosofia do mundo presente...[1]

---

1 A inspiração hegeliana desse modo de ver é manifesta: Hegel frequentemente se refere à época em termos muito próximos do citado de Marx. Em seu curso de 1823-27/28, dizia Hegel: "Ora, para nós, é preciso encarar as coisas de maneira completamente diferente, a categoria essencial é a da unidade, da ligação interior de todas essas formas diversas; é preciso ater-se firmemente à ideia de que só há um espírito, um só princípio que se exprime no estado político como se manifesta na religião, na arte, na moralidade, nos modos sociais, no comércio e na indústria, de sorte que todas essas formas diversas nada mais são do que ramos de um só tronco. Essa é a ideia principal. O Espírito é um, é o espírito substancial de um período, de um povo, de uma época, que, porém, se forma de maneira múltipla; e essas diversas formações são os momentos que foram indicados. Não se deve pensar, portanto, que a política, as constituições, a religião etc. sejam a raiz ou a causa da filosofia ou que, pelo contrário, esta última seja razão das outras. Todos esses momentos têm um caráter comum que se encontra em sua base e tudo penetra. Por mais diferentes que sejam essas diversas partes, portanto, nada têm de contraditório. Nenhuma delas possui um elemento heterogêneo, por maior que seja sua oposição aparente. São apenas as ramificações de uma mesma raiz e a filosofia a ela se prende"; G. W. F. Hegel, *Leçons sur l'histoire de la philosophie* [*Vorlesungen über die Geschichte der Philosophie*].

Eis aí um texto que poderia ser subscrito por um contemporâneo de Marx que, pela primeira vez, propôs, com plena consciência, o tema da *razão histórica*: Wilhelm Dilthey. Todavia, posteriormente, Marx encaminhou-se para uma caracterização das grandes seções do processo histórico-social em termos mais concretos. Era preciso encontrar a explicação dos períodos da história não mais nas ideias ou numa espécie de espírito antropomorfizado, mas nas condições da vida material. Assim, passou a descrever as etapas do comunismo primitivo, da escravidão, do feudalismo e do capitalismo, reduzindo-as ao que considera como o seu respectivo substrato básico, a sua infraestrutura econômica. Cada uma dessas etapas, caracterizada por um meio de produção fundamental e por determinada modalidade de apropriação econômica, é uma totalidade aberta para o futuro, na qual se influenciam reciprocamente as condições não materiais e as materiais, embora estas constituam a anatomia de cada formação histórico-social e, assim, em última análise, exerçam papel dominante na causalidade. É clássico o trecho da *Contribuição à crítica da economia política* em que Marx descreve como e por que uma formação econômico-social sucede a outra. Diz ele:

> Na produção social da própria vida, os homens entram em relações determinadas, necessárias, independentes de suas vontades, relações de produção que correspondem a determinado grau de desenvolvimento de suas forças produtivas materiais. O conjunto dessas relações de produção constitui a estrutura econômica da sociedade, a base real sobre a qual se eleva uma superestrutura jurídica e política e à qual correspondem formas sociais e determinadas de consciência. O modo de produção da vida material condiciona o processo social, político e intelectual da vida em geral. Não é a consciência dos homens que determina sua existência, é a sua existência social que determina sua consciência. Em certo grau de desenvolvimento, as forças produtivas materiais da sociedade entram em conflito com as condições de produção existentes ou, para empregar o que não é mais do que sua expressão jurídica, com as relações de propriedade nas quais

---

Paris: Gallimard, 1954, p. 134. [N.E.: A citação de Karl Marx é de um texto publicado na *Rheinische Zeitung*, n. 195, 14 jul. 1842; grifos de Guerreiro Ramos.]

LEI DAS FASES

se haviam desenvolvido até então. De formas evolutivas das forças produtivas que eram, essas condições se convertem em obstáculos. É nesse momento que surge uma época de revolução social.[2]

O importante é assinalar que, para Marx, cada etapa, condicionada por sua infraestrutura, tem suas leis específicas e, portanto, seus problemas particulares. Sem dúvida, na exposição que mais adiante se fará da lei das fases, ver-se-á o quanto foi importante a contribuição de Marx à elaboração desse estudo. Mas cumpre agora mostrar o processo empírico que levou a sociologia à descoberta da noção de totalidade. Tal foi o processo adotado por Marcel Mauss, etnólogo francês que cunhou a noção de "fenômeno social total", generalizando observações que induzira da análise do *potlatch*, espécie de comércio entre povos primitivos. O *potlatch* não é fato que possa ser definido como estritamente econômico, pois reflete as características gerais da sociedade; é, simultaneamente, um fato econômico, jurídico, religioso, estético, militar, político etc. É um *fenômeno social total*. Mas não se trata de qualidade especial de um fato da sociedade primitiva. É certo que nesta, em virtude da rudimentaridade da organização social, é relativamente mais fácil perceber a compenetração dos diferentes aspectos da sociedade. Essa compenetração, no entanto, também se verifica nas sociedades mais complexas, nas quais, porém, é mais difícil de ser percebida. Os fenômenos sociais são, de modo geral, *fenômenos totais*.[3]

O pensamento em termos de fase fundamenta-se na categoria de totalidade. A fase é uma totalidade histórico-social, cujas partes estão dialeticamente relacionadas. A questão do secionamento do processo histórico-social tem um longo passado e preocupou pensa-

---

2 Cf. K. Marx, *Contribution à la critique de l'économie politique*. Paris: A. Costes, 1954, pp. 29-30. Como tentativa de compreender o processo econômico em termos de fase, vide H. Giersch, "Étapes et poussées du développement économique", in: Léon Dupriez, *Le progrès économique*. Louvain: Institut de Recherches Économiques et Sociales, 1955.

3 Vide M. Mauss, "Essai sur le don. Forme et raison de l'échange dans les Sociétés archaïques", incluído na coletânea *Sociologie et anthropologie*. Paris: PUF, 1950 [ed. bras. "Ensaio sobre a dádiva – Forma e razão da troca nas sociedades arcaicas", in *Sociologia e antropologia*, trad. Paulo Neves. São Paulo: Ubu Editora, 2017].

dores como Vico, Turgot, Condorcet, Augusto Comte, Herbert Spencer, L. H. Morgan. A despeito das divergências teóricas entre esses autores, o que há de comum entre eles consiste em que todos entendem que a cada uma das unidades do processo histórico-social corresponde um conjunto de características que só desaparecem pela superveniência de outra unidade, à qual corresponderão outras características. Nas palavras de Stuart Mill, "é o todo que produz o todo, antes que a parte a parte". Consequente com esse modo de pensar, Stuart Mill chega ao ponto de conceber como "problema fundamental" da ciência social o "estudo das leis de acordo com as quais um estádio da sociedade produz o estádio que o sucede e toma o seu lugar".

Em nossa época, o antecedente mais próximo nessa ordem de cogitações é Franz Carl Müller-Lyer (1857-1916). Sua contribuição nesse terreno merece ser destacada, principalmente os seus estudos *As fases da cultura* [*Phasen der Kultur und Richtungslinien des Fortschritts*] (1908), *O sentido da vida e a ciência* [*Der Sinn des Lebens und die Wissenschaft*] (1910) e *A família* [*Die Familie*] (1912). Esse autor procurou expor de modo sistemático o que chamava de "faseologia". É oportuno transcrever algumas linhas de sua obra *A família*, em que esclarece o seu método. Diz Müller-Lyer:

> [...] até agora tem sido pouco compreendido o método faseológico, apesar de ser sua ideia tão simples. E alguns o interpretaram falsamente, no sentido de dar importância maior à divisão em fases. Por isso quisera insistir novamente em que essa divisão é só um meio para o fim. O fim é determinar, mediante o confronto das fases, a *direção* em que se orienta a evolução da cultura [...]. A vantagem do método não está em secionar o devenir histórico (há muito que se faz isso), *mas em captar a linha diretriz*. Com o mesmo direito poderia chamar-se, portanto, esse procedimento de investigação, *método das linhas diretrizes*.[4]

Em outra parte do seu livro, acrescenta:

---

4 Franz Carl Müller-Lyer, *La família* [*Die Familie*], trad. Ramón de la Serna. Madrid: Revista de Occidente, 1930, p. 8.

LEI DAS FASES

[...] para a sociologia, a cultura é um processo evolutivo, no qual uma fase sucede a outra. E, embora algum elo da cadeia se assemelhe ao precedente, contudo, o movimento não avança caprichosamente, mas obedecendo a uma lei, em direção determinada e determinável. E podemos reconhecer a direção em que se move a cultura se fixarmos, por comparação entre as fases, segundo o "método faseológico", as *linhas diretrizes* e derivarmos destas a lei da evolução.[5]

Karl Mannheim parece ter sido influenciado pela teoria de Müller-Lyer, notadamente na concepção que expõe em sua obra *O homem e a sociedade em época de transição* [*Mensch und Gesellschaft im Zeitalter des Umbaus*], traduzida do alemão para o castelhano sob o título *Liberdade e planificação social* [*Libertad y planificación social*]. Nesse livro, Mannheim organiza o processo histórico-social europeu, no qual distingue as seguintes etapas: a da solidariedade da horda, a da competição individual e a da organização do grupo superindividual ou da planificação. Acentua, a propósito, que a planificação social não é apenas um processo tecnológico, mas um estádio que atingiu atualmente a sociedade humana. E, sendo uma fase, é somente na medida em que aprendermos os seus *principia media* que poderemos compreender globalmente o mundo em que vivemos.

A definição das fases por meio de "linhas diretrizes" e de *axiomata*, ou *principia media*, deixa margem a imprecisões. É certo que tanto Müller-Lyer como Karl Mannheim chegam em suas obras à determinação concreta de tais princípios configuradores quando focalizam períodos históricos determinados. Consideradas, porém, em tese, afiguram-se muito vagas e abstratas essas noções. Para os efeitos deste estudo exploratório, é necessário equacionar concretamente a questão. Tentar-se-á evitar, portanto, os aspectos abstratos que o tema envolve e procurar uma noção dotada de caráter operativo.

Pode-se definir a fase como uma seção do acontecer no nível do que Alfred Weber chama de *sociedade e civilização*, isto é, no que diz respeito aos aspectos organizacionais da convivência humana e ao

---

5   Ibid., p. 315. Em livro anterior, o autor aplicou a faseologia ao estudo do problema da mortalidade infantil. Vide A. Guerreiro Ramos, *Sociología de la mortalidad infantil*. Ciudad de México: UNAM, 1955.

domínio prático da natureza. Esses dois aspectos se compenetram, constituindo o "agregado vital" (*Lebensaggregierung*).[6] Em outras palavras, a alteração das bases materiais do "agregado vital", decorrente da racionalização, em geral, e, em particular, do progresso técnico, faz-se necessariamente acompanhar de "mudanças sociológicas", expressão com a qual são designadas não só as modificações da estrutura social quanto as de caráter ideológico, jurídico, político e institucional. É claro que a convivência social correspondente a um período histórico de economia baseada no trabalho escravo não pode ser idêntica à prevalecente em outro período, de economia baseada no trabalho livre e assalariado. Os períodos são distintos em seus aspectos material, ideológico, jurídico, político, social, institucional. Ora, é a esses períodos da transformação do "agregado vital" que se chamam fases. A delimitação das fases é obtida de modo comparativo. Uma sociedade cuja estrutura se fundamenta no latifúndio está comparativamente em fase inferior àquela cuja estrutura se baseia na economia de mercado. A fase não é, portanto, uma categoria lógica, formulada *a priori*. É caracterizada *a posteriori*, pela observação empírica de fatos selecionados em diferentes sociedades e tomando-se uma ou um conjunto delas como termo de comparação.

A fase se delineia com bastante clareza quando se consideram longos períodos do acontecer histórico-social. Pode-se atingir avançado grau de precisão quando se confrontam, por exemplo, seções como o paleolítico, o neolítico, a idade dos metais; ou o comunismo primitivo, o escravismo, o feudalismo e o capitalismo. Os acontecimentos da história, à luz dessas categorias, não se apresentam caóticos, mas ordenados, configurados em largas unidades de tempo, dentro das quais os fatos se relacionam coerentemente uns com os outros. A fase é uma categoria que vem atender à exigência de um princípio de coerência na análise dos acontecimentos históricos. Resulta da descoberta de que esses acontecimentos não são fortuitos ou arbitrários, mas ocorrem como se leis estruturais os governassem. E, portanto, induz a perceber que a interferência nos acontecimentos deve fundar-se no conhecimento das linhas diretrizes que lhes dão caráter sistemático.

---

6   Vide Alfred Weber, *Sociología de la historia y de la cultura*. Buenos Aires: Galatea Nueva Visión, 1957.

LEI DAS FASES

Porque os fatos tendem a compor relações de sistema ou de coerência uns com os outros, só é viável operar em determinada situação as transformações possibilitadas pelo seu âmbito de virtualidades. A lei das fases, contribuindo para formar consciência de que as diferentes seções do acontecer histórico têm limites, define um modo sociológico de pensar. É, sobretudo, expediente de formação metodológica.

A importância dessa lei como instrumento de redução sociológica não é difícil de perceber. *Sob a espécie da fase, o sentido dos acontecimentos se clarifica. Os acontecimentos não podem ser compreendidos senão quando referidos à totalidade (fase) que os transcende e a que são pertinentes. Por isso que não se verificam de modo arbitrário, estão sujeitos às determinações particulares de cada seção do fluxo histórico-social em que transcorrem.*

CRITÉRIOS DE AVALIAÇÃO DO DESENVOLVIMENTO

Cumpre fazer agora algumas indagações sobre os critérios de diferenciação de regiões contemporâneas. Nesse terreno surgem imensas dificuldades. No mundo de hoje, as sociedades que atingiram os pontos mais altos de evolução se encontram ou na fase capitalista ou na fase socialista. Em outras mais atrasadas se registra o que W. Pinder chamava de "contemporaneidade do não coetâneo", isto é, a simultaneidade de fases.[1] No Brasil encontram-se todas pelas quais a humanidade até agora já passou, desde o comunismo primitivo ao capitalismo de Estado. Um dos méritos de Ignácio Rangel em seus estudos[2] consiste em mostrar que não se pode compreender a economia brasileira sem levar em conta a multiplicidade dos seus estratos. Mas não é privilégio do Brasil esse fato. Pode-se observá-lo em outras nações, principalmente nas periféricas. Em tais condições, o que importa é encontrar uma base firme para explicar as disparidades de desenvolvimento entre as regiões ou as nações. Na etapa atual da evolução do mundo, em que os traços do Ocidente penetraram em todas as partes do planeta, verifica-se uma tendência crescente, entre todos os povos, para atingir os padrões de vida vigentes nos países líderes desta civilização: os da Europa Ocidental e os Estados Unidos. É a atual uma época de tempo histórico unificado (Jaspers) em que os países dominantes constituem, do ponto de vista material, o alvo a perseguir das regiões mais atrasadas.

Nessas condições, as ciências sociais são chamadas a explicar em que consiste o desenvolvimento, procurando mostrar o que nele é primário e o que é secundário. É da maior importância a distinção desses dois aspectos. No esforço de alcançar um nível mais alto de

---

1 *Das Problem der Generation in der Kunstgeschichte Europas*. Leipzig: Poeschel & Trepte, 1928. [N.E.]

2 Ignácio Rangel, *Dualidade básica da economia brasileira*. Rio de Janeiro: ISEB, 1958.

existência material, as regiões e nações ditas atrasadas devem ser induzidas a instalar dentro delas as condições primárias, isto é, as geradoras do desenvolvimento. Se anteriormente se usava o termo fase para mostrar o caráter sistemático que apresentam os fatos contidos nos períodos da história, internamente articulados, no intuito de caracterizar um modo verdadeiramente sociológico de pensar, agora, uma vez adquirida essa maneira de ver, tomar-se-ão como referência básica de raciocínio os diferentes graus de desenvolvimento das regiões e nações atuais. Esses graus podem ser também chamados de estruturas. Não se deseja, nesta oportunidade, discutir o conceito de estrutura. Considerar-se-á a estrutura, para efeito deste estudo, em sua acepção econômica, isto é, definida basicamente pela distribuição da força de trabalho nos setores de atividade produtiva. Uma estrutura será tanto mais elevada quanto mais força de trabalho liberar das atividades primárias (agropecuária e extração) e transferir para as atividades secundárias (industriais) e terciárias (serviços). O desenvolvimento é uma promoção mediante a qual as regiões e nações passam de uma estrutura a outra superior. Diz-se que uma região se encontra em desenvolvimento quando, em sua estrutura, estão surgindo os fatores genéricos de outra superior. Da transformação da estrutura atual em outra superior decorrerá a substituição dos problemas atuais por outros menos grosseiros ou mais refinados. Não há, no domínio da realidade histórico-social, nenhuma idade de ouro, na qual cesse a problematicidade da vida humana. Para todo grau de desenvolvimento, por mais elevado que seja, haverá sempre outro seguinte superior.[3]

---

3   Esse pensamento é expresso por Engels nos seguintes termos: "A história, do mesmo modo que o conhecimento, não pode encontrar jamais seu remate definitivo em um estado ideal perfeito da humanidade; uma sociedade perfeita, um 'Estado' perfeito são coisas que só podem existir na imaginação; na realidade acontece o contrário: todos os Estados históricos que se sucedem não são mais que outras tantas fases transitórias no processo infinito de desenvolvimento da sociedade humana, do inferior ao superior. Todas as fases são necessárias e, portanto, legítimas, para a época e para as condições que as engendram; mas todas caducam e perdem sua razão de ser, ao surgirem condições novas e superiores, que vão amadurecendo pouco a pouco em seu próprio seio; têm que ceder a vez a outra fase mais alta, para a qual também chegará, em seu dia, a hora de caducar e perecer"; Friedrich Engels,

Atualmente, é um critério empírico comparativo que diferencia as comunidades, regionais ou nacionais, em desenvolvidas e subdesenvolvidas. Essas são assim definidas quando se confronta a sua estrutura econômico-social com a de países que, nas condições atuais do mundo, são considerados, pelo consenso universal, os que proporcionam os mais altos níveis de vida às suas respectivas populações. Eis porque, nas estatísticas internacionais, os índices de avaliação do grau de desenvolvimento das nações são ordinariamente referidos às características dos Estados Unidos, da Suécia, da Inglaterra, da Suíça, do Canadá e, ultimamente, da Rússia. Considerando os aspectos estritamente econômicos, procurar-se-ão formular alguns critérios para a caracterização dos graus de desenvolvimento. A formulação que se vai apresentar não é exaustiva. Apenas refere alguns elementos fundamentais que, tendo em vista os objetivos metodológicos deste estudo, afiguram-se satisfatórios na caracterização das estruturas econômicas. Ademais, nenhum desses critérios vale por si ou é suficiente para definir uma estrutura, cuja descrição, para ser objetiva, deve mobilizar uma bateria de critérios. Combinados uns com os outros, e, portanto, corrigindo-se e contrabalançando-se reciprocamente, permitem avaliar o grau de desenvolvimento dos diferentes países.

Do ponto de vista econômico, a promoção de uma estrutura consiste no incremento da produtividade que, historicamente, tem resultado da divisão social do trabalho e da substituição da energia humana aplicada na produção pela energia mecânica. Considerando progresso técnico[4] o aumento da produtividade, seja pela divisão social do trabalho, seja pela utilização da energia mecânica, pode-se dizer que é esse progresso que promove a melhoria do nível de vida das populações, isto é, o seu bem-estar social. Os povos que apresentam os mais elevados padrões de conforto alcançaram, mediante o progresso técnico, o maior domínio relativo dos determinismos natu-

---

Ludwig Feuerbach and the End of Classical German Philosophy [*Ludwig Feuerbach e o fim da filosofia clássica alemã*], in Karl Marx e F. Engels, *Selected Works in Two Volumes*, v. 2. Moscou: Foreign Languages Publishing House, 1951, p. 328.

4 Como subsídio a uma conceituação de progresso técnico, vide Jean Fourastié, *Le grand espoir du xxe siècle*. Paris: PUF, 1950. Do mesmo autor também: *Machinisme et bien-être*. Paris: Les Éditions de Minuit, 1951.

CRITÉRIOS DE AVALIAÇÃO DO DESENVOLVIMENTO

rais e, portanto, o maior grau de desenvolvimento. Decorre do exposto que avaliar tal progresso é avaliar o desenvolvimento.

É claro que se poderia, se fosse necessário, avaliar os graus de desenvolvimento pelo montante do excedente de produção e o modo de aplicá-lo.[5] Poderia afirmar-se então: para que haja progresso técnico, em primeiro lugar, é preciso que uma parcela do que produz a população não seja consumida; em segundo, que a parcela poupada seja invertida do modo mais racional, a fim de aumentar o produto do trabalho coletivo. Mas a afirmação seria parcialmente verdadeira. No desenvolvimento há uma causação circular: o excedente de produção e o modo de utilizá-lo determinam o progresso técnico, mas são também por ele determinados. A noção de progresso técnico parece mais indicada para solucionar as questões focalizadas neste estudo.

Que critérios podem ser utilizados para distinguir os diferentes graus de desenvolvimento das comunidades? A questão tem sido formulada por mais de um autor. Não há estudo comparativo de regiões que, de um modo ou de outro, não utilize referências para avaliar em que medida elas se distanciam ou se aproximam das condições de vida consideradas satisfatórias em dado momento. Antes de propor os critérios cuja adoção parece mais adequada ao propósito deste estudo, serão feitos alguns comentários sobre aqueles que têm sido aplicados por diferentes autores. É bastante conhecida, por exemplo, a classificação dos países capitalistas proposta pelo economista alemão Ernst Wagemann. Num quadro comparativo, Wagemann considera, por assim dizer, três graus do capitalismo: o neocapitalismo abrangendo países que, favorecidos pela importação de equipamentos e capitais, estão ingressando no sistema capitalista; o semicapitalismo, incluindo países nos quais o setor capitalista é de importância restrita e onde predomina a economia pré-capitalista; o alto capitalismo, englobando velhos e novos países que atingiram a plena forma capitalista de produção como, entre outros, a Grã-Bretanha e os Estados Unidos. Wagemann exclui do capitalismo os países onde predomina a economia natural (da família, da tribo ou da aldeia), nos quais praticamente não ocorre pagamento aos fatores de produção

---

5 Sobre esse assunto, vide Paul A. Baran, *The Political Economy of Growth*. New York: Monthly Review Press, 1957.

dada a extrema escassez de capitais. No quadro a seguir, Wagemann sintetiza a sua classificação:

CARACTERES	ALTO CAPITALISMO	SEMI-CAPITALISMO	NEO-CAPITALISMO
Densidade de população	elevada	elevada	fraca
Consumo de máquinas	elevado	fraco	médio
Transporte	elevado	fraco	elevado
Industrialização	elevada	fraca	média
Comércio exterior *per capita*	elevado	fraco	muito elevado

São de fato relevantes os aspectos assinalados, mas é evidente o caráter impressionista da classificação. Os critérios de Wagemann não permitem segura gradação dos países. Sua distinção entre neocapitalismo e semicapitalismo é precária, pois em ambos os casos subsistem setores pré-capitalistas. A principal deficiência dessa classificação consiste em dar uma ideia por demais simplificada das condições econômicas dos países que, na terminologia do autor, não atingiram o alto capitalismo. Em todos eles, encontram-se em interação diferentes estratos de economia, o que retira a validade de enunciados muito genéricos, tais os que adota Wagemann. Poderiam ser mencionadas ainda uma segunda classificação de Wagemann e outras de tipo semelhante, como a de Boggs[6] e a de Walter Eucken.[7] Mas devem ser postas de lado em vista de seu caráter econômico muito especializado. Mais próximas dos objetivos deste estudo são as sugestões de Alfred Sauvy e Claude Levy. Esses autores propõem o que chamam "testes" do subdesenvolvimento. Alfred Sauvy utiliza dez "testes" assim discriminados:[8]

---

6   Possivelmente se trata de Theodore Harding Boggs, conforme escreve Michael T. Florinsky em resenha do livro *Systèmes et structures économiques*, de André Marchal. Ver *The American Economic Review*, v. 50, n. 3, jun. 1960, pp. 478-79. [N.E.]

7   Vide André Marchal, *Méthode scientifique et science économique*, v. 2. Paris: M. T. Génin, 1955, p. 192-26.

8   Cf. Alfred Sauvy, *Théorie générale de la population*, v. 1. Paris: PUF, 1956, pp. 241-42.

CRITÉRIOS DE AVALIAÇÃO DO DESENVOLVIMENTO

- forte mortalidade (principalmente mortalidade infantil); vida média baixa (trinta a quarenta anos);
- forte fecundidade, próxima da fecundidade fisiológica, ou ao menos ausência de limitação de nascimento;
- alimentação insuficiente, inferior a 2500 calorias e, sobretudo, fraca em proteínas;
- forte proporção de iletrados (frequentemente em torno de 80%);
- forte proporção de agricultores ou pescadores;
- subemprego por insuficiência de meios de trabalho;
- inferioridade social da mulher; ausência de trabalho fora do lar;
- trabalho de menores a partir de dez anos ou mesmo mais cedo;
- ausência ou debilidade das classes médias;
- regime autoritário, sob diversas formas; ausência de instituições verdadeiramente democráticas.

Claude Levy não se afasta muito dessa discriminação. Seus testes parecem inspirar-se nos de Alfred Sauvy. São os seguintes: 1) forte mortalidade e, principalmente, mortalidade infantil; 2) fecundidade fisiológica no casamento; 3) higiene rudimentar; 4) subalimentação, carências diversas; 5) escasso consumo de energia; 6) forte proporção de analfabetos; 7) forte proporção de agricultores; 8) condição inferior da mulher; 9) trabalho de menores; 10) debilidade das classes médias; 11) vulto das sociedades (*échelle des sociétes*).[9]

Do ponto de vista da redução sociológica, critérios comparativos como esses (muito generalizados entre especialistas europeus e norte--americanos) conduzem à falsa compreensão do desenvolvimento. Tais "testes" traduzem um ponto de vista de países hegemônicos, por motivos expostos mais adiante. Sem dúvida, em linhas gerais, ao subdesenvolvimento se associam os fenômenos descritos por esses autores. Mas, na perspectiva de um país periférico, é necessário que os critérios comparativos permitam distinguir as causas e os resultados do desenvolvimento ou, em outras palavras, as condições geradoras do desenvolvimento e seus frutos ou consequências. A falta de consciência dessa distinção estimula o erro em que têm incidido as classes

---

9 Cf. Claude Levy, "Les critères du sous-développement", in Georges Balandier (org.), *Le "Tiers Monde": Sous-développement et développement*. Paris: PUF, 1956.

dirigentes dos países periféricos e que consiste em tratar com critérios analógicos os problemas econômicos e sociais com que se defrontam. Essa é a matéria central do problema relativo aos critérios comparativos das regiões. Os critérios analógicos têm justificado raciocínio como este: os países adiantados exibem baixas percentagens de analfabetos e reduzidas taxas de mortalidade porque mantêm em funcionamento escolas e serviços de saúde em proporções elevadas; por conseguinte, os países periféricos devem prover-se de tais facilidades educacionais e sanitárias em análogas proporções. Ora, esse raciocínio é falso. Altos níveis de instrução e de saúde são, *grosso modo*, efeitos, frutos do desenvolvimento. As disponibilidades de recursos das regiões subdesenvolvidas, sem prejuízo de certos imperativos humanos inadiáveis, devem ser aplicadas de modo prioritário no estabelecimento dos fatores promocionais do desenvolvimento.

Um princípio fundamental a ser aqui formulado é o seguinte: *Em determinada região, a qualidade das condições gerais de vida só se eleva na medida que surgem e operam, na estrutura em que se encontra a população, os fatores promocionais da estrutura superior.* Os "testes" são enumerados por Alfred Sauvy e Claude Levy, sem que distingam quais os *primários* e quais os *secundários*. Sauvy menciona apenas um teste fundamental, o n. 5; e Claude Levy, dois, o n. 5 e o n. 7. Quando os atuais países adiantados, no que se refere à ocupação de mão de obra e ao consumo *per capita* de energia, estavam na situação em que hoje se encontram os países periféricos, apresentavam o mesmo repertório de males sociais; por exemplo, alta mortalidade, pequena duração média de vida, baixo nível de instrução. É necessário, portanto, tratar o problema dos critérios comparativos do desenvolvimento tendo em vista a sua essencialidade. Esse tratamento pode ser feito em diferentes níveis de generalidade. Fique, porém, mais uma vez claro que o presente estudo é de natureza metodológica. Propõe-se, aqui, um método. Cada problema concreto a ser examinado exigirá a pormenorização que lhe for adequada. Nesta oportunidade, permanecendo no âmbito exploratório deste trabalho, adota-se a noção de progresso técnico, tal como foi entendida, como a referência central para a comparação das estruturas econômicas. Ora, pode-se avaliar o progresso técnico e, por conseguinte, as estruturas econômicas das regiões mediante os seguintes critérios: 1) distribuição da mão de obra

CRITÉRIOS DE AVALIAÇÃO DO DESENVOLVIMENTO

pelos ramos da atividade produtiva; 2) renda nacional *per capita*; 3) consumo *per capita* de energia; 4) urbanização; 5) produção industrial.

Distribuição da mão de obra pelos ramos da atividade econômica.[10] Essa é referência clássica para a avaliação das estruturas econômicas dos diferentes países e regiões. O desenvolvimento implica necessariamente deslocamento de mão de obra do setor primário (agropecuária e extração) para o setor secundário (indústria) e o terciário (serviços). Esse fenômeno é perfeitamente explicável. Verifica-se sempre que há desenvolvimento. Uma das primeiras formas de divisão social do trabalho é a diferenciação dos tipos de atividade entre o campo e a cidade. No feudo medieval e no latifúndio da época tardia de países periféricos, o incremento da produtividade pela divisão social do trabalho induz a agricultura a especializar-se e, portanto, força o campo a transferir para o meio urbano muitas de suas atividades produtivas. Com a utilização econômica da energia mecânica, ou seja, a industrialização, essa transferência se intensifica. A industrialização tem efeitos positivos sobre a agricultura, impulsionando-a também a elevar seu nível de produtividade. Mas a inelasticidade do consumo de produtos agrícolas impede que permaneçam estáveis as proporções em que se distribui a mão de obra pelos ramos de atividade econômica. O progresso técnico de uma região permite que um número cada vez menor de pessoas ocupadas na agricultura seja suficiente para satisfazer a demanda da população. No confronto de situações internacionais e inter-regionais é, assim, utilizada com muito proveito essa referência. As disparidades de desenvolvimento entre as diversas nações e regiões se refletem em suas respectivas estatísticas ocupacionais. Pode-se ilustrar o exposto com os dados transcritos a seguir.

Percentagem da mão de obra ocupada na agricultura em vários países

Estados Unidos (1950)	11,6%
Canadá (1952)	18,7%
Itália (1951)	34,9%
Dinamarca (1952)	19,0%

---

10   Sobre o uso desse critério, vide Colin Clark, *The Conditions of Economic Progress.* London: Macmillan, 1951.

Holanda (1950)	24,6%
Inglaterra (1952)	4,5%
Áustria (1951)	18,7%
Japão (1952)	32,6%
Chile (1948)	36,0%
Austrália (1950)	16,8%
Nova Zelândia (1947)	20,1%
Brasil (1950)	57,3%

Fonte: C. Clark, *The Conditions of Economic Progress*, op. cit.

Renda Nacional per capita. Isoladamente, como já foi observado, qualquer dos critérios poderá levar a erro. Esse, principalmente. É necessário, pois, combiná-lo com outras referências para que se possa avaliar mais adequadamente determinada situação. É claro que a qualidade de uma estrutura econômico-social se exprimirá proporcionalmente na grandeza desse índice. De modo geral, os países mais desenvolvidos são aqueles que asseguram alta renda *per capita* aos seus cidadãos. Em alguns casos concretos, porém, o enunciado não constitui regra sem exceção. Pode acontecer, por exemplo, que a renda de uma nação seja substancialmente derivada de um produto extrativo, como acontece com o petróleo da Venezuela. Trata-se de um produto que se encontra, dir-se-ia, pronto na natureza ou de cuja elaboração não participa considerável número de pessoas. A renda nacional *per capita*, em tais circunstâncias, pode ser alta, mas isso não traduz grande desenvolvimento, pois a base industrial daquele país é relativamente débil em comparação com a de países como o Brasil, dotado de mais sólida e diferenciada infraestrutura, embora de renda nacional *per capita* menor. Além disso, o cálculo da renda de um país nem sempre é de exatidão satisfatória. Nos países mais adiantados, nas condições atuais do mundo, a produção é quase integralmente comercializada, ou seja, entra no circuito monetário, o que permite a sua contabilização pelos órgãos técnicos. Em tais condições, o aparelho estatístico consegue registrar toda a produção e, portanto, o cálculo da renda se aproxima bastante da exatidão. Diversamente, nas regiões subdesenvolvidas, encontram-se grandes contingentes demográficos que praticam largamente o autoconsumo da produção. Pesquisa realizada em 1952, no Brasil, em municípios tipi-

CRITÉRIOS DE AVALIAÇÃO DO DESENVOLVIMENTO

camente rurais, registrou famílias de pequenos agricultores nas quais o autoconsumo era bastante alto. Uma ideia da variação quantitativa do autoconsumo propicia os informes contidos na tabela transcrita a seguir, que se refere a apenas 7 dos 29 municípios tipicamente rurais estudados pela Pesquisa Nacional de Padrão de Vida, em 1952.

Autoconsumo da produção em alguns municípios brasileiros – Ano agrícola de 1951-52

LOCALIZAÇÃO DO ESTABELECIMENTO (MUNICÍPIO)	PRODUÇÃO DO ESTABELECIMENTO NO ANO AGRÍCOLA DE 1951-52				
		DESTINADO AO MERCADO		DESTINADO AO CONSUMO PRÓPRIO	
	TOTAL	VALOR CR$	%	VALOR CR$	%
Bezerros (Pernambuco)	5 355	3 275	61,15	2 080	38,84
Juazeiro (Bahia)	37 922	31 385	82,76	6 537	17,23
São Mateus (Espírito Santo)	42 857	22 672	52,90	20 185	47,09
Itapetininga (São Paulo)	29 140	12 260	42,07	16 880	57,92
Registro (São Paulo)	93 240	80 570	86,41	12 670	13,58
Guaratinguetá (São Paulo)	53 476	27 780	51,94	25 696	48,05
Tubarão (Santa Catarina)	25 890	19 740	76,24	6 150	23,75

Fonte: Pesquisa Nacional de Padrão de Vida, 1952.

Os resultados dos restantes municípios foram apurados, mas infelizmente até a presente data não tiveram divulgação. Em alguns desses restantes municípios, o autoconsumo da produção alçava-se a cerca de 70%.

Tal fato se verifica em todos os países de estrutura predominantemente primária. Dadas essas circunstâncias, é fácil compreender o grau de inexatidão dos cálculos da renda nacional nos países agrários.

Necessariamente, subavaliam o produto nacional. Com essas ressalvas, entretanto, o índice em apreço é útil para efeito de comparação internacional e inter-regional. A comparação dos dados existentes sobre a renda nacional *per capita* coloca o Brasil dentro da faixa em que naturalmente se incluem os países de desenvolvimento econômico relativamente baixo.

Renda nacional *per capita* em vários países em US$ (1949)

Estados Unidos	1 453
Canadá	870
Itália	235
Dinamarca	689
Holanda	502
Inglaterra	773
Áustria	216
Japão	100
Chile	188
Austrália	679
Nova Zelândia	856
Brasil	112

Fonte: Wladimir S. Woytinsky e Emma S. Woytinsky, *World Population and Production: Trends and Outlook*. New York: [Twentieth Century Fund,] 1953.

Consumo de energia per capita. Essa referência é fundamental. Nada é mais indicativo do grau de desenvolvimento em que se encontra uma nação ou região do que o seu consumo *per capita* de energia. O desenvolvimento é tanto maior quanto mais o homem consegue pôr a seu serviço as forças naturais.[11] Pela utilização destas, diminui-se o *quantum* de força humana aplicada no trabalho pesado. É evidente que as populações que não se habilitaram a uma alta utilização da energia mecânica contam com poucas disponibilidades para produzir os bens de que necessitam. Para liberar-se da servidão às necessidades elementares, as populações têm de recorrer a processos que aumentem

---

11 Sobre esse assunto, vide Leslie White, *The Science of Culture*. New York: Farrar, Straus, 1949.

a taxa de produtividade do trabalho, entre os quais a divisão racional das tarefas, a utilização racional de recursos e, nas condições atuais do mundo, notadamente, o emprego crescente de energia mecânica. A luta dos povos pela melhoria de suas condições de vida é, em grande parte, uma luta pela utilização de recursos energéticos, petróleo, eletricidade, carvão, energia nuclear. É o alto potencial energético dos países mais adiantados que possibilita seus níveis de civilização, e não o contrário. Trata-se de um dos fatos primários do desenvolvimento. As disparidades atuais de civilização entre os países se exprimem, assim, como disparidades de seus respectivos consumos *per capita* de energia. Indiretamente, pode ser avaliado o potencial energético dos diversos países pelo nível de produtividade expresso em seus índices de mão de obra, de renda nacional e urbanização. Cabe observar que nas regiões e nos países subdesenvolvidos é muito elevada a cota da energia muscular. Os dados a seguir transcritos mostram a variação do consumo *per capita* de energia em diferentes países, avaliado em libras de carvão.

Consumo *per capita* de energia equivalente em carvão (libras) (1948)

Estados Unidos	13310
Canadá	10740
Dinamarca	3940
Holanda	4930
Itália	1370
Inglaterra	9600
Áustria	2310
Japão	2340
Chile	3790
Austrália	5440
Nova Zelândia	4510
Brasil	680

Fonte: W. S. Woytinsky e E. S. Woytinsky, *World Population and Production*, op. cit.

Urbanização. Essa é também uma referência relevante para a caracterização das desigualdades de desenvolvimento entre os diferentes países. É certo que vulgarmente o fato urbano é mal compreendido.

Tende-se a apreciá-lo em termos de julgamento de valor, extrapolando para a realidade urbana pontos de vista que não lhe correspondem. A urbanização, realmente, subverte estilos de vida típicos e habituais em contextos de base agrária. Mas cria outros estilos de vida. A urbanização só pode parecer um mal àqueles que não admitem a variação histórica das modalidades de existência humana. Do ponto de vista técnico-sociológico, porém, é um fenômeno historicamente positivo, nas condições do mundo até agora dominantes. O desenvolvimento de uma comunidade nacional determina a migração de pessoas do campo para as cidades e, portanto, a formação e a expansão de centros urbanos. Os economistas diriam que as indústrias e os serviços não podem ser instalados senão quando garantidas condições mínimas de economias externas. E quem diz economias externas diz concentração de coisas e pessoas. A validade desse raciocínio é demonstrada pela evolução demográfica dos Estados Unidos, como, de resto, também de qualquer outro país que tenha passado por idêntica transformação econômica. Com efeito, em 1790, a população urbana nos Estados Unidos representava apenas 5,1% da população total. Essa percentagem sobe para 6% em 1800; para 7,3% em 1810; para 8,8% em 1830; para 10,8% em 1840; para 15,3% em 1850; para 19,8% em 1860; para 25,7% em 1870; para 28,2% em 1880; para 35,4% em 1890; para 39,7% em 1900; para 45,7% em 1910; para 51,2% em 1920; para 56,2% em 1930; para 56,5% em 1940; para 57,4% em 1950. O estado atual da urbanização nos vários países pode ser apreciado no quadro a seguir.

Percentagem da população urbana em diferentes países

Estados Unidos (1950)	57%
Canadá (1951)	62%
Itália (1936)	45%
Dinamarca (1950)	67%
Holanda (1947)	55%
Inglaterra (1951)	82%
Áustria (1951)	50%
Japão (1950)	38%
Chile (1940)	52%
Austrália (1947)	69%
Nova Zelândia (1951)	61%
Brasil (1950)	36%

Fonte: *Anuário Demográfico das Nações Unidas*, 1952.

CRITÉRIOS DE AVALIAÇÃO DO DESENVOLVIMENTO

Produção industrial. Decorre dos critérios anteriores que a produção industrial é também referência essencial para caracterização das estruturas econômicas. Em trabalho anterior, o autor chamou a industrialização de processo civilizatório.[12] Com efeito, do ponto de vista sociológico, é uma forma superior de equilíbrio entre a sociedade e a natureza. Em seu estado pré-industrial, as comunidades estão muito expostas aos impactos do meio natural e, assim, suas condições de vida, quando não se verificam no nível vegetativo, mal se elevam acima desse nível. Pela industrialização, libertam-se as comunidades dessa dependência e se tornam mais ricas e variadas as suas modalidades de existência. A indústria é um modo de fazer as coisas e, consequentemente, de ser, superior ao dominante na fase agrária, em que o homem se encontra em estado quase natural. Note-se que, ao falar em industrialização, não se está desprezando a agricultura, a qual só eleva sua produtividade quando, pelo aumento de suas inversões, se integra no sistema capitalista de produção. Não tem, pois, sentido a polaridade que habitualmente se costuma afirmar entre agricultura e indústria.

Quando um país entra em fase de industrialização, os efeitos desta sobre a agricultura são positivos dos pontos de vista econômico e sociológico. E esses benefícios se traduzem em maior rentabilidade do trabalho agrícola, diminuição dos custos da produção e melhoria geral das condições de vida dos agricultores, não só pelo aumento de seu poder aquisitivo como pela diferenciação de seus hábitos de consumo. Os países mais desenvolvidos são aqueles em que o modo industrial de produção e de existência mais se difundem. Em sentido lato, o industrialismo é um estilo de existência, caracterizado por especial relação entre o homem e a natureza. Nas nações pouco industrializadas, a relação entre o homem e o meio natural é predominantemente direta, isto é, ainda não mediatizada pela tecnologia. O nível de industrialização, em sentido lato, não é, pois, dado apenas pelos caracteres do setor industrial, em acepção restrita. É dado pelo caráter geral, altamente produtivo, da força de trabalho disponível.

---

12 A proposição está na *Cartilha brasileira do aprendiz de sociólogo* (Rio de Janeiro: Editorial Andes, 1954, p. 87 ss) e em sua republicação como parte da *Introdução crítica à sociologia brasileira* (Rio de Janeiro, Editorial Andes Limitada, 1957, p. 108 ss; 2ª ed. Rio de Janeiro: Editora UFRJ, 1995, p.145 ss). [N.E.]

É, por exemplo, a avançada industrialização que permite a elevada produtividade da agricultura e o desenvolvimento do setor terciário da economia. Nos informes abaixo discriminados, pode-se verificar essa observação. De modo geral, nos países mais desenvolvidos, tende a decrescer percentualmente a cota da agricultura na renda nacional.

Alguns caracteres da agricultura e da indústria em vários países

PAÍSES	AGRICULTURA		INDÚSTRIA	
	% DA RENDA NACIONAL	% DA MÃO DE OBRA	% DA RENDA NACIONAL	% DA MÃO DE OBRA
Estados Unidos (1950)	8,4	11,6	32,0	29,2
Canadá (1952)	16,2	18,7	30,3	27,4
Itália (1951)	32,1	34,9	32,9	35,0
Dinamarca (1952)	25,9	19,0	27,9	17,5
Holanda (1950)	17,1	24,6	32,5	24,6
Inglaterra (1952)	5,7	4,5	39,2	39,5
Áustria (1951)	18,2	18,7	42,4	36,0
Japão (1952)	25,4	32,6	21,8	21,8
Chile (1948)*	18,0	36,0	33,0	21,0
Austrália (1950)	25,5	16,8	22,2	28,0
Nova Zelândia (1947)	17,1	20,0	24,0	23,6
Brasil (1950)**	29,0	57,3	22,1	13,2

Fonte: C. Clark, *The Conditions of Economic Progress*, op. cit.
* W. S. Woytinsky e E. S. Woytinsky, *World Population and Production*, op. cit.
** Fundação Getulio Vargas. Núcleo da Renda Nacional.

APÊNDICE

I. SITUAÇÃO ATUAL DA SOCIOLOGIA
[1958]

O objetivo do presente estudo é contribuir para uma revisão do esquema da divisão das Ciências Sociais atualmente em vigor. É cada vez mais perceptível que as disciplinas academicamente definidas como Economia, Sociologia, Antropologia, Ciência Política, Psicologia Social etc. são diferenciações do saber científico decorrentes de imperativos de um período histórico se não já ultrapassado, em vias de ser superado. Corresponde aquele esquema à fase em que uma minoria de empresários capitalistas europeus constituía o centro dominante não apenas do Ocidente como de todo o mundo. As Ciências Sociais, na forma que assumiram nos meios acadêmicos oficiais, são, em grande parte, uma ideologia dessa dominação, na medida em que os seus enunciados gerais estão afetados pelo que se pode chamar de ilusão etnocêntrica ou ptolomaica e, ainda, na medida em que dificultam a compreensão global do processo histórico-social e distraem a atenção dos estudiosos para aspectos fragmentários desse processo.

As ciências não são imunes ao condicionamento histórico. Elas, também, e principalmente as sociais, variam historicamente e têm de ser examinadas à luz da reciprocidade das perspectivas. As ciências constituem, em cada período, um aspecto integrado numa totalidade de sentido. São tributárias da cosmovisão de cada período histórico e, consequentemente, não se podem pretender permanentemente válidas. Se é certo que a humanidade está entrando num novo período histórico, disso deve decorrer uma problematização dos quadros tradicionais do saber científico. Com efeito, estamos vivendo numa época em que o Ocidente não tem mais o monopólio do protagonismo ecumênico. Até bem pouco tempo, tinha o Ocidente o privilégio de ver os povos não ocidentais sem ser visto por esses últimos, e tal condição propiciava o alcance universal de seus pontos de vista. Hoje tais pontos de vista revelam-se precários. Novos centros de dominação se encontram em emergência. Povos até há pouco marginais na História libertam-se de sua antiga servidão e necessariamente uma nova imagem do mundo surge da tensão universal que promovem.

A crise do saber em nosso tempo é derivada, em parte, da dilaceração interna que se registra nas sociedades nacionais mediante as quais se exprimia a expansividade do Ocidente. Dentro dessas sociedades já se esboçou a reação revisionista contra o esquema de divisão das Ciências Sociais elaborado na fase historicamente positiva do capitalismo, sobretudo entre a segunda metade do século XVIII e a primeira do século XIX. Os promotores da reação têm sido intelectuais que assumiram uma posição crítica em face da ordem capitalista e descobriram o caráter histórico de suas leis. Por outro lado, decorre a referida crise da formação de recentes quadros nos países subdesenvolvidos, dotados de uma consciência crítica que os habilita a tirar partido dos novos horizontes que lhes dá a sua condição, rica de virtualidades. Ao assumirem o ponto de vista dessas virtualidades, aqueles quadros percebem o papel criador que hoje lhes cabe na revisão do patrimônio científico da humanidade.

Detalhe dessa tarefa revisionista é a avaliação do que tem sido considerado no Ocidente como ciência sociológica. É a sociologia, na forma em que foi concebida por Augusto Comte e na modalidade universitária que posteriormente assumiu, a culminação de um esforço de elaboração de uma teoria científica que se vinha procurando desde o século XVIII ou apenas um episódio dessa pesquisa? Vamos sustentar, neste estudo, precisamente, a segunda alternativa. O problema de uma teoria social científica foi colocado no século XVIII pelos economistas ingleses e pelos "filósofos" franceses; a "Sociologia" representa uma distorção, um desvio daquele projeto. A tensão interna das sociedades ocidentais e a presente conjuntura mundial nos permitem ver os pressupostos ideológicos da "sociologia" e das outras disciplinas correlatas e, assim, impõem a necessidade de formulação de uma nova teoria social científica. Existem já alguns materiais esparsos para a constituição dessa teoria que, em larga margem, terá de retomar o fio de uma tradição de pensamento europeu anterior a Augusto Comte. Estamos agora em condições de passar diretamente ao tema.

O pensar sociológico não é uma inovação essencial da sociedade europeia. Tem, ao contrário, uma velha tradição. Desde os mais remo-

APÊNDICE

tos tempos, podemos dizer, com Othmar Spann, que a sociologia constitui uma parte essencial de toda filosofia e também, acrescentemos, da teoria política, da religião, da magia, do costume. A partir de diferentes formas de saber ao seu alcance, o pensar sociológico surgiu sempre, em toda cultura, nos períodos críticos, isto é, nos períodos em que se desfaz o consenso coletivo, em que os costumes são postos em questão e perdem a sua eficácia social; nos períodos em que o social aflora à consciência do homem. O momento sociológico é eminentemente esse em que o social, tornando-se problemático, aflora à esfera da consciência humana. Mas a consciência é, ela também, constituída pela realidade histórico-social e, por isso, o saber sociológico aparece sempre sob a forma do tipo de saber dominante em cada cultura. A sociologia possível numa cultura primitiva terá de ser revestida de magia; na cultura hindu e chinesa, terá de ser envolvida pela religião; no mundo grego, pela filosofia; no mundo ocidental tardio, terá de aspirar a ser uma física social.

Já houve quem visse analogias entre a obra de Platão e Augusto Comte.[1] Ambos viveram momentos sociológicos por excelência, momentos de "indisciplina de costumes". Ambos tomaram consciência do "social" e procuraram restaurar, em novas bases, um consenso coletivo em crise. Platão vive numa Grécia politicamente dilacerada. Depois da vitória sobre Xerxes, se inicia ali um período de guerras civis, nas quais estão de lados opostos o povo e a aristocracia, os dóricos e os jônicos. Contra os restauradores da ordem, que conseguem por algum tempo restabelecer os governos aristocráticos, se colocam as camadas populares, uma espécie de "terceiro estado", e os sofistas, de modo geral, exprimem, em suas preleções, o ponto de vista revolucionário. Sócrates é um restaurador, e sua especulação filosófica tem um objetivo prático, o de encontrar o fundamento moral de nova ordem pública. Platão teria compreendido a impossibilidade de retornar ao antigo regime e tenta uma síntese criadora de tendências opostas, numa conciliação entre a convenção e a tradição, entre o "individualismo democrático absoluto" de que Protágoras é representativo e o "tradicionalismo não menos absoluto da Escola Pitagórica". A

---

1   Vide Émile Lasbax, *La cité humaine: Esquisse d'une sociologie dialectique*, t. I. Paris: J. Vrin, 1927.

arte política – escreve Platão em *O político* – é daquelas que tomam como regra a medida, a conveniência, a oportunidade, a utilidade e justamente o meio colocado a igual distância dos contrários. A luta de contrários é constitutiva de outros momentos sociológicos, e sua conjuração, através de uma síntese criadora, foi a obra de homens como Gautama na Índia do século v antes de Cristo, Confúcio na China do século vi antes de Cristo, São Tomás no século xiii de nossa história.

Esses antecedentes mostram, em última análise, que o pensar sociológico é ordinariamente suscitado pela crise social. Todavia, em nenhum daqueles momentos o pensar sociológico tomou consciência sistemática de si mesmo. Devemos tirar todo o partido dessa observação para compreender a especificidade da Sociologia na forma histórica em que ela surge na Europa. Naturalmente temos empregado aqui os termos *sociologia* e *sociológico* na acepção lata, não estritamente comtista. Em que consiste, porém, a especificidade da Sociologia?

Em primeiro lugar, consiste em que o saber sociológico se tornou independente de outras formas de saber. Os enunciados propriamente sociológicos, no passado, tinham caráter incidental e fragmentário. Em nenhum período da História decorrida havia se registrado uma situação que necessitasse ser examinada em termos propriamente sociológicos, distintos da forma de pensar ocasionalmente dominante. Há, portanto, uma história específica da disciplina sociológica, que não pode ser feita à maneira de uma exposição cronológica que apresente, em fila indiana, ideias e observações de diferentes autores desde a antiguidade aos nossos dias. Interessa, é certo, conhecer as observações sociológicas contidas nas obras e nos trabalhos de homens como Gautama, Confúcio, Platão, Protágoras, São Tomás de Aquino, mas apenas tanto quanto esse conhecimento habilite a compreender os fatores genéticos do pensar sociológico. Aquelas observações não se incluem, entretanto, no âmbito propriamente histórico da sociologia.

Em segundo lugar, a autonomização do pensar sociológico só poderia verificar-se quando o seu objeto se configurasse historicamente, na modalidade que adiante se descreverá. Nesse ponto, é preciso utilizar uma definição operacional de sociedade. Há sociedade e sociedade. A palavra sociedade se aplica a toda e qualquer espécie de convivência humana. Nessa acepção, a sociedade existe há alguns milênios e sua origem se situa na pré-história. Mas a palavra sociedade pode

APÊNDICE

ser empregada de modo operacional, como o fazem alguns sociólogos alemães, entre eles principalmente Lorenz von Stein, Ferdinand Tönnies e Hans Freyer, isto é, como a esfera da associação humana independente do Estado. É sobretudo Hans Freyer quem atualmente sublinha esse sentido da palavra.[2] A sociologia, para Hans Freyer, é ela também um fenômeno histórico, no sentido de que só com o nascimento da classe burguesa se faz necessária e possível. Ora, é precisamente à sociedade burguesa que se aplica o conceito operacional de sociedade, pois ela assinala uma época em que o Estado perde a capacidade de condicionar os vínculos sociais, deixa de ser o exclusivo protagonista do acontecer histórico e se torna sistemática a ideia de que sua legitimidade se fundamenta no consenso coletivo. É fácil reconhecer, nesse modo de ver, a incidência do pensamento hegeliano. O que se entende aqui por sociedade é o domínio da liberdade tal como descrita por Hegel na sua famosa frase: "O Oriente conheceu e até hoje conhece que só *um* (isto é, o déspota) é livre. No mundo grego e romano, *alguns* são livres; no mundo germânico, *todos* são *livres*". O plural "livres" e o coletivo "todos" sublinham o fenômeno novo na época de Hegel – a sociedade. Esse fato importante – a ruptura dos laços que prendiam a sociedade ao Estado – foi claramente percebido por Hegel.

É certo que este fenômeno – a dissociação entre o Estado e a sociedade – não se verificou somente na cultura ocidental em seu período tardio. Essa dissolução é perceptível em períodos determinados de outras culturas. A argumentação de Treitschke contra a sociologia se funda, precisamente, no fato de que aquela dissociação é recorrente, aparece e desaparece, na História. Para ele, apenas nos períodos de decadência é que o estado se torna joguete de movimentos sociais autônomos, tais situações terminando sempre revertendo ao predomínio da ideia política. Treitschke fazia essa advertência para negar a possibilidade de uma ciência social independente da teoria política. Pretendia que aquele dualismo de seu tempo fosse provisório e que o Estado pudesse reconverter a sociedade ao seu domínio. Mas

---

2 Vide Hans Freyer, *Introducción a la sociología* [*Einleitung in die Soziologie* (1931)]. Madrid: Nueva Época, 1945. Também consulte *La sociología ciencia de la realidad* [*Soziologie als Wirklichkeitswissenschaft* (1930)]. Buenos Aires: Losada, 1944.

a querela entre teoria política e sociologia não nos interessa aqui. O que é pertinente observar é que, embora a dissociação entre o Estado e a Sociedade tenha se esboçado em diferentes períodos da História decorrida, só no Ocidente se tornou permanente, e por isso aparece como normal, desde o momento em que, pela primeira vez na História, se constituem as classes sociais. As sociedades de classe são aquelas em que a posição e a função dos indivíduos não são predeterminadas nem pelo nascimento, nem pelo costume, nem pela norma jurídica. Essas estruturas sociais, de fato, foram implantadas pelas revoluções burguesas. Por isso o objeto da sociologia – a sociedade – só aparece em data relativamente recente. A palavra sociedade, no sentido aqui delimitado, se refere a um tipo específico de convivência em que as relações entre as pessoas são eminentemente competitivas, relações de mercado.

Em 1842, Lorenz von Stein utiliza, pela primeira vez na Alemanha, a palavra "sociedade" para designar uma esfera de movimentos autônomos e independentes do Estado. O conceito de sociedade – diz Bluntschli – tem sua base natural nos hábitos e ideias do terceiro Estado.[3]

Lorenz von Stein, desenvolvendo uma sugestão de Hegel, descobriu o substrato econômico da "sociedade". O que a constitui é o fato de que as relações entre os indivíduos e entre os grupos deixaram de ser presididas pelo critério do nascimento consagrado juridicamente e passaram a ser objetivas. Para L. von Stein "a sociedade é a ordem dos homens, determinada pela repartição dos bens pelo trabalho entre eles. O lugar que cada um tem no sistema das relações sociais de dependência se lhe faz consciente como interesse. O interesse é, portanto, o princípio motor da sociedade".

Assim entendida, a sociedade só poderia constituir-se onde surgisse o capitalismo. Foi a transformação econômica por que passou a Europa, no decorrer da revolução industrial, que modificou os termos do dinamismo histórico até então prevalecente. Lorenz von Stein foi, provavelmente, um dos primeiros que compreenderam em toda plenitude as consequências, no domínio do conhecimento científico,

---

3 Sobre a história do conceito da "sociedade", vide Hermann Heller, *Teoría del Estado*. México-Buenos Aires: Fondo de Cultura Económica, 1947 [ed. bras.: *Teoria do Estado*, trad. Lycurgo Gomes da Motta. São Paulo: Mestre Jou, 1968].

APÊNDICE

da nova modalidade de convivência social resultante das revoluções burguesas. Suas duas obras principais, publicadas em 1842 e 1851, já procuram registrar as novas características da sociedade europeia, características cujo aparecimento é, por assim dizer, testemunhado por von Stein, o qual percebe o que elas significam como fatores de promoção de nova maneira de pensar os fenômenos sociais. Diz Stein:

> Nossa atualidade começou a observar uma nova série de fenômenos que anteriormente não tinham lugar na vida ordinária nem na ciência, não porque não existissem, mas porque não se viam ou porque não se consideravam dotados de autonomia; mas agora se revelou um mundo de elementos, de ordenações, de conexões necessárias [...] de que se há de ocupar o conhecimento humano e ao qual se tem designado com o velho nome de sociedade.

A descrição da nova realidade social se torna mais clara ainda neste trecho de von Stein:

> Não cabe dúvida alguma de que, para a parte mais importante da Europa, a revolução e a reforma política chegaram ao fim; seu lugar foi ocupado pelo social que ultrapassa todos os movimentos dos povos com sua terrível violência e graves incertezas; quem fechar os olhos será devorado e aniquilado pelo movimento; o único meio de dominá-lo é o conhecimento claro e sereno das forças operantes e do caminho que, sobre a natureza superior das coisas, segue o movimento.[4]

A nova realidade europeia teria, necessariamente, de se exprimir, em primeiro lugar, no domínio econômico. A sociedade apareceu inicialmente sob forma econômica. Como observa M. García-Pelayo:

> Desde o século XVII, se começa na Inglaterra a desenvolver a tese de que em face do Estado há uma *society*, concretamente, uma *commercial society* que não é criação do Direito, mas da natureza ou da ordem

---

4   Lorenz von Stein apud Manuel García-Pelayo, "La teoría de la sociedad en Lorenz von Stein". *Revista de Estudios Políticos*, n. 47, 1949, pp. 44-45.

moral; que essa sociedade não só tem norma própria como legalidade em sentido natural e, por conseguinte, mais poderosa que a norma jurídica; que a base dessa sociedade são as relações econômicas; que ela não organiza de cima, mas emerge de baixo.[5]

Na França, o fisiocrata Le Trosne, no século XVIII, considerava o Estado como coisa artificial, *un état de choix et de convention* [um estado de coisas e convenções].[6] Du Pont de Nemours, também fisiocrata, em obra de 1768, emitiu o juízo de que a autoridade do soberano não está constituída para fazer as leis, posto que elas estão dadas, de modo que as ordenações chamadas positivas não devem ser mais que atos declaratórios das leis essenciais da ordem social. Na mesma época, Mercier de la Rivière concebia a ciência do governo como *"l'étude des lois que Dieu a si manifestement gravées dans la société humaine, du jour de sa création"* [o estudo das leis que Deus tão manifestamente gravou na sociedade humana, desde o dia de sua criação][7]

A Economia é a primeira forma que assume a ciência da sociedade. São, de fato, os economistas que primeiro descobrem que existe uma ordem de fenômenos sociais que não está sujeita às leis do Estado, e dessa descoberta resulta a constituição da ciência econômica. A teoria social científica teria de ser, portanto, inicialmente, uma teoria econômica, economia política. Kant já tinha percebido que os economistas queriam fazer de sua ciência uma verdadeira física social. São, de fato, os economistas que, primeiro, descobrem que existe uma ordem de fenômenos sociais que não está sujeita às leis do Estado, e dessa descoberta resulta a constituição da ciência econômica. Esta era, porém, a forma em estado nascente da ciência da sociedade. O que os fundadores da economia aspiravam fundar era um tipo de saber que explicasse a nova realidade de modo global. Os estudos realizados pelos filósofos e economistas do século XVIII tinham um objetivo sintético por excelência. Os fundadores da Economia, observa Adolf Löwe,[8] vincularam a pesquisa econômica à ciência política, ao direito, à psico-

---

5   Ibid., p. 48.
6   Ibid.
7   Vide Raymond Barre, *Économie politique*, t. 1. Paris: PUF, pp. 34-35.
8   Vide Adolf Lowe, *Economia e sociologia*. Rio de Janeiro: Revista Forense, 1956.

APÊNDICE

logia e à história. Adam Smith, na Universidade de Glasgow, ensinava Teologia Natural, Ética, Direito Nacional e Internacional e *Policy*, que abrangia o que hoje entendemos por Ciência Política e Economia. Sir W. Jevons tinha em Manchester uma cadeira que incluía Lógica, Filosofia Moral e Economia Política. Os economistas são contemporâneos da crise que, principalmente na Inglaterra e na França, iniciou na Europa a dissociação entre o Estado e a Sociedade: Sob a forma de uma "ordem" regida por leis da natureza, é na consciência deles que aflora o social. É significativo que Quesnay, o autor de *Tableau économique*, tenha sido um dos principais integrantes da seita dos "filósofos economistas" e do grupo que redigiu a *Enciclopédia*.[9]

A Economia, para o dr. Quesnay, é uma doutrina da "ordem natural". Como os enciclopedistas, em geral, ele não estava longe de afirmar a "unidade dos conhecimentos humanos" e de aceitar "a ideia de um determinismo universal em que tudo está incluído". A ideia de ter uma teoria social científica, de caráter global, estava delineada na França no século XVIII pelos "filósofos" e "enciclopedistas". Holbach distingue um "sistema social" dotado de coerência lógica comparável ao "sistema de natureza" que os trabalhos dos físicos subentendiam. E D'Alembert se refere a uma "ciência do homem", como posteriormente o faz Saint-Simon.

Todo o plano da *Enciclopédia* estava presidido por um propósito fundamental que D'Alembert enuncia em seu famoso "Discurso preliminar", tal o de, nas palavras de René Hubert, "estabelecer uma ligação lógica, *un ordre et un enchaînement* [uma ordem e um encaminhamento], entre todos os aspectos do conhecimento humano", ou seja, de formular os "elementos de uma teoria sociológica coerente".

O que mais tarde se chamará de "sociologia" representará um desvio dessa teoria. É necessário atentar para a gravidade dessa afirmação. Ela é de decisiva importância neste estudo. *Não se pode considerar a contribuição de Augusto Comte como o coroamento de uma série de esforços para a criação de uma nova ciência.* Comparada com

---

9 Em vários trabalhos, no campo da história das ideias, Armand Cuvillier tem assinalado o valor sociológico de Quesnay e outros enciclopedistas. Vide especialmente "Sociologie de la connaissance et idéologie économique". *Cahiers Internationaux de Sociologie*, v. 11, 1951.

os ideais dos economistas e dos filósofos do século XVIII, ela é um desvio. O sucesso da palavra sociologia pode ter dado a impressão de que o projeto do século XVIII afinal se concretizava, mas ver-se-á que isso é ilusório. A sociologia, nos moldes em que a colocou Augusto Comte, não pode ser aceita como a ciência da sociedade que entreviam os "economistas" e os "filósofos", antes é um detalhe, um episódio na evolução do conhecimento científico do social. Para que se retome aquele projeto original, ou se terá de ampliar o campo do que se entende hoje por sociologia ou se terá de proceder a um esforço de síntese, de que resulta uma nova teoria social científica.

A fim de demonstrar a tese deste estudo, parece necessário proceder inicialmente à caracterização dos aspectos essenciais da teoria social pré-comtiana. Em seguida, mostraremos em que escala o comtismo significa um bloqueamento das tendências mais positivas dos pensadores que contribuíram para a formação daquela teoria. Apesar das diferentes orientações dos economistas e filósofos, podemos afirmar que elas exibem pelo menos três pontos comuns. Em primeiro lugar, eles descobriram que o processo básico da sociedade europeia em sua época era o que estava gerando as novas formas de produção e, por isso, as suas ideias e doutrinas caucionavam as aspirações das classes então em emergência; a burguesia, a classe média e o incipiente proletariado. Em segundo lugar, o pensamento daqueles homens se declarava em compromisso com a prática social, era deliberadamente interferente, instrumento de uma ação social orientada por um propósito de reforma e reconstrução da sociedade. Em terceiro lugar, utilizavam a razão como instrumento de crítica do sistema social vigente, ao qual negavam o direito de persistir porque fundado em preconceitos ou em justificações que lhes pareciam retrógradas.

Seria ocioso procurar demonstrar que os economistas tinham em mira, com suas teorias, desembaraçar as novas relações de produção dos obstáculos institucionais ainda sobreviventes em seu tempo. Essa observação é verdadeiramente curial. Em Quesnay, por exemplo, essa intenção é clara. O Tableau Économique não é apenas uma teoria do produto líquido, é uma fundamentação da livre concorrência. A ideia de uma harmonia universal entre os interesses das classes sociais é elevada por Quesnay à categoria de uma verdadeira lei natural. Como Harvey descobrira as leis da circulação do sangue no corpo humano,

APÊNDICE

Quesnay, um século depois, pretende demonstrar a circulação dos bens econômicos no corpo social. E, em seu *Dialogue sur le commerce* (1766), diz o fisiocrata: "*La marche de ce commerce entre les différentes classes et ses conditions essentielles ne sont point hypothétiques. Quiconque voudra y réfléchir, verra qu'ils sont fidèlement copiés d'après la nature*" [O progresso desse comércio entre as diferentes classes e suas condições essenciais não são nada hipotéticos. Quem refletir sobre isso verá que são fielmente copiados da natureza].[10]

Era essa uma das principais reivindicações da burguesia ascendente na França de Quesnay. Análogos compromissos entre as ideias e a classe burguesa em ascensão podem ser facilmente identificados nas doutrinas dos economistas clássicos Adam Smith, Malthus, Ricardo, Stuart-Mill, Jean-Baptiste Say. É, porém, particularmente significativo que não foram apenas os economistas que tiveram consciência do positivo caráter histórico das formas de produção em estado nascente. Saint-Simon leva as ideias dos "filósofos" às últimas consequências. Na fase tardia de sua vida, descobriu que, na sociedade europeia de seu tempo, eram dominantes os fatores econômicos e que, omitindo-os, não seria possível compreender os movimentos sociais. Na indústria, escreveu, se baseiam, em última análise, todas as energias da sociedade. Mais taxativamente, afirma ainda, antecipando Marx e Engels: "a forma de governo não é senão uma forma e a constituição da propriedade é o fundo, pois é essa constituição que verdadeiramente serve de base ao edifício".[11]

Saint-Simon vive a transição entre o século XVIII e o XIX e, como os "filósofos", viu que a contradição fundamental da sociedade francesa era a que existia entre a nobreza e a burguesia. Parecia-lhe, portanto, que a emancipação desta última classe acarretaria a emancipação geral da sociedade, aí inclusive "*la classe la plus pauvre et la plus nombreuse*" [a classe mais pobre e a mais numerosa]. Em última análise, pensava

---

10 Vide R. Barre, *Économie politique*, t. 1., op. cit., p. 35; grifo nosso.

11 "*Certainement, la forme du gouvernement parlementaire est très préférable à toutes les autres; mais ce n'est qu'une forme, et la constitution de la propriété est le fond; donc c'est cette Constitution qui sert véritablement de base à l'édifice social*"; Claude-Henri de Saint-Simon, *Catéchisme politique des industriels. 1824: Vues sur la propriété et la législation. 1818. 2e livraison*. Paris: A. Naquet, 1832, p. 161. [N.E.]

Saint-Simon que o processo-chave da sociedade era a industrialização. A teoria social dos "filósofos" se prolonga ainda, adquirindo forma sistemática, nos trabalhos de Proudhon, que, mais nitidamente do que Saint-Simon, sublinha o substrato econômico do progresso histórico--social. Diz ele: "As leis da Economia Política são as leis da História".[12] Dele também é esta fórmula: "a Filosofia é a Álgebra da sociedade, e a Economia é a aplicação dessa Álgebra"[13]. Concebe a economia política como uma teoria social geral, pois afirma que a "Economia Política, encerrada desde A. Smith no círculo restrito da produção, da circulação, do crédito, [...] *abrange ainda a organização do atelier, do governo, a legislação, a instrução pública, a constituição da família, a gerência do globo: ela é a chave da história, a teoria da ordem*".[14]

A ideia de Proudhon era a de uma ciência global na qual se incorporava a Economia Política. Ver-se-á como o seu contemporâneo Augusto Comte e seus continuadores se afastam desse tipo de globalismo.

Outro aspecto saliente da teoria social pré-comtiana é a sua vinculação com a prática social. O conceito de práxis só vai adquirir relevo filosófico em Hegel e principalmente em Marx, aliás, pensadores influenciados pelo pensamento do século XVIII. Mas as doutrinas dos "filósofos" já implicavam a ideia de que a práxis é o fundamento da elaboração teórica. É o que se verifica nos sistemas de Helvétius, Holbach e do inspirador do movimento dos "ideólogos", Destutt de Tracy, todos influenciados por Condillac, para o qual as faculdades humanas são sensações transformadas. Dizer que o pensar é modalidade do sentir é pouco menos do que reconhecer que o homem é produto da atividade social. Foram consequentes, portanto, os "filó-

---

12 A afirmação de Proudhon está no capítulo V, subtítulo II, "Au point de vue de l'organisation, les lois de l'économie politique sont les lois de l'histoire", do livro *De la création de l'ordre dans l'humanité, ou Principes d'organisation politique*. Paris: Librairie Internationale, 1873, p. 308. [N.E.]

13 P.-J. Proudhon, *Système des contradictions économiques, ou Philosophie de la misère*, v. 2. Paris: Garnier Frères, 1850, p. 379. [N.E.]

14 Sobre e revalorização da obra de Saint-Simon e Proudhon, e sua atualidade, vide Georges Gurvitch, *Les fondateurs français de la sociologie contemporaine: Saint--Simon et P.-J. Proudhon*. Curso mimeografado. Paris: Centre de Documentation Universitaire, 1955, 2 v. [N.E.: A citação de Proudhon está em *De la création de l'ordre dans l'humanité, ou Principes d'organisation politique*, op. cit., p. 353.]

APÊNDICE

sofos" e "ideólogos" quando preconizavam a necessidade de reformas políticas e pedagógicas como meios indiretos de modificar o homem. Nossas ideias, dizia Helvétius em *De l'esprit*, são consequências necessárias das sociedades em que vivemos. Em sua obra *De l'homme*, afirmava: "a educação pode tudo". Por sua vez, Destutt de Tracy concebe a ciência das ideias, no pressuposto de que elas não são inatas, mas derivam sempre de sensações. Se a razão estava dominada por preconceitos, sua libertação, para os "filósofos" e "ideólogos", só poderia ser obtida mediante a reconstrução do Estado e da sociedade. Desse modo, as teorias deles assumiam significado militante. Perfeitamente integrado nessa orientação, disse Saint-Simon: "A política, a moral e a filosofia, em vez de terminarem em contemplação ociosa separada da prática, atingiram a sua verdadeira função, tal a criar a felicidade social. Em uma palavra, elas estão aptas para perceber que a liberdade não é mais uma abstração nem a sociedade uma ficção".

E Proudhon, na linha daquela tradição, preconizava a necessidade de "acordo entre a razão e a prática social"[15].

Além disso, escreveu que "o trabalho é a força plástica da sociedade, a ideia-tipo que determina as diversas fases de seu crescimento, em consequência, todo seu organismo tanto interno quanto externo".[16]

Marx dará o passo decisivo na exploração sistemática dessa ideia.

Os enciclopedistas, como mais amplamente os iluministas, em geral eram racionalistas, pretendiam descobrir e formular as leis que presidem ao curso dos fatos históricos e sociais. Para eles,

é insuficiente permanecer satisfeito com a simples existência de fatos como se apresentam na moral, nos costumes, na estrutura política, na conduta social, nos códigos de lei e artigos da fé religiosa; [a origem desses fatos] deve ser descoberta, e sua validade provada, *pelos critérios da razão*, de outra maneira não podendo ser aceitos. ([Ernst] Cassirer)

---

15 P.-J. Proudhon, *Système des contradictions économiques, ou Philosophie de la misère*, v. 2, op. cit., p. 378. [N.E.]

16 *De la création de l'ordre dans l'humanité, ou Principes d'organisation politique*, op. cit., p. 354. [N.E.]

Nessa discussão objetiva dos fatos históricos e sociais, serviam-se já dos livros que circulavam na época contendo informes etnográficos sobre povos primitivos. Naturalmente, esse racionalismo era uma poderosa arma utilizada para minar os fundamentos da sociedade antiga, que consagrava privilégios da aristocracia e do clero em detrimento das classes em ascensão. Ao preconizarem a necessidade de tornar racionais as instituições, justificavam os propósitos de reconstrução social, de substituir a ordem vigente por outra. Viam, portanto, a organização social como algo historicamente precário, como organização que deveria transformar-se e dar lugar a outra superior, isto é, racional. A razão afigurava-se-lhes um instrumento de crítica sistemática da realidade social. A teoria social do século XVIII era, pois, uma teoria negativa, enquanto negava racionalidade ao estabelecido, ao dado, ao aparente, assumindo assim o ponto de vista do vir a ser, do futuro, um ponto de vista essencialmente dinâmico.

Habitualmente se considera como positivista o pensamento dos "filósofos" do século XVIII. Mas aquele positivismo, como esclarece Marcuse, era militante e revolucionário. Diz Marcuse:

> Seu apelo aos fatos importava então num ataque direto às concepções religiosas e metafísicas que constituíam o suporte ideológico do *ancien régime*.
>
> O ponto de vista do positivismo em relação à História era então desenvolvido como prova positiva de que o direito do homem para alterar a organização política e social estava de acordo com a natureza e o progresso da razão. O princípio da percepção sensível como base de verificação era usado pelos "filósofos" para protestar contra o sistema absolutista prevalecente. Afirmavam que, desde que os sentidos são órgãos da verdade, e desde que a satisfação dos sentidos é a motivação da ação humana, a promoção da felicidade material do homem é o próprio bem que o governo e a sociedade desejam colimar. A forma de governo e de sociedade existentes contrariava esse objetivo, de maneira óbvia; em última análise, esse era o "fato" ao qual os positivistas da ilustração faziam apelo. Eles pretendiam não uma ciência bem ordenada, mas uma prática política e social, permanecendo racionalistas no genuíno sentido de que tentavam a prática humana pelo critério de uma verdade transcendente à ordem social

estabelecida; o critério representado por um ordenamento social que não existia como um fato, mas como um fim. A "verdade" que eles viam, uma sociedade em que indivíduos livres pudessem usar suas aptidões e satisfazer suas necessidades, não era derivada de nenhum fato ou fatos existentes, mas resultava de uma análise filosófica da situação histórica, que exibia um sistema político e social opressivo. A Ilustração afirmava que a razão pode governar o mundo e que os homens podem alterar as formas absolutas da vida, se eles agem livremente na base de suas capacidades e de seus conhecimentos.[17]

As características da teoria social do século XVIII a habilitavam a tornar-se um instrumento intelectual, arma eficiente a ser utilizada por aquelas camadas que na sociedade europeia representavam as tendências ascendentes. Com essa teoria, a classe burguesa procurava fazer desaparecer todos os impedimentos institucionais que se antepunham aos seus interesses.

Esse fato é muito importante. Existe entre a teoria social e a classe burguesa do século XVIII um perfeito acordo. Em outras palavras: os suportes históricos que davam a validade àquela teoria se resumiam na posição periférica que ocupavam na sociedade europeia a burguesia, a classe média e o incipiente proletariado.

Ora, após a Revolução de 1789, a sociedade francesa se organizara conforme um esquema de convivência de classes em que a burguesia, aliada a contingentes da antiga nobreza, passava a ocupar uma posição dominante. Na periferia da sociedade, ficavam a classe média e a proletária. Para completar o quadro, há que mencionar também a vigorosa ação restauradora que se registra na sociedade francesa, empreendida pela aristocracia remanescente, que pretendia o retorno ao regime anterior a 1789.

Nessas circunstâncias, a teoria social do século XVIII perde os suportes históricos anteriores. A burguesia agora diminui o seu ímpeto revolucionário e vê a possibilidade de dar satisfação às suas necessidades pela realização de medidas gradativas que não impliquem grandes abalos. As tendências revolucionárias são representa-

---

17 Herbert Marcuse, *Reason and Revolution: Hegel and the Rise of Social Theory.* New York: Oxford University Press, 1941, pp. 341-42.

das, com oscilações, pela classe média e, ordinariamente, pela classe proletária, que decide, por exemplo, sobre movimentos subversivos como os que se verificam em 1830 (queda de Carlos x), em 1848 (queda de Luís Filipe), em 1871 (A Comuna). Os contingentes da antiga aristocracia, procurando conter os efeitos da Revolução Francesa, passam a idealizar o Velho Regime, estigmatizando como heréticas as tendências revolucionárias e preconizando, com veemência, o que lhes parecia a restauração da ordem. Os interesses desses contingentes se exprimem não apenas na aliança que promoveu a queda de Napoleão em 1815; no Congresso de Viena, no chamado Sistema Metternich, na Santa Aliança e na Quíntupla Aliança. Exprimem-se também, na esfera ideológica, através de teorias que encontram em Joseph de Maistre e em De Bonald os seus mais legítimos representantes.

Esses dois autores sistematizaram os princípios teóricos de refutação da teoria social revolucionária do século XVIII. Negam que a razão possa ser um critério de organização social e afirmam a anterioridade da sociedade em relação ao indivíduo. A razão, dizia De Maistre, nada acrescenta à felicidade dos Estados ou dos indivíduos. Esses dois autores são apologistas da ordem, à qual atribuem um "substrato ontológico" (Brunschvicg). De Bonald escrevia:

> eu acredito ser possível demonstrar que o homem não pode dar uma contribuição à sociedade da mesma maneira que não pode dar peso aos corpos, ou extensão à matéria, e que, longe de poder *constituir* a sociedade, o homem, por sua intervenção, não pode senão impedir que a sociedade se constitua ou, para falar mais exatamente, não pode senão retardar o êxito dos esforços que ela realiza para atingir a sua constituição natural.[18]

É nessa tradição de pensamento que se integra Augusto Comte, embora, à diferença de De Maistre e De Bonald, não seja propriamente um restaurador, mas um conservador. Comte tenta conciliar a ordem e o progresso, tal como convinham à nova classe dominante francesa da primeira metade do século XIX. Ele muda o acento da teoria social

---

18 Vide Léon Brunschvicg, *Le progrès de la conscience dans la philosophie occidentale*, t. 2. Paris: PUF, 1953, p. 487.

APÊNDICE

do século xviii. Essa era negativa. A teoria de Comte é *positiva*. Isto é, preconiza que os fatos sociais e históricos sejam considerados como dados objetivos. Para ele, a sociedade deve ser vista sob uma espécie de ordem objetiva, transcendente ao indivíduo, não como teatro de tensões e antagonismos.

Sob o nome de *Sociologia*, Augusto Comte cria uma disciplina nova que não pode ser considerada como o amadurecimento da teoria social do século xviii.

Por quê? Em primeiro lugar, porque a "sociologia" "reifica", ou "coisifica", a sociedade, apresentando-a como algo transcendente ao indivíduo. As relações sociais, para a "sociologia", são antes relações necessárias entre coisas do que entre indivíduos. Abstrai-se, assim, a mediação humana e se atribui objetividade ao que é produto dessa mediação. Não compete, assim, ao observador, "nem admirar nem condenar os fatos políticos, mas considerá-los [...] como simples objetos de observação". Comte fala numa dinâmica social, mas essa sua noção supõe simplesmente uma transformação de ordem, gradativa, lenta, contínua, verdadeiro processo natural (*Progrès naturel*) que se realiza de maneira transcendente ao indivíduo. "*Le progrès est le développement de l'ordre* [O progresso é o desenvolvimento da ordem]."

Confrontemos o sistema de Comte com a teoria social que tentaram elaborar os seus predecessores.

Augusto Comte, como observa Jean Lacroix,[19] "proscreveu radicalmente a economia política". Mais do que isso, pretendeu ter criado uma ciência da sociedade em cujo horizonte o econômico era relegado a um plano secundário. Enquanto homens como Saint-Simon e Proudhon, continuadores do pensamento do século xviii, chegaram à nítida percepção de que não se podia entender o processo histórico-social europeu sem que se considerasse o seu substrato econômico, Augusto Comte tomou posição hostil à própria economia política. Aparentemente essa hostilidade se justificava, pois era editada porque a Economia Política lhe parecia uma metafísica, uma vez que tentava isolar o econômico dos "diversos elementos sociais". "A análise econômica e industrial da sociedade" – dizia Comte – "não pode ser realizada

---

19 Vide Jean Lacroix, *La sociologie d'Auguste Comte*. Paris: PUF, 1956, p. 26.

positivamente, abstração feita de sua análise intelectual, moral e política, seja no passado, seja no presente." Essa exigência, no sentido de dar à teoria social um caráter onicompreensivo, não deve induzir a equívoco.

A "sociologia" não supera a Economia no sentido em que hoje buscamos essa superação, isto é, conservando o que dela resulta como verificação objetiva e incorporando esse resultado numa teoria científica mais compreensiva. Ao contrário, a "sociologia" afirma de palavra a necessidade de inter-relacionar os "diversos elementos sociais", mas de fato contribui para privilegiar o moral e o intelectual, em detrimento dos outros aspectos. Para Comte, as questões sociais são em última análise questões morais. Apesar das declarações de Comte contra toda forma de estudo isolado dos elementos sociais, a "sociologia" é, por excelência, uma ciência do social separado do econômico, e mais ainda se tornará com os sociólogos de carreira universitária, após a morte do autor do *Curso de filosofia positiva*. Em nome de certo voluntarismo, que superestima os fatores intelectuais na causalidade histórico-social, Augusto Comte nega a validade à economia política, disciplina que lhe parecia votar "a indústria moderna à sua própria espontaneidade". Comte reserva à ação dos fatores intelectuais um papel maior do que o da indústria. Para ele, a questão social se resolveria não pela transformação objetiva da sociedade, mas pelo progresso do saber ou, mais exatamente, como observa Jean Lacroix, por uma "promoção do espírito científico". A reorganização final – diz Comte – deve operar-se primeiramente nas ideias e depois passar aos costumes e, em último lugar, às instituições.

Constitui hoje lugar-comum afirmar-se que o comtismo é uma sociologia da ordem. Com efeito, para Comte a sociedade é algo objetivado, um cosmos transcendente e superior ao indivíduo. No pensamento do século XVIII, o progresso era um pretexto para propor a reforma social. Comte esvazia o conteúdo reivindicativo do progresso e o subordina à ordem. Não vê oposição entre os dois termos, antes os considera complementares. Vê o progresso como movimento de transformação contínua e gradativa da ordem e julga nefasta a pretensão liberal que atribui um papel criador à atividade coletiva do homem. Aproxima-se, portanto, de De Maistre e De Bonald e disso não faz reserva. No terceiro volume do *Sistema de política positiva*, escreveu:

APÊNDICE

"Tem-se desconhecido a escola imortal que surgiu no começo do século XIX sob a nobre presidência de De Maistre, dignamente completada por De Bonald com a assistência de Chateaubriand".

Pode-se afirmar que Augusto Comte identificou a sociedade com o que hoje se chama a *sociedade produzida* e, por isso, não reconheceu o papel da práxis e da mediação humana. A teoria social do século XVIII exprimia um ponto de vista dinâmico, o da burguesia em ascensão. Comte é, porém, o sociólogo de uma burguesia recém-instalada no poder e está interessado em deter as tendências revolucionárias, estas agora corporificadas nas reivindicações de uma nova classe, o proletariado. Seu ponto de vista eminentemente estático e conservador o impedia de ver a *sociedade em ato ou em produção*,[20] cujo sujeito era o proletariado. A ordem social é sempre relativa, e a ocultação de sua precariedade histórica só interessa à classe eventualmente dominante. A idealização da ordem e do consenso coletivo, tal como o faz Augusto Comte em sua época, o desvinculava da prática social, entendida como a atividade da camada majoritária da sociedade, excluída do restrito âmbito do poder.

Consequente com o seu ponto de vista conservador, Comte mudou o sinal do positivismo. No século XVIII, como se disse anteriormente, o positivismo era uma filosofia negativa. Os "filósofos" se utilizavam da análise racional para negar a legitimidade da ordem vigente. A razão, para eles, era um instrumento de crítica, mediante o qual justificavam o projeto de transformação da sociedade, vivido pelas novas classes. Seu ponto de vista era o da liberdade. Comte pretende justamente conjurar a atitude crítica e passa a exaltar o "consenso", a "conciliação", a "harmonia", a "coerência mental", a "coesão social" e "unidade" contra o que denomina a "invasão anarquista", a "normal insurreição do espírito contra o coração". A tônica de sua doutrina é posta na ideia de submissão, "resignação", "dever", "obediência". Diz ele: "Agora é ao espírito do conjunto que cabe exclusivamente presidir à reorganização social".[21] O sistema de Comte é uma defesa do social,

---

20 As categorias de *sociedade produzida* e *sociedade em ato* ou *em produção* têm sido desenvolvidas por Gurvitch.

21 Sobre o significado conservador do pensamento de Comte, consulte J. Lacroix, *La sociologie d'Auguste Comte*, op. cit.

que lhe parece ser a essência do espírito positivo, contra o individual. O que vai caracterizar a "sociologia" é exatamente uma certa atitude quietista diante do social, a regra metódica de submissão ao dado, ao posto, o realismo que considera o fato social como coisa. Esse realismo, entretanto, é um imobilismo travestido de ciência, como de resto o será toda corrente da sociologia que se paute nessa regra metódica. Em estudo sobre Comte, Jean Lacroix assinalou essa característica fundamental do positivismo. Diz Lacroix:

> Comte deseja fazer da inteligência o espelho da consciência. A fórmula tradicionalista da submissão ao objeto é igualmente comtiana: a lógica é subordinação ao objeto-natureza como a moral é a subordinação ao objeto-sociedade. Social se opõe essencialmente a pessoal, e as palavras pessoal e personalidade têm sempre um sentido pejorativo em Comte. Todo erro, como toda falta, provém da predominância do sujeito sobre o objeto; toda verdade, como todo bem, da predominância do objeto sobre o sujeito.[22]

Eis como o antigo racionalismo positivista sofre uma mudança de 180 graus em seu significado: de revolucionário passa a ser conservador.

Entregue à sua própria índole, a "Sociologia" isola o "social" artificialmente dos outros aspectos da sociedade e, assim, contribui para que se perca de vista a compenetração concreta desses aspectos. Na medida em que a "Sociologia" ganha adeptos e se torna atividade universitária institucionalizada, esses caracteres se acentuam. Durkheim leva, por exemplo, ao exagero a coisificação social, como outros "sociólogos", mantendo-se fiéis ao propósito de restringir a "Sociologia" ao estudo do "social", caem no formalismo estéril.

Nessas condições, a "Sociologia" é um desvio que sofre o projeto, esboçado no século XVIII, de criação de uma ciência nova, global, onicompreensiva da sociedade e do homem.

É certo que, em parte, Comte é continuador do positivismo do século XVIII. Como observa Freyer, desde D'Alembert estava já traçada em seus aspectos fundamentais a série escalonada das ciências posi-

---

22 Ibid., p. 51.

APÊNDICE

tivas: matemática, astronomia, física, química, biologia e o que, na época de Diderot, se chamava Física Social, Moral Positiva, Política Positiva, História Positiva e que Comte vem a chamar de "Sociologia". Mas observe-se que os filósofos do século XVIII, com aquelas expressões, designavam uma teoria global da sociedade. Comte não fala em outra ciência social além da sociologia, mas, fazendo desta uma ciência do "social", exclusivamente, deixou aberto o caminho para outras disciplinas particulares.

Depois da morte de Proudhon, praticamente se desfaz, na França, a tradição da teoria social originada no século XVIII. Ou melhor, naquele país essa tradição continua a existir implicitamente na ação de políticos ou revolucionários militantes, porém não encontra mais homens de espírito sistemático como Saint-Simon e Proudhon, interessados na formulação, no plano das ideias, da "nova ciência" projetada.

Em vez disso, a palavra "Sociologia", inventada por Comte, se difunde rapidamente. Depois de sua morte, em 1857, aparece na França, como em outros países europeus, uma forte tendência universitária no sentido de consagrar a *Sociologia*. As classes dominantes desse período estão naturalmente interessadas na difusão da "Sociologia", pois, dessa maneira, elas, de um lado, divertem as preocupações pelos problemas sociais para o plano teórico; de outro lado, sob a camuflagem da ciência, obtêm indiretamente cobertura ideológica.

Nessas condições, a Sociologia pôde encontrar, na França, ambiente propício para adquirir grande prestígio. Émile Durkheim (1858-1917), 41 anos depois da morte de Comte, em 1898, inicia a publicação de uma importante revista, *L'Année Sociologique*, e reúne em torno dela uma brilhante equipe de estudiosos. Antes de terminar o século XIX, Durkheim já publicara algumas obras, *Da divisão do trabalho social* (1893), *As regras do método sociológico* (1895), *O suicídio: Estudo de sociologia* (1897), que lhe permitirão ser o primeiro sociólogo oficial da França. Desde 1906, é professor de Sociologia e Pedagogia na Sorbonne.

A Sociologia na França, na época de Durkheim e posteriormente, constitui um quadro acadêmico importante, no qual se integram vários intelectuais provenientes da classe média acomodada, e se caracteriza predominantemente pelo seu caráter conservador.

Em nossos dias, o declínio do capitalismo nacional e a pauperização das classes médias na França estão suscitando uma reorientação

I. SITUAÇÃO ATUAL DA SOCIOLOGIA

do trabalho sociológico no país. Assiste-se, hoje, nesse país, ao aparecimento de correntes de pensamento que estão recolocando a teoria social nos termos pré-comtianos, embora sem desprezar a imensa contribuição científica de profissionais dos quadros universitários da sociologia, principalmente de inspiração durkheimiana. É significativo que o professor Georges Gurvitch tenha ministrado em 1952-53, na Sorbonne, um curso sobre Saint-Simon e P.-J. Proudhon, sob o título de Os Fundadores da Sociologia Francesa Contemporânea, e ainda que, a despeito de sua posição oficial eminente na Universidade de Paris, venha ultimamente contribuindo para a valorização acadêmica da obra de Karl Marx, a quem considera um "príncipe dos sociólogos". O tema das classes sociais, antes omitido pelos sociólogos universitários na França, tem sido ultimamente objeto de cursos e teses nesse país. É o caso do curso de Gurvitch na Sorbonne, "Les classes sociales de Karl Marx à nos jours" [As classes sociais: de Karl Marx aos dias de hoje], e das teses de Roger Garaudy e Pierre Naville, defendidas na Universidade de Paris. De resto, se algo caracteriza a sociologia francesa hoje, é a sua cada vez maior propensão para tornar-se uma teoria dinâmica. Nessa direção se inclinam os estudos que ali podem ser considerados mais representativos, tais como os de Georges Friedmann, Georges Balandier, Edgar Morin, Lucien Goldmann, Maurice Merleau-Ponty, Henri Lefebvre e outros.

A tradição da teoria social do século XVIII, interrompida na França, no século passado, encontrou, entretanto, continuadores na Alemanha. Todo idealismo alemão com Kant, Fichte, Schelling e Hegel pode ser considerado como um esforço de tradução filosófica do liberalismo burguês. Condições históricas peculiares da Alemanha tornam isso possível. A Alemanha, ainda no século XIX, apresentava um panorama social semelhante ao da França no século XVIII. Ela é um dos últimos países europeus a integrar-se na revolução comercial e industrial, assim que, em períodos avançados do século passado, ainda ostentava sobrevivências medievais.

A teoria social do século XVIII se transforma, na centúria seguinte, na Alemanha, em dialética hegeliana, a qual traduz as aspirações da classe média e da burguesia em formação, desejosas, como observa

APÊNDICE

Augusto Cornu,[23] de libertar-se do regime feudal ainda preponderante, mas impotentes para subvertê-lo como já o havia feito a burguesia francesa e, assim, obrigadas a acomodar-se às sobrevivências do passado.

A dialética hegeliana, como a teoria do século XVIII, era globalista e racionalista. De fato, para Hegel, o mundo histórico é uma totalidade que se desenvolve de modo dialético, sem que aí se possam cindir os diferentes aspectos, econômico, político, social, psicológico. Por outro lado, para Hegel, é à luz da razão que se tem de discutir a validade dos objetos no mundo histórico. Assume assim caráter eminentemente negativo a dialética hegeliana. Escreve Hegel, em *Ciência da lógica*:

> A única coisa necessária para realizar o progresso científico e reconhecer a sua necessidade é a compreensão deste princípio lógico segundo o qual o que se contradiz não se reduz a zero, ao nada abstrato, mas à negação de seu conteúdo particular. Uma tal negação, não sendo negação pura e simples, mas negação de um elemento determinado do real, tem um caráter determinado e, encerrando enquanto resultado essencialmente aquilo de que ela resulta, tem um conteúdo determinado. Ela constitui um novo conceito, mas um conceito mais elevado e mais rico que o precedente, porque se enriqueceu de sua negação e do contrário.[24]

Todavia, a doutrina hegeliana, apesar de seu caráter negativo, encerrava uma contradição, que se torna transparente sobretudo depois da morte do filósofo. É que ela, considerando como definitivo o Estado prussiano, não dava resposta à necessidade de resolver, no mundo concreto, as contradições que começam a tomar vulto na Alemanha depois de 1830.

A burguesia alemã depois de 1830 entra numa fase de rápido desenvolvimento. Os estabelecimentos industriais se multiplicam na década de 1830-40. A União Aduaneira se forma em 1834. As primeiras estradas de ferro aparecem a partir de 1835. As novas condições econômicas

---

23 Vide Auguste Cornu, *Karl Marx et la pensée moderne: Contribution à l'étude de la formation du marxisme*. Paris: Editions Sociales, 1948.

24 Apud Ibid., pp. 53-54.

e sociais promovem a reorientação da doutrina de Hegel no sentido do realismo ou da eliminação de seu idealismo.

É através da esquerda hegeliana que se empreende esse esforço. Não podemos aqui expor em que consiste o movimento da esquerda hegeliana. Apenas, a fim de demonstrar até onde vai o fio da tradição hegeliana, observemos que os vultos dessa corrente são D. F. Strauss (1808-74), Bruno Bauer (1809-22), L. Feuerbach (1804-72), Moses Hess (1812-75), Karl Marx (1818-83) e Fr. Engels (1820-95).

Para completar o quadro da ciência social na Alemanha, observamos que aí também surge uma corrente acadêmica, equivalente à de Durkheim na França. Seus vultos mais significativos são F. Tönnies (1855-1936), G. Simmel (1858-1918) e Max Weber (1864-1920).

Há cerca de 120 anos, Augusto Comte criou a palavra *sociologia*. O êxito da inovação parece ter impedido a muitos de ver que o sistema positivista não ultimava o processo de formação da teoria social científica. Em certo sentido, esse processo não se ultimará nunca, pois se trata de um processo histórico. Mas, se não há esperança de um aprisionamento definitivo da realidade social num sistema, há sempre, em cada época, um máximo de consciência possível da realidade que se pode atingir. A doutrina de Comte está longe de representar esse máximo de consciência possível da realidade histórico-social na época do filósofo. Ela é um ponto de vista entre outros, alguns dos quais abrangendo um maior horizonte. Muito mais próxima do limite da consciência possível da sua época estava a doutrina de Saint-Simon. Escolheu Saint-Simon a perspectiva que o habilitou a ver mais objetivamente do que Augusto Comte a sociedade em que viveu. A doutrina de Saint-Simon, mais vinculada à prática social do que a de Comte, tem por isso mesmo grande atualidade. Outros autores, além de Saint-Simon, simbolizam contribuições para a formação da ciência da realidade histórico-social, tais como Karl Marx, Friedrich Nietzsche, Wilhelm Dilthey. Augusto Comte é um episódio, relevante é certo, mas um episódio, um capítulo da história do conhecimento sociológico em que tomaram parte aquelas figuras citadas e ainda outras.

Na presente época, está em vias de configurar-se nova concepção do que seja a ciência da sociedade. Ainda não é possível enfeixá-la numa doutrina sistemática. Ela está se formando, por assim dizer, graças a um esforço de crítica de algumas correntes de pensamento

APÊNDICE

que vêm do século passado e que são, principalmente, a dialética, a sociologia do conhecimento, o historicismo e o culturalismo.

Para concluir o presente estudo, parece oportuno fixar alguns pontos do nosso pensamento. Tais são os seguintes:

1) as ciências, principalmente as ciências sociais, se formam e se transformam historicamente e jamais ocorre um momento em que possam ser consideradas definitivamente estabelecidas;

2) o atual esquema da divisão das ciências sociais, constituído no século xix, está obsoleto e carece de ser superado na base de um esforço de integração de disciplinas particulares;

3) os economistas e os "filósofos" do século xviii iniciaram um esforço de elaboração de uma teoria científica da realidade social que ainda hoje não atingiu a fase de culminação;

4) a "Sociologia", na forma em que a colocou Augusto Comte, é um desvio da evolução da teoria social do século xviii, e seu êxito universitário se explica fundamentalmente em virtude de seu sentido mais conservador do que revolucionário;

5) na presente época, está em vias de formar-se nova teoria científica da realidade social. Para sua elaboração contribuem, em grande parte, correntes de pensamentos oriundas do século passado, a dialética, a sociologia do conhecimento, o historicismo e o culturalismo.

II. CONSIDERAÇÕES SOBRE A REDUÇÃO SOCIOLÓGICA

Benedito Nunes
[1958]

I

O professor Guerreiro Ramos afirma em seu livro *A redução sociológica*, há pouco publicado pelo ISEB, que existe, atualmente, uma consciência crítica, como "estado de espírito generalizado", refletindo as condições objetivas do desenvolvimento da sociedade brasileira, que sai hoje de sua antiga posição, dependente ou reflexa, para conquistar uma personalidade histórica.[1]

Os fatores do desenvolvimento do país, como a industrialização, vêm determinando profundas transformações socioeconômicas, que repercutem no povo e que o levam a tomar uma atitude crítica e ativa, de participação nos acontecimentos, como se o povo, daqui por diante, começasse a fazer e a dirigir a sua própria história.

É essa atitude de participação no "novo sentido da história do país" que o professor Guerreiro Ramos transporta para o campo das Ciências Sociais, onde ela deverá inspirar um método adequado de pesquisa e de teorização sociológicas que tenha por pressuposto o conhecimento nas condições atuais da sociedade brasileira.

"À assimilação literal e passiva dos produtos científicos importados ter-se-á de opor a assimilação crítica desses produtos. Por isso, propõe-se aqui o termo 'redução sociológica' para designar o procedimento metódico que procura tornar sistemática a assimilação crítica" [p. 73].

---

1 Escrito em 1958 e publicado pela primeira vez na edição mexicana de *A redução sociológica*, no lugar da "Nota introdutória". Benedito Nunes, "Prefacio", in Alberto Guerreiro Ramos, *La reducción sociológica: Introducción al estudio de la razón sociológica*, trad. Oscar Uribe Villegas. Biblioteca de Ensayos Sociológicos. Ciudad de México: Instituto de Investigaciones Sociales/UNAM, 1959. Inserido como apêndice a partir da segunda edição brasileira, em 1965. [N.E.]

APÊNDICE

O sociólogo deverá repensar, de acordo com as circunstâncias que caracterizam a realidade brasileira em fase de desenvolvimento, as categorias elaboradas pelas Ciências Sociais e fazer o *rebatimento* crítico dessas categorias, do plano puramente teórico que têm ocupado, para o de nossa existência como povo, que vive um momento significativo de sua História. A consciência crítica, que se torna receptiva às vivências do meio sócio-histórico, e que adota uma atitude metódica para interpretá-las, é a própria *redução sociológica*, que o ensaísta define, descreve, sistematiza e fundamenta.

Limitamo-nos, nestas notas, a comentar os fundamentos, a estudar a natureza conceptual e a calcular o alcance propriamente filosófico da redução. A nosso ver, as consequências filosóficas do método propugnado pelo professor Guerreiro Ramos garantem, por si só, à obra desse sociólogo, uma posição altamente significativa no panorama da cultura brasileira.

II

Dois fundamentos teóricos, de igual importância, asseguram a validade do princípio de redução. O primeiro é a *razão histórica* de Dilthey, que, reformulada, veio dar a *razão sociológica*; o segundo é a ideia de *mundo*, tal como se encontra, hoje, na filosofia de Heidegger, depois de uma elaboração demorada, que principiou quando o método fenomenológico já estava ultimado, no período das *Meditações cartesianas* de Husserl.

A *razão sociológica* procede, sem dúvida, da *razão histórica*, que, segundo Dilthey, constitui uma finalidade subjacente, anímica ou vital de todo processo histórico. Em determinado momento, as relações entre o homem e o mundo produzem vivências, que exprimem o sentido das coisas e dos acontecimentos. "Dessa maneira" – escreve Dilthey – "surgem, a cada instante, interpretações da realidade: as concepções do mundo" (*Weltanschauungen*).[2]

A concepção do mundo não é um simples produto intelectual. Elabora-se com a vida, à custa de suas contingências e contradições,

---

2 Wilhelm Dilthey, *La esencia de la filosofía* (*Das Wesen der Philosophie*), trad. Elsa Tabernig. Buenos Aires: Losada, 1952, pp. 133-34.

determinando, quando aparece, a vigência temporal de relações teleológicas que configuram o pensamento e a sensibilidade de uma época. Ela define, por isso, um estágio da experiência humana. A experiência humana ou, para falarmos como Dilthey, a experiência da vida não é apenas ilustrativa. Ela é significativa, porque se origina da vida, que possui, além de uma dimensão individual, outra dimensão que é histórica. "A finalidade subjacente e imanente nos indivíduos expressa-se, na história, como desenvolvimento." [3]

O professor Guerreiro Ramos aproveita o lastro de universalidade dessa doutrina para uma compreensão unificadora das consequências do desenvolvimento social e histórico do Brasil. Esse desenvolvimento, conduzido por fatores objetivos, alterando as circunstâncias ambientais culturais, da infra à superestrutura, produzirá um novo sistema de relações sociais, econômicas e políticas. Tais relações acham-se carregadas de sentido, pois que, segundo diz o autor de *A redução sociológica*, a realidade social "não é uma congérie, um conjunto desconexo de fatos". Os fatos da realidade social, acrescenta ele, descrevendo o método de redução, "fazem parte necessariamente de conexões de sentido, estão referidos uns aos outros por um vínculo de significação".[4]

À fase atual da vida brasileira corresponderiam, pois, certas conexões teleológicas, de sentido, que cumpre ao sociólogo pesquisar e recolher, num esforço de interpretação teórica, necessário à solução prática dos problemas de toda uma comunidade. Assim fazendo, chegará a captar as vivências culturais e a perceber, no fluxo do processo histórico, uma finalidade imanente, a própria razão histórica, que Dilthey concebeu como força anímica, plasmadora e propulsiva. A razão sociológica, defendida por Guerreiro Ramos, é a mesma razão histórica, sem os seus fundamentos vitalistas primitivos, compreendida num sentido estruturador, dinâmico e até mesmo dialético, de acordo com outra linha de pensamento, que é a de Hegel e Marx.

"Há também uma razão sociológica, isto é, uma referência básica, a partir da qual tudo o que acontece em determinado momento de uma

---

3 Ibid., p. 129.
4 Daí porque a redução não admite "a existência, na realidade social, de objetos sem pressupostos" [p. 75].

APÊNDICE

sociedade adquire o seu exato sentido."[5] A razão sociológica, como se vê, é estruturadora. Não se trata de uma entidade abstrata, mas da forma global, da totalidade dos fatos inter-relacionados que compõem um dado contexto. Por isso é que ela se fundamenta numa espécie de "lógica material" imanente à sociedade e só é concebível em correspondência estrita com um "âmbito em que os indivíduos e os objetos se encontram em complicada e infinita trama de referência".[6]

Compreende-se, então, por que a redução deve ser perspectivista e por que os seus fundamentos são coletivos, e não individuais.

O *perspectivismo* de Ortega [y Gasset] reconhece que "o sentido de um objeto jamais se dá desligado de um contexto determinado".[7] Esse contexto é a sociedade como situação objetiva, em que o sociólogo se acha enraizado e onde os acontecimentos adquirem sentido pelas suas conexões naturais, dentro da totalidade que integram. A razão sociológica será, nesse caso, a significação predominante, que permite articular os fatos entre si e exprimir, com toda objetividade possível, essas mesmas significações. Traduzido o sentido dos acontecimentos, chega-se a uma forma de conhecer que, tal como a *Weltanschauung*, resulta das próprias condições da vida e tende, em movimento reverso, a assumir o domínio da realidade na qual teve origem. Essa espécie de sabedoria que emerge da sociedade, e cujos suportes são coletivos, é operativa. Explica Guerreiro Ramos: "A redução sociológica é um ponto de vista que tem consciência de ser limitado por uma situação e, portanto, é instrumento de um saber operativo, e não da especulação pela especulação" [p. 75].

III

A ideia de *mundo*, que vamos encontrar na filosofia de Heidegger, é o segundo pressuposto teórico importante da redução. Para melhor

---

5 O autor apela para a *Gestalttheorie*. "Tem aqui plena vigência a lei de psicologia da forma segundo a qual 'o todo antecede as partes'" [p. 122].

6 "O mundo que conhecemos e em que agimos é o âmbito em que os indivíduos e os objetos se encontram numa infinita e complicada trama de referências" [p. 75].

7 "A perspectiva em que estão os objetos em parte os constitui" [p. 122].

compreensão do modo como surgiu e se impôs essa ideia, temos que recorrer à gênese da atitude fenomenológica na obra de Husserl, mostrando, em seguida, o desdobramento que foi sofrendo.

A *redução* é consequência da atitude fenomenológica determinada pela *epoke*. Com a suspensão da realidade natural, *epoke*, conquistamos, diz Husserl, aquele domínio amplo que Descartes não quis ou não pôde explorar: o domínio da consciência e de suas vivências, que aparecem com objetividade e que, para o fenomenólogo, devem ser consideradas assim como aparecem. O transcurso das vivências oferece-nos os fenômenos por si mesmos, em seu puro acontecer, já descomprometidos com a percepção natural das coisas, posta entre parênteses, mas não demitida.

O comportamento adequado diante dos fenômenos não é nem crítico nem teórico. As vivências se apresentam. Os seus conteúdos têm objetividade própria, *intencional*, e são apreendidos pela reflexão intuitiva e, depois, descritos. Finalmente, por meio de sucessivas descrições, pode-se chegar ao núcleo essencial dos fenômenos, desengastado da acidentalidade de suas manifestações.

A intuição está no princípio, no meio e no fim do processo de conhecimento (compreensivo e não explicativo) fenomenológico. A última fase desse conhecimento, a *Wesensschau*, é o derradeiro termo da redução, começada pela *epoke*, que modificou a atitude natural, levando a reflexão ao mundo da consciência intencional e de suas *vivências puras*.

Do ponto de vista fenomenológico, os conteúdos vividos, pelo fato mesmo de serem vividos, têm significação imanente. Mas as significações, assim intuídas, em vez de pertencerem somente ao Eu, como Husserl queria, no esboço de sua *filosofia fenomenológica*, são partícipes, também, do ser mesmo da realidade.

Essa tese, pelo que enuncia, supõe uma radical mudança no próprio conceito de realidade, onde deixa de subsistir o corte realista-idealista que a dividia em duas secções ontológicas antagônicas, opondo-se o Eu às coisas, pelo idealismo, e as coisas ao Eu, pelo realismo. O mundo, nos limites dessa antinomia, era uma secção da totalidade do existente, em meio do qual o Eu, solitário, também existente, defrontava-se com as coisas, de modo passivo, ou afirmava-se, hegemônico, numa posição que o titanismo moral de Fichte ilustra exemplarmente.

APÊNDICE

Em vez do Eu inserido no mundo essencialmente coisificado, a fenomenologia estabelece, como verdade, o seu enraizamento ontológico na totalidade do existente. Essa noção concretizar-se-ia, depois, na "realidade-humana", de Heidegger, histórica por natureza e que, pela sua transcendência constitutiva, introduz no meio do existente a diversidade dos valores que se estruturam como processo histórico.

O mundo, por outro lado, não é exterior ao homem. É uma projeção originária das possibilidades humanas, uma abertura ontológica no meio do existente. Projeção que é história, mas história como categoria existencial da temporalização que, em seu aspecto objetivo, pertence ao domínio da *ciência histórica*.

A História, como temporalização e abertura ontológica, é a dimensão fundamental da "realidade-humana" que Heidegger chama de "histórico" (*das Geschehen*), pois que

> na essência de seu ser a realidade humana é configuradora de um mundo e "configuradora" num sentido múltiplo: ela faz com que o mundo se historialize; ela se apresenta, juntamente com o mundo, por uma figuração original que, por não ser expressamente apreendida, não deixa de exercer, por isso, o papel de uma prefiguração para todo o existente manifestado, ao qual pertence, sempre, de cada vez, a realidade-humana.[8]

O conceito *de mundo* traduz um novo conceito de *realidade*, que só foi possível formular graças ao instrumento que a análise fenomenológica pôs à disposição dos filósofos. O *mundo* não é mais concebido como sucessão de fatos naturais; inclui, também, a dimensão temporal dos atos e valores humanos estruturados em processo histórico.

A nossa realidade, portanto, a realidade que conhecemos, vivendo e agindo, não é a natureza substancializada, estática, mas a realidade cultural, com o seu dinamismo próprio e a imanência de suas formas e valores.

Para retomarmos a perspectiva fenomenológica inicial, usando a linguagem de Husserl (das *Ideias* e das *Meditações cartesianas*),

---

8 Martin Heidegger, "Ce qui fait l'être-essentiel d'un fondement" (*Vom Wesen des Grundes*), in *Qu'est ce que la métaphysique*, trad. Henry Corbin. Paris: Gallimard, 1951.

diremos que o Eu e o Mundo não são antitéticos, mas correlativos, interativos, coetâneos. A realidade-humana é ser-no-mundo.

O professor Guerreiro Ramos recorreu a esse esquema básico do pensamento de Heidegger para fundamentar a redução sociológica, que, segundo ele nos diz, postula a noção de *mundo*. "O essencial da ideia de *mundo* é a admissão de que a consciência e os objetos estão reciprocamente relacionados" [Ibid.]. E essa conclusão é uma resultante do *princípio da intencionalidade* que, através da fenomenologia, e no âmbito da filosofia da existência, foi interpretada de modo a servir de vínculo entre o mundo interior e a realidade exterior.

Todos os conteúdos de nossas vivências estão carregados de sentido. As vivências, como fenômenos, possuem significação imanente, por motivo de sua qualidade *intencional*. Dizia Husserl que a consciência é a fonte de todo sentido ou significação. Ela não está para os objetos como um molde em que eles se imprimem, nem os objetos nela se encaixam como dados que se oferecem ao nosso conhecimento.

A consciência é *intencional*; é sempre consciência de objetos que não se apresentam à consciência como que de fora, mas que formam com ela uma só estrutura significativa. É o que Guerreiro Ramos exprime, dizendo: "todo objeto, enquanto conhecido, necessariamente está referido à consciência" [Ibid.].

Como as demais noções básicas da filosofia da existência, o conceito de *mundo* possui aquela *universalidade concreta* de que são dotadas as essências de Husserl e as categorias ontológicas de Hartmann. As essências de Husserl não sacrificam o individual, o específico, do mesmo modo que as categorias ontológicas de Hartmann, de acordo com o que ele mesmo diz em sua *A nova ontologia*, não foram obtidas por dedução de princípios universais, mas "recolhidas, passo a passo, das relações do real".

Assim, o conceito de *mundo*, longe de impor-se em consequência de uma dedução, foi constituído graças ao exame fenomenológico da realidade humana concreta e não atraiçoa as condições efetivas da existência. Respeitada a sua forma universal, que conta a realidade-humana e o ser existente em situação, o mundo se *verifica* onde quer que haja um processo histórico e uma estrutura social. Inversamente, quando refletimos sobre as condições efetivas da existência do ser humano, que está vinculado a um determinado momento da história e a uma determinada sociedade, podemos chegar à noção universalmente válida de *mundo*, como lugar de *engagement* e posição ontológica do homem. Aqui, portanto, o universal e o particular se entrelaçam. Podemos atingir um deles pelo outro.

Na terminologia de *A redução sociológica*, *mundo* e *contexto sócio-histórico* se equivalem. Os fundamentos da redução fortalecem-se mais em razão dessa equivalência.

A consciência crítica, que faz parte da natureza da redução, é um compromisso intelectual, representando, porém, um compromisso radical, como *engagement* do sociólogo com o seu mundo. O sociólogo está ligado ao seu mundo, isto é, ao contexto em que existe, onde os objetos estão intencionalmente referidos à sua consciência, onde os fatos guardam entre si conexões teleológicas que estruturam a sociedade.

O princípio de *intencionalidade* e as noções de *mundo* e *engajamento*, entrelaçados, reforçam a justificativa da redução, na teoria e na prática.

Porque é um ser engajado com uma determinada realidade, o sociólogo, compreendendo esse comprometimento, que é existencial e não doutrinário, deverá exercitar a redução, como método que o habilite a reconhecer a importância das vivências sociais e históricas e a aproveitar essas vivências como base preliminar de suas formulações teóricas de caráter universal.[9]

O sociólogo alcançará o universal através do particular.

IV

Resta avaliarmos o sentido da *redução sociológica*, comparada com a *redução fenomenológica* de Husserl.

Na acepção fenomenológica pura, a redução que principia, conforme vimos, pela atitude característica da *epoke* (colocação da realidade natural entre parênteses) é meio de acesso aos fenômenos em sua pureza essencial. É processo de apreensão das vivências, comple-

---

9 "O regional e o nacional, em tal compromisso, não são termos finais, são termos imediatos de concretização do universal" [p. 101].

mentado pela descrição objetiva do fluxo de nossa experiência vivida, que tem duplo aspecto, noético-noemático.

Esse processo metódico pode conduzir a uma análise objetiva, fenomenológica, das vivências sociais, como fenômenos de contexto, que podem ser descritas e conhecidas em sua forma essencial, na medida em que são descritas, através de aproximações sucessivas. Isso nos levaria à constituição de uma "ciência eidética" do social, ligada, originariamente, portanto, à redução fenomenológica pura.

A redução sociológica, para Guerreiro Ramos, não serve de fundamento a uma ciência eidética do social. Ele distingue entre *redução* e *fenomenologia do social*: "Esta seria o estudo do modo de ser do social. A fenomenologia do social descreveria como se dá o social ou mostraria a sua essência, o seu *eidos*, mediante o que Husserl chama o processo de *variação*".

A redução, como "introdução ao estudo da razão sociológica", tem, segundo entendemos, duas funções que se complementam, não podendo uma delas ser concebida independentemente da outra. São ambas etapas dialéticas de um procedimento, que é essencialmente *crítico e funcional*, dado o seu objetivo: "tornar sistemática a assimilação crítica".

Precisamos distinguir, no entanto, as duas funções que garantem ao conceito de redução uma eficácia instrumental para além do campo da sociologia.

A primeira função é restrita. Define uma atitude da consciência crítica, visando colocar entre parênteses as premissas de valor e os elementos ideológicos de que se acha impregnada a sociologia estrangeira. É, sob esse aspecto, "maneira de ver que obedece a regras e se esforça por depurar os objetos de elementos que dificultem a percepção exaustiva e radical de seu significado" [p. 74]. Essas regras (ou leis) enunciam as condições objetivas sob as quais a consciência crítica deve funcionar, para que venha a "descobrir os pressupostos referenciais, de natureza histórica, dos objetos e fatos da realidade social" [Ibid.]. São as leis do *comprometimento* (compromisso consciente do sociólogo com o seu contexto), do *caráter subsidiário da produção científica estrangeira*, da *universalidade dos enunciados gerais da ciência* e a *lei das fases*, segundo a qual "a razão dos problemas de uma sociedade particular é sempre dada pela fase em que tal sociedade se encontra".

APÊNDICE

Cumprida a exigência de crítica, que suspende a vigência dos conceitos sociológicos importados e considera, subsidiariamente, os princípios e noções da produção científica estrangeira (em matéria de Ciências Sociais), a redução não cessa. Ela continua como atitude do sociólogo engajado que, munido apenas dos enunciados gerais de sua ciência, volta-se, de mente aberta, para considerar os fatos próprios de seu contexto, inerentes à vida histórica da sociedade. Aí começa a segunda função da atividade redutora: depois de *crítica*, ela se torna essencialmente *reflexiva*.

O ciclo de aplicação da redução sociológica principia, portanto, por uma exigência crítica que leva à *reflexão*. E a reflexão, por sua vez, é recondicionada para apreender os fenômenos sociais e históricos em sua pureza, como fatos de um dado contexto, com a sua originalidade própria, a sua universalidade concreta e as suas condições específicas de ocorrência.

A reflexão, conduzida por essa forma, torna-se ampla pelo seu objeto, eminente em razão de sua incidência sobre os fenômenos existenciais da realidade humana em situação. Ela toma o seu impulso na convivência com os problemas. É uma reflexão intensiva e extensiva, como diálogo do homem com a sua existência, e que se confunde com a *reflexão filosófica*.

V

É forçoso concluir que a redução sociológica não tem alcance sociológico restrito. Por meio dela o pensamento transita, inesperadamente, da filosofia para a sociologia e da sociologia para a filosofia. Nisso estão a sua importância filosófica e a razão de seu valor cultural, como veremos em seguida.

Em seu primeiro aspecto, a redução sociológica, que tem na consciência crítica o seu pressuposto, objetiva a *depuração* das tendências implícitas nos postulados e nos princípios da sociologia estrangeira. Esses elementos ficariam entre parênteses, porque adventícios relativamente ao nosso contexto. Seguir-se-ia a *compreensão* dos fatos e relações específicas da sociedade brasileira, objetivamente considerados como fenômenos que devem ser apreendidos e descritos tal como aparecem, segundo o critério fenomenológico.

À medida, porém, que a redução se efetua, depois da primeira fase, de depuração, e alcançada a segunda, de compreensão, o teorizador defronta-se com a realidade humana instigadora e com a urgência de seus problemas em aberto.

O problematismo da existência solicita o homem a procurar entender o significado implícito em suas vivências. Isso já é o começo da filosofia. Pois a filosofia começa quando percebemos as "coisas enlaçadas na raiz dos problemas". A necessidade da filosofia é inseparável da experiência do ser humano concreto.

A redução sociológica, em última análise, afirmando a preeminência do ser humano em situação, num dado contexto sócio-histórico, exige que o sociólogo adote, antes de mais nada, a atitude receptiva e lúcida do filósofo que formula e maneja as categorias do pensamento para aplicá-las onde elas se tornem, além de válidas, férteis e produtivas.

Este livro do professor Guerreiro Ramos constitui o primeiro ensaio de importância que conseguiu aplicar à realidade brasileira, sob a instigação de sua problemática social, as intuições válidas que estão incorporadas hoje, definitivamente, à trajetória do pensamento filosófico contemporâneo. Além disso, parece-nos que esse livro aponta uma perspectiva alentadora para o desenvolvimento da filosofia no Brasil, que sempre ocupou entre nós uma posição indigente, de alienação acadêmica e de marginalismo cultural.

Rio de Janeiro, 9 de agosto de 1958

BENEDITO NUNES (1929-2011), nascido em Belém, foi professor na Universidade Federal do Pará (UFPA) entre 1961 e 1967. Exilou-se na França entre 1967 e 1969, quando voltou ao Brasil. Foi um dos fundadores da Faculdade de Filosofia do Pará, depois incorporada à UFPA. Atuou em diversas instituições nacionais, entre elas Unicamp, UFRJ, UNB UFC, além da Universidade do Texas, da Universidade Vanderbilt e da Universidade da Califórnia. Publicou, entre outros livros, *Introdução à filosofia da arte* e organizou antologias e edições críticas de escritores como Clarice Lispector e Dalcídio Jurandir.

APÊNDICE

III. CORRENTES SOCIOLÓGICAS NO BRASIL

Jacob Gorender
[1958]

I

Ao abordar a realidade social, não pode aquele que se dedica ao seu estudo prescindir de um aparelho conceitual previamente elaborado, isto é, de uma teoria da vida social, com as suas categorias básicas, os seus pontos de vista, os seus princípios e processos metodológicos daí decorrentes.[1] Mesmo o pesquisador de espírito mais empírico já parte para o trabalho com um estoque qualquer de conceitos e julgamentos, ainda que somente para justificar o seu empirismo. A necessidade de instrumentos teóricos previamente elaborados para o estudo da realidade social não significa, entretanto – cumpre adverti-lo –, subordinação obrigatória a sistemas apriorísticos de qualquer ordem ou fixação das categorias teóricas em moldes imutáveis. Compreende-se que, refletindo a natureza dos fatos objetivos e aplicado a eles, o aparelho conceitual de mais elevado nível científico, precisamente porque o conhecimento atinge essências sempre mais profundas, não resiste à imposição de incorporar novas categorias ou de aplicar diferentes processos metodológicos. É o que nos dirá a história das ciências, se a ela recorrermos.

Coloquemos, então, a seguinte questão: pode a realidade social brasileira ser estudada através das categorias, dos princípios e dos pontos de vista inerentes a teorias que se constituíram à base do conhecimento da realidade social de outros países?

A questão seria considerada absurda, não resta dúvida, se se tratasse das Ciências Naturais. No que se refere, porém, às Ciências Sociais, a sua postulação, ao menos para fins polêmicos, é justificável.

---

1 Publicado originalmente na revista *Estudos Sociais*, n. 3-4, set.-dez. 1958, pp. 335-52. [N.E.]

E, no caso brasileiro, ela tem demasiado cabimento se considerarmos a ausência de suficiente espírito crítico mesmo de alguns dos melhores entre os nossos pensadores do passado diante de teorias importadas. Frequentemente, essas teorias já eram falsas no próprio meio de origem, mas o seu aparecimento ali obedecia a qualquer motivação social intrínseca, correspondia a certo condicionamento histórico direto, o que não acontecia, senão talvez de modo muito indireto, com a sua transplantação literal ao meio brasileiro. Um exemplo típico, parece-nos, foi o de homens como Nina Rodrigues, Euclides da Cunha e João Ribeiro. Deles não se pode dizer que tivessem uma inclinação para o obscurantismo. Bem ao contrário, foram inovadores dos estudos históricos e sociais em nosso país. Apesar disso, na busca de orientação teórica, receberam influências diversas (determinismo geográfico, culturalismo histórico alemão), mas o que fere, em especial, a atenção, é a influência, identificável em todos os três, de teorias antropológicas e sociológicas reacionárias de fundo racista, prestigiadas, em sua época, nos meios universitários europeus. Homens de tendência sob muitos aspectos progressistas, a sua própria obra, à medida que se aprofunda nos fatos, desmente aquelas teorias, a que entretanto prestaram tributo. Mas a aceitação não crítica delas devia prejudicar, e em certos passos completamente, o esforço de interpretação e generalização que há em *Os africanos no Brasil*, em *Os sertões* ou nos estudos históricos de João Ribeiro. As concepções derivadas do determinismo racial não podiam deixar de contribuir para afastá-los das verdadeiras causas dos fatos que estudavam e de levá-los, aqui e ali, a construções despropositadas pelo seu caráter artificioso e chocantes pelo seu sentido reacionário.

Se nos voltarmos presentemente para a Sociologia, como disciplina universitária de difusão já considerável e objeto de múltiplos estudos no Brasil, encontraremos com facilidade a influência da sociologia oficial norte-americana, não somente com as suas concepções gerais e processos de pesquisa, mas até mesmo com a sua temática. Será legítima essa influência, pode ela produzir resultados benéficos para o desenvolvimento dos estudos sociológicos num plano científico?

A esse problema, como a toda questão da aplicação das diversas teorias sociológicas à realidade brasileira, pretende responder o sr.

APÊNDICE

Guerreiro Ramos, com uma obra recente [*A redução sociológica*].[2] Precisamente por ter dado ao assunto um tratamento bastante sistemático, que se centraliza em torno de uma série de afirmações conclusivas, tomaremos essa obra para ponto de referência inicial no exame da questão que levantamos acima.

Desde logo, concordaremos com o sr. Guerreiro Ramos quando afirma: "Um estado de espírito generalizado não surge arbitrariamente. Reflete sempre condições objetivas que variam de coletividade para coletividade" [p. 53]. Essas condições objetivas são os fatos materiais, os fatos da vida econômica, como a industrialização, a urbanização e as alterações do consumo popular que caracterizam, segundo aquele autor, a nova etapa do processo histórico-social do povo brasileiro. Daí a sua afirmativa:

No Brasil, essas condições objetivas, que estão suscitando um esforço correlato de criação intelectual, consistem principalmente no conjunto de transformações da infraestrutura que levam o país à superação do caráter reflexo de sua economia. Desde que nele se configurou um processo de industrialização em alto nível capitalista, converteu-se o espaço nacional num âmbito em que se verifica um processo mediante o qual o povo brasileiro se esforça em apropriar-se de sua circunstância, combinando racionalmente os fatores de que dispõe. O imperativo do desenvolvimento suscitou a consciência crítica. [pp. 53-54]

A consciência crítica lembra a velha autoconsciência hegeliana e é empregada pelo sociólogo patrício no sentido de tomada de consciência coletiva dos fatores e da problemática do desenvolvimento nacional, no sentido de aspiração explícita da nação brasileira à sua completa autodeterminação.

Como apreender, em termos científicos, o que há de essencial nesta realidade, isto é, o seu processo de transformação encaminhado para um desenvolvimento nacional independente, aplicando-lhe, sem qual-

---

2 O presente artigo já estava composto quando se verificaram no ISEB os fatos relacionados com a publicação de uma obra do sr. Hélio Jaguaribe. Daí porque não fazemos referências a esses fatos nem à posição que diante deles assumiu o sr. Guerreiro Ramos. Pensamos, porém, que isso não afeta a validade das opiniões aqui expendidas.

quer adaptação, critérios teóricos e metodológicos que surgiram de condições sociais inteiramente diversas?

As melhores páginas de *A redução sociológica* são, segundo pensamos, aquelas em que o seu autor expõe à crítica este vício tão constante em nossa história intelectual e que consiste em submeter-se servilmente à produção intelectual estrangeira e copiá-la de modo mecânico. É certo que essa constante não deve ser exagerada ao ponto de deixar de perceber que, nos pensadores de verdadeiro espírito criador como Euclides da Cunha, as más teorias estrangeiras se combinaram a profundas observações e apreciações da vida social do país. Além disso, o julgamento dos pensadores do nosso passado não pode ser feito sob o critério exclusivo da originalidade de sua contribuição no plano da teoria, tão difícil, aliás, em esferas elevadas da cultura, como a filosofia e a sociologia. Aqueles que lutaram contra preconceitos obscurantistas, geralmente clericais, nas condições de uma sociedade muito atrasada como era a do Brasil no século XIX e mesmo em princípios do atual, buscando na produção estrangeira, embora sem assimilá-la criticamente, novos caminhos de orientação progressista para a investigação histórica, social e filosófica, prepararam o terreno – e nisto está um grande mérito – para o esforço original que devia vir mais tarde. Feita essa ressalva, cabível porque não acreditamos se inicie somente agora, com o ISEB, a legítima cultura nacional, parece-nos, porém, indiscutível que a fraqueza teórica, a reduzida altitude filosófica, por assim dizer, que assinala a história intelectual brasileira foi, ao mesmo tempo, causa e efeito de uma receptividade pouco provida de criticismo às ideias produzidas nos chamados grandes centros da cultura.

O esforço crítico do sr. Guerreiro Ramos se valoriza especialmente ao considerar o panorama atual da sociologia universitária no Brasil, com o predomínio que sobre ela exercem os critérios sociológicos de origem norte-americana. Tais critérios se explicam nos Estados Unidos, em virtude dos interesses de classe de uma poderosa burguesia, que "controlam" a vida social norte-americana. O seu objetivo não é senão o de "anular as tensões, conservando a estrutura já estabelecida" [p. 80], sendo justo, pois, concluir com o sr. Guerreiro Ramos: "A 'conservação social' é, *grosso modo*, a essência da ideologia em que se fundamentam as Ciências Sociais nos Estados Unidos" [p. 113].

APÊNDICE

Em nosso país, porém, a sociologia deve estar voltada para direção oposta, pois

a solução dos antagonismos fundamentais da atual sociedade brasileira requer antes a mudança na qualidade de sua estrutura. O modo de especulação sociológica, que justifica a preocupação do especialista norte-americano com noções como "conflito", "acomodação", "assimilação", "controle social", se literalmente adotado pelo sociólogo brasileiro, leva-o a distrair-se das questões que têm mais interesse para a coletividade nacional. Os antagonismos essenciais da sociedade brasileira são atualmente os que se exprimem na polaridade "estagnação" e "desenvolvimento", representados por classes sociais de interesses conflitantes, e, ainda, "nação" e "antinação", isto é, um processo coletivo de personalização histórica contra um processo de alienação. Outras contradições que não se enquadram nesses termos são, no momento, secundárias. [p. 80]

O sr. Guerreiro Ramos alcança, dessa maneira, uma contradição essencial inerente ao atual processo histórico brasileiro. Nós, comunistas, consideramos, e já o dissemos numa Declaração, que essa contradição se tornou a principal, a dominante da sociedade brasileira, no atual período de sua vida. Trata-se de uma contradição que polariza a nação em desenvolvimento, com as suas forças progressistas e revolucionárias em expansão (dentro de marcos capitalistas, únicos possíveis no momento), em oposição ao imperialismo norte-americano e aos círculos econômicos e sociais, que o apoiam internamente. Esse antagonismo, que ainda deverá atingir mais elevados graus de tensão, estende a sua influência sobre todas as esferas da vida econômico-social brasileira e é parte integrante do antagonismo mais vasto, que está liquidando o colonialismo e o semicolonialismo no mundo inteiro. O sr. Guerreiro Ramos chegou à essência do processo histórico, porém, como veremos adiante, não o fez sem padecer de estreiteza específica.

Disso resulta claro que a sociologia no Brasil não pode se subordinar aos critérios orientadores nem à temática da grande maioria dos sociólogos norte-americanos. Estes não se propõem transformar a estrutura social existente no seu país, mas conservá-la e, no melhor dos casos, submetê-la a algumas reformas. Consciente ou inconscientemente, o seu propósito não é *superar* contradições, o que significa atingir um estádio mais alto do desenvolvimento, mas atenuá-las, anular ou limitar, tanto quanto possível, os seus efeitos. É perfeitamente compreensível, por isso, que esses sociólogos norte-americanos evitem ascender a planos teóricos mais elevados, onde possa ser posta em causa a estrutura da sociedade, que é objeto dos seus estudos. Garantem as suas carreiras universitárias manejando um aparelho conceitual de tipo empírico e pragmático, que fragmenta ao máximo a vida social e focaliza isoladamente aqueles aspectos e problemas cujo exame, superficialmente empírico e para fins pragmáticos de curto alcance, a burguesia norte-americana pode admitir. É certo que também existem nos Estados Unidos os sociólogos não conformistas, que submetem à crítica, com maior ou menor profundidade, inclusive do ponto de vista do marxismo, a sociedade do seu país. Mas estes constituem minoria, à qual o sr. Guerreiro Ramos não deixa de fazer referência.

Já diante dos sociólogos brasileiros, que desejam dar "funcionalidade", como se expressa aquele professor do ISEB, à sua ciência, se apresenta o imperativo de ascender audaciosamente no plano teórico, a fim de captar os processos fundamentais e as necessidades históricas de nossa sociedade. Ascender no plano teórico significa elaborar os critérios, na esfera das categorias, dos princípios metodológicos e da temática, que conduzam à interpretação da realidade social brasileira com objetivo de transformá-la.

Essa tarefa, para ser cumprida, exige o que o sr. Guerreiro Ramos denomina, por motivos filosóficos, que deveremos analisar, de "redução sociológica". Visa esta, segundo o seu autor, dar às Ciências Sociais no Brasil um ponto de vista *nacional*, substituindo a "assimilação literal e passiva dos produtos científicos importados" por um "procedimento metódico que procura tornar sistemática a assimilação crítica" [p. 73]. Não se trata, frisa o autor, de isolar os estudos sociológicos brasileiros de tudo o que, nesse terreno, se faz fora de nosso país. O caráter universal da ciência não é negado, e o sr. Guerreiro Ramos se refere a uma "instância de enunciados gerais que constituem o núcleo central do raciocínio sociológico" [p. 118].

O que é necessário é que a sociedade brasileira tenha, nos estudos sociais, uma função "centrípeta", e não "reflexa", de acordo com as exigências do novo processo histórico. Por esse motivo, em vez

APÊNDICE

de simplesmente transplantada, através da cópia ou da imitação, a produção sociológica estrangeira deverá ser "reduzida" aos critérios nacionais, isto é, submetida ao procedimento da depuração crítica, do qual poderão resultar categorias e conceitos adequados ao estudo em profundidade da realidade social do nosso país.

A "redução sociológica" só pode ser praticada, frisa a obra que estamos comentando, por aqueles que assumem um "compromisso" com a sociedade em que vivem, que se põem numa atitude de "engajamento" sistemático para com as necessidades geradas pelo seu meio nacional. Aquele que prefere ser "neutro" diante dessas necessidades não poderá, pelo menos de modo sistemático e consciente, "reduzir" a elas, às particularidades de *sua* sociedade, as categorias e os princípios metodológicos das Ciências Sociais. O autor tocou aqui num preconceito muito difundido pela sociologia universitária: o preconceito do "desinteresse", da "imparcialidade" das Ciências Sociais. Sucumbir diante dele, num país que luta para se emancipar, é aceitar a "servidão intelectual", é não transcender da "condição de copista e repetidor".

O sr. Guerreiro Ramos formula na sua obra o que considera as "leis da redução sociológica". Mais apropriado, segundo pensamos, seria falar de princípios metodológicos. Enumeremos, porém, aquelas "leis": lei do comprometimento (adoção sistemática de uma posição de engajamento ou de compromisso consciente com o seu contexto); lei do caráter subsidiário da produção científica estrangeira; lei da universalidade dos princípios gerais da ciência; e lei das fases (a razão dos problemas de uma sociedade particular é sempre dada pela fase em que tal sociedade se encontra).

Até aqui nos detivemos no comentário do que chamaríamos de "núcleo racional" de uma obra, que nos parece típica da atual produção ideológica do ISEB. Serão, no entanto, suficientes essas ideias para dar solução ao problema proposto? Veremos que elas apenas se aproximam da solução, sem atingi-la. Ficam a meio caminho e, por isso, contêm a possibilidade de desvios e recuos inaceitáveis, que anulariam o avanço já conseguido. Daí porque a própria *A redução sociológica* não se "reduza" somente àquele "núcleo racional", nem este se apresente em estado puro, de fácil identificação. Ao racional se mistura o irracional, e a este último também é indispensável referir-se para a indispensável crítica.

III. CORRENTES SOCIOLÓGICAS NO BRASIL

II

Uma determinante do pensamento do sr. Guerreiro Ramos é uma realidade social objetiva, na qual consegue apreender os processos de desenvolvimento capitalista e de luta pela emancipação nacional. Outra determinante, de caráter puramente intelectual, é a filosofia existencialista. A interpretação de dados estatísticos sobre o crescimento da indústria nacional se associa, sem transição, às categorias elaboradas pelo subjetivismo exacerbado de Husserl, Heidegger e Jaspers. Pode ser considerada legítima tão estranha simbiose?

Essa é também a contradição de todo um grupo de professores do ISEB. Enquanto não se decidem a superar a contradição, preferem acomodá-la em construções ecléticas, que não se recomendam por especial mérito teórico.

Já vimos que a "redução sociológica" resulta de considerações bastante objetivas, que se referem a problemas concretos da vida do país e, em particular, à linha de desenvolvimento de sua cultura. Ainda que se possa discordar de certas afirmações ou da esquematização que o sr. Guerreiro Ramos deu à questão, cumpre reconhecer que ela tem oportunidade, que é uma questão fecunda. Ao mesmo tempo, porém, a "redução sociológica" se inspira diretamente na "redução fenomenológica" de Husserl. Qual o significado que isso pode ter?

Com a sua "redução", Husserl, que não foi propriamente existencialista, mas precursor dessa corrente, pretendeu superar a oposição entre o materialismo e o idealismo na esfera da gnosiologia. A realidade objetiva não é negada, como o faz o idealismo subjetivo consequente. Apenas o filósofo abstrai do caráter exterior ao sujeito dessa realidade, "suspende" ou "põe entre parênteses", como dizem os fenomenólogos, a questão de um mundo material independente do sujeito consciente. As coisas objetivas passam a ser focalizadas exclusivamente no fluxo da atividade consciente, que as apreende e incorpora a si mesma, "reduzidas" a fenômenos da consciência. Esta, por sua vez, deixa de ser estudada como substância que se basta a si mesma, à maneira do velho idealismo, sendo substituída pelos "estados" ou "atos" de consciência, que se sucedem sem descontinuidade como consciência disto ou daquilo. Não se trata simplesmente da influência recíproca entre sujeito e objeto, fato que o sr. Guerreiro

Ramos julga não ter sido "visto pelas antigas teorias gnosiológicas" [p. 102] e, entretanto, muito antes de Husserl, foi uma questão dialeticamente tratada por Hegel e Marx. A fenomenologia pretende evitar todos os relativismos possíveis na distinção entre sujeito e objeto para atingir a certeza filosófica absoluta através da *fusão integral* entre o sujeito, que só é *consciência do objeto*, e objeto, que não pode ser descrito senão como "objeto da consciência". Essa fusão ou confusão é carregada de "intencionalidade", tanto por parte do ato consciente para com o seu objeto como deste para com aquele. Ambos são possíveis somente coexistindo. O filósofo desiste de analisar, abandona os processos discursivos de raciocínio, os conceitos e as categorias, tudo enfim que leva o pensamento a distinguir sujeito de objeto, a seccionar conceitualmente a realidade e pretender atingir a sua essência de modo *mediato*. O pensamento não deve se voltar mais do que para os *dados imediatos* da consciência, visando não mais do que *descrevê-los* intuitivamente no seu fluxo subjetivo unitário e total. A essência absoluta seria atingida nessa simples descrição do imediato da experiência subjetiva, ou seja, dos fenômenos da consciência (vale observar que estes são considerados muito além dos simples dados empíricos, sensoriais).

Teremos aí, de fato, a superação do materialismo e do idealismo na gnosiologia?

Na verdade, Husserl não fez mais do que adaptar o idealismo subjetivo a certas circunstâncias contemporâneas decorrentes do progresso científico em nossa época: em primeiro lugar, a impossibilidade do idealismo objetivo, exceto em sua forma expressamente religiosa; em segundo lugar, a impossibilidade de um idealismo subjetivo consequente até o fim, isto é, até o solipsismo. Daí porque Husserl e outros tenham procurado "completar" o idealismo subjetivo com uma espécie de "pseudo-objetividade", como diz Georges Lukács.

O ponto de partida de Husserl é o mesmo de Descartes: *Ego cogito*. Mas enquanto Descartes, mesmo por uma via racionalista, partiu dessa primeira evidência existencial para evidências do mundo objetivo, Husserl segue em direção oposta e se enclausura na subjetividade, pois somente dentro dela, "reduzindo-a" o mais que se pode, concebe a possibilidade legítima de apreender o objeto do conhecimento. O mundo objetivo se transforma assim no "mundo da consciência". As coisas não são vistas fora de nós, mas de dentro de nós, introspectivamente.

Esse é o "terceiro caminho" filosófico que não conduz a algo propriamente original, mas ao mesmo velho idealismo. Daí a afirmar com razão Lukács, tratando precisamente de Husserl:

> Existirá um "terceiro caminho", fora do idealismo e do materialismo? Para aquele que considere a questão de modo sério, no espírito dos grandes filósofos do passado, desdenhando as frases vazias de certos pensadores modernos, a resposta não pode ser senão negativa. Não há, com efeito, senão duas possibilidades: primado da existência sobre a consciência ou, inversamente, primado da consciência sobre a existência. Os sistemas filosóficos em voga, que se orientam para o "terceiro caminho", põem habitualmente a correlação da existência e da consciência, proclamando que uma não poderia existir sem a outra. Com essa afirmação, chega-se a expulsar o idealismo pela porta para fazê-lo voltar pela janela, uma vez que, admitindo que a existência não pode existir sem a consciência, abandona-se o materialismo segundo o qual a existência é independente da consciência.[3]

O sr. Guerreiro Ramos se apoia, por conseguinte, num péssimo suporte filosófico, que, no plano dos princípios, tira a legitimidade de sua especulação sobre a atividade sociológica no Brasil. É verdade que o sr. Guerreiro Ramos tenta estabelecer uma distinção: "é preciso distinguir a intencionalidade do eu puro da intencionalidade do eu concreto, episódico, historicamente configurado. O eu puro só é sujeito do ponto de vista da redução transcendental. Para a redução sociológica, o sujeito é, porém, o eu concreto, inserido na comunidade" [p. 108].

Essa ressalva não é suficiente, porém, para resolver a questão. Continuamos no plano da subjetividade, sobre o qual é impossível lançar as bases de uma sociologia científica. Substituído o "eu puro" de Husserl pelo "eu concreto", isso nos permitirá talvez apreender certos fatores sociais, ampliar relativamente o campo de observação, mas a premissa

---

3   G. Lukács, *Existentialisme ou marxisme?* [*Existencialismo ou marxismo?*] Paris: Nagel, 1948, pp. 76-77.

APÊNDICE

fundamental continua a ser a consciência individual sobre cuja perspectiva "intencional" são colocados os fatos sociais. E, embora o sr. Guerreiro Ramos faça também passageira objeção a respeito do relativismo, é inevitável que este se torne o seu princípio gnosiológico superior, desde quando fundamenta a pesquisa sociológica no eu individual, por mais conteúdo histórico concreto que lhe atribua. Não é casual, por isso, que considere Karl Mannheim, com sua "sociologia do saber", um precursor do método de "redução". Preocupado legitimamente em combater o espírito dogmático na Sociologia, que impede o estudo da sociedade brasileira nas suas ricas particularidades, o sr. Guerreiro Ramos acaba aceitando, do ponto de vista de princípios, um relativismo extremado demais para ser compatível com a ciência. E, assim, enquanto Husserl, com a sua "redução fenomenológica", pretendia salvar alguns valores filosóficos absolutos, a mesma noção, transferida para o campo da Sociologia, produz um relativismo sem limites. O que não é senão a dialética da transformação no próprio contrário,

> Poderão dizer-nos que a relatividade já penetrou todas as ciências, mesmo as mais exatas. Mas isso demonstra somente a superioridade do pensamento dialético, indispensável às ciências modernas. Uma coisa é a relatividade como elemento dialético necessário ao processo do conhecimento – o que não é concebido pelos dogmáticos – e outra coisa é o relativismo constituído em princípio gnosiológico supremo. Eis o que a respeito afirmou Lênin: "a dialética, como já o explicava Hegel, *inclui*, como um dos seus elementos, o relativismo, a negação, o ceticismo, mas não se *reduz* a isso; ela admite a relatividade de todos os nossos conhecimentos, nunca no sentido da negação da verdade objetiva, mas no sentido da relatividade histórica dos limites da aproximação de nossos conhecimentos em relação a essa verdade".[4]

Que a transição do "eu puro" para "eu concreto" não altera substancialmente a situação se comprova com o largo emprego que o sr. Guerreiro Ramos faz das noções heideggerianas de "ser-no-mundo" (*in-der-Welt--sein*) a "ser-com-outro" (*miteinandersein*). Aqui já estamos em plena

---

4   V. Lénine, *Matérialisme et empiriocriticisme*. Moscou: Editions en Langues Étrangères, 1952, p. 149.

filosofia existencialista. Retomando temas de Kierkegaard e aplicando o método da fenomenologia, Heidegger "reduz" a existência ao imediatamente vivido pela consciência absolutamente pessoal, despojada de tudo o que lhe é estranho (o social, o racional). Mas essa "redução" deve ser praticada no "mundo" em que o ser (individual) se encontra. Qual é, porém, o caráter desse "mundo"? Novamente nos defrontamos com aquela espécie de "pseudo-objetividade" tão procurada pelo idealismo subjetivo atual. O sr. Guerreiro Ramos se encarrega de nos informar "o mundo – eis o que pensa Heidegger – não é mais o que se tem admitido na tradição filosófica, um conjunto de coisas ou realidades subsistentes, um dado externo ao homem".

Assim, pois, quando se diz que o homem é um "ser-no-mundo", de modo algum se afirma que a essência do homem, como dizia Marx, é o conjunto das relações sociais, que o ser humano está na dependência do meio social que o cerca e no qual ele se integra objetivamente. Ao contrário, continuamos por inteiro no plano da subjetividade. O "mundo" é a trama não objetiva da consciência individual com os "outros", isto é, com os outros indivíduos. Mais uma vez, sujeito e objeto se confundem e só existem coexistindo. Além disso, o "mundo" é um *a priori* do conhecimento, um "sistema de referências" que predetermina para o indivíduo a perspectiva intencional da sua percepção da vida social. Por isso, os mesmos fatos não poderiam ser vistos da mesma maneira, com igual "intencionalidade", por um francês e por um alemão, por um brasileiro e por um americano. E por isso também Spencer tem sentido para os ingleses, Comte para os franceses, Max Weber para os alemães, e assim por diante.

Se as palavras não são para tergiversar, aí temos o puro idealismo a que, afinal, se reduzem todas as chamadas filosofias da "existência". O resultado de sua aplicação à sociologia não será outro: subjetivização *radical* das relações sociais (em cuja crítica não devemos passar à objetivação absoluta tentada por Durkheim) e relativismo *à outrance*. A verdade objetiva se torna uma impossibilidade, o que nos impõe substituir a ciência por um qualquer sucedâneo especulativo pragmático. Mas isso absolutamente não nos levará àquele iluminado conhecimento da realidade social brasileira, que tantos buscam, inclusive o sr. Guerreiro Ramos. A partir de tais premissas filosóficas, se formos coerentes com elas, o esforço para assimilar categorias cientificamente

APÊNDICE

aplicáveis à vida social em nosso país se desviará pelos caminhos mais contraditórios, podendo chegar ao absurdo.

Na verdade, o que salva o sr. Guerreiro Ramos e os demais existencialistas do ISEB é que, sob a influência de uma "determinante objetiva" no trato das questões nacionais, não são e não podem ser coerentes com as suas premissas filosóficas. Mas essa é apenas uma salvação pela metade.

———

Não estenderemos a análise a outras noções da filosofia existencialista – como a de "projeto" – a que se recorre fartamente em *A redução sociológica*. Limitamo-nos a assinalar este fenômeno bem brasileiro: ideólogos da burguesia de um país subdesenvolvido, a qual ainda tem um papel progressista a desempenhar, aceitam como padrão espiritual a filosofia decadente da burguesia imperialista. O existencialismo constitui, precisamente, o ponto culminante da linhagem irracionalista e niilista, que prevalece na filosofia burguesa da época do imperialismo. Não foi de maneira alguma casual a receptividade que encontrou na Alemanha de Hitler.

Não teremos aí, por ventura, mais uma manifestação daquela "mentalidade colonial" que o sr. Guerreiro Ramos com tanta razão combate?

Os intelectuais da burguesia republicana do século passado transplantaram da Europa para o Brasil o positivismo, filosofia característica de uma burguesia que passara já de revolucionária a conservadora. É desnecessário insistir aqui no que isso encerrava de "servidão intelectual". Nos meados do nosso século, a burguesia brasileira é mais forte e tem à sua frente, ao lado de outras forças sociais, tarefas mais elevadas, mais amadurecidas do que no século passado. Por sua vez, a burguesia da Europa Ocidental, com o imperialismo, atingiu o máximo da degradação reacionária. E é justamente o produto ideológico dessa degradação – o existencialismo – que certa parte dos intelectuais burgueses do presente transplanta para o nosso país. Novamente – e em proporções muito mais graves – a mesma "servidão intelectual".

O sr. Guerreiro Ramos poderá dizer que não se trata de simples transplantação, mas de assimilação através da "redução sociológica". Somos de opinião, porém, que nada tão estéril no terreno da teoria do que esse esforço para acondicionar os autores existencialistas e deles extrair a superestrutura ideológica de um movimento que, mesmo dentro de marcos burgueses, se volta para a emancipação nacional e o progresso social.

Não há, por isso, por que aceitar como benfazejo para a cultura brasileira o fato de que o ISEB tenha iniciado a sua coleção de textos de filosofia contemporânea com a tradução de uma obra de Karl Jaspers; *Razão e antirrazão em nosso tempo*. Ao contrário de "genuína obra de filosofia", como afirma o sr. Vieira Pinto, nela temos o exemplo, se é possível dizer, integral do mau filosofar. Os grandes idealistas alemães da época clássica, sobretudo Kant e Hegel, nem sempre foram coerentes, mas possuíam *dignidade intelectual* para respeitar a verdade dos conceitos. Os seus sistemas são, por isso, marcos elevados na história do pensamento, e não frutos pecos da arte de sofismar. Essa dignidade intelectual não existe em muitos idealistas modernos como Jaspers. Com espantosa sem-cerimônia, que somente um sofista se permitiria, apropria-se do imenso prestígio que é inerente à Razão em nosso tempo e o transfere, qual mágico de circo, para o irracionalismo ansioso de salvação metafísica. A razão não é a Razão da ciência moderna, pois se encontra acima e além da ciência (esta deve ser aceita e mesmo respeitada, porém conformada com a sua limitação, com a sua impotência), a Razão é o inapreensível, o não conceitual, adquire-se por uma decisão misteriosa, voltada para o Ser absoluto e supra-histórico. E assim julga Jaspers possível convencer-nos de que, ao contrário do geralmente admitido, o irracional é que é a verdadeira Razão, o grau mais alto do conhecimento. Não surpreende, por isso, que, inversamente, considere o marxismo uma espécie de magia.

Tão absurda inversão de conceitos o próprio existencialismo não havia atingido.

Que proveito poderá haver em infiltrar no pensamento progressista brasileiro uma componente irracional?

Essa é a responsabilidade que assumem os ideólogos do ISEB.

Voltamos à questão original: onde encontrar a teoria sociológica adequada ao estudo científico do *devir* essencial da sociedade brasileira, com tudo o que ela tem de próprio, de particular?

O sr. Guerreiro Ramos se refere à "instância de enunciados gerais que constituem o núcleo central do raciocínio sociológico". Mas eis os autores dos quais julga deva ser extraído esse núcleo de enuncia-

APÊNDICE

dos gerais: Karl Marx, Comte, Spencer, Georg Simmel, F. Tönnies, Max Weber, Max Scheler, Durkheim, Gabriel Tarde, Vilfredo Pareto e outros... [p. 118] A isso se acrescentam esforços especiais para combinar o existencialismo com o marxismo. O ecletismo não se detém aí diante de qualquer limite. Seria esse um dos piores pontos de partida para chegar a uma teoria sociológica íntegra e correta.

Certo, também seria muito mau optar pelo dogmatismo, como ponta oposta de um dilema. Pensadores de diferente orientação teórica podem contribuir, embora em grau desigual, para o acervo das verdades científicas. Este ou aquele aspecto da realidade objetiva pode se refletir com relativa fidelidade, com maior ou menor refração, mesmo numa teoria falsa no seu conjunto ou por seus princípios. Se bem que em proporções mais limitadas do que nas Ciências Naturais, isso não deixa de ocorrer no campo das Ciências Sociais. Daí não se segue, todavia, qualquer justificação da indiferença teórica. Muito mais do que os empíricos e os ecléticos, contribuíram para a histórica do pensamento os sábios que aspiraram à coerência teórica e souberam realizá-la no plano superior dos conhecimentos de sua época. Engels muitas vezes ridicularizou a estreiteza empírica das Ciências Naturais do seu tempo, demonstrando como ao avanço delas era indispensável o pensamento teórico. E dizia ainda que os cientistas que desprezam a Filosofia (entendida como teoria do pensamento) não estavam menos escravizados a ela, "mas infelizmente na maioria dos casos à pior filosofia"...[5]

Para atingir a coerência teórica no terreno da sociologia, é preciso abandonar duas ideias caras ao sr. Guerreiro Ramos e a outros professores do ISEB: as ideias da *ideologia do desenvolvimento* e da *sociologia nacional*.

Elaborar a "ideologia do desenvolvimento", a "ideologia do progresso nacional" e até mesmo a "filosofia do desenvolvimento" – essa a aspiração anunciada há dois anos pelo sr. Álvaro Vieira Pinto. "Não se trata aqui" – dizia então – "de defender nenhum interesse particular ou de grupo, mas de exprimir o interesse geral da sociedade

---

5   Friedrich Engels, *Dialectics of Nature*. Moscou: Foreign Languages Publishing House, 1954, pp. 58, 273, 279, ss.

brasileira, o interesse nacional."[6] O sr. Guerreiro Ramos, por sua vez, tem-se referido à "ideologia global da nação", e o sr. Roland Corbisier, numa conferência, afirmando que o nacionalismo devia ser essa ideologia global, explicava que a ela cabia "traduzir os interesses e as expectativas da burguesia industrial, da lavoura de base tecnológica *(ou seja, dos agricultores capitalistas* – J. G.), do proletariado e da classe média esclarecida".

Nas sociedades divididas em classes, as ideologias são sistemas de ideias que refletem a realidade social do ponto de vista dos interesses de determinadas classes. Podem classes socialmente contrapostas aceitar uma ideologia *única, global?*

A sociedade brasileira possui, na verdade, na atual etapa do seu processo histórico um interesse geral: o de se emancipar nacionalmente da opressão imperialista norte-americana. Esse interesse geral desperta, estimula e fortalece *a autoconsciência nacional,* que é comum a todo o povo brasileiro. Desse interesse geral surgiu o movimento nacionalista, ou seja, uma *aliança política,* que abrange o proletariado, os camponeses, a burguesia e outras forças sociais. É utópico, porém, como fazem alguns professores do ISEB, *extrapolar* a aliança política para o plano da ideologia. Se o interesse geral é a questão *principal* dessa fase, entretanto não elimina as contradições de classe, e estas se refletem inevitavelmente nas contradições ideológicas. A aspiração a formular, pretensamente acima das classes, a *ideologia global* para uma nação *dividida em classes* constitui, consciente ou inconscientemente, genuína aspiração burguesa. O seu objetivo social consiste em ganhar *para a ideologia da burguesia* aquelas massas cuja ação o sr. Vieira Pinto, como nacionalista e como democrata, sabe e proclama indispensável ao desenvolvimento nacional. A esse objetivo não pode deixar de se opor o proletariado consciente, que possui a sua ideologia própria, muito mais avançada, voltada, além da emancipação nacional, para o socialismo e a sociedade sem classes. Daí porque o proletariado, aliando-se à burguesia na luta pela emancipação nacional, não só deverá permanentemente defender-se do agravamento da exploração capitalista como empenhar-se, no seu

---

6   Álvaro Vieira Pinto, *Ideologia e desenvolvimento nacional.* Rio de Janeiro: ISEB, 1956, p. 43.

APÊNDICE

papel de força de vanguarda, por um curso consequente da revolução anti-imperialista e antifeudal.

As mesmas considerações são válidas para a ideia de uma sociologia *nacional*. Do ponto de vista teórico, parte das premissas idealistas e relativistas, que já examinamos acima. Do ponto de vista do seu conteúdo de classe, é também uma ideia burguesa.

O sr. Guerreiro Ramos reclama do sociólogo uma atitude *engagé* para com a sua sociedade nacional. Essa posição se encontra, sem dúvida, acima da falsa imparcialidade pretendida principalmente pelos seguidores da sociologia norte-americana. Apesar, porém, das possibilidades que encerra, aquela tese do sociólogo isebiano é falsa, em virtude da *estreiteza específica* (de classe) que o leva a focalizar, com bastante acuidade, a *contradição nacional* e, ao mesmo tempo, a subestimar as *contradições entre as classes sociais*. Mas é no terreno destas que o sociólogo deve *tomar partido* com o máximo de consciência. A objetividade científica – que a pseudoimparcialidade não consegue salvaguardar – não depende aí diretamente do partidarismo *como tal*, mas do caráter social do partidarismo, ou seja, do caráter da força social cujo ponto de vista é adotado pelo sociólogo. O papel dessa força social na etapa histórica dada condicionará decisivamente, embora sem determinar em toda a linha (o que seria impossível), o grau de objetividade do trabalho sociológico. Naturalmente, não cabe esquecer, como o faz o raciocínio mecanicista vulgarizador do marxismo, que o processo do conhecimento tem suas características específicas, o seu movimento relativamente autônomo. O norte-americano Lewis Morgan chegou a descobrir e esboçar o materialismo histórico independente de Marx e por um caminho bem diverso.[7] Nem por isso deixaremos de reconhecer as grandes linhas de classe quando comparamos Marx a Comte e Spencer e verificamos a imensa superioridade científica do ponto de vista *proletário* do primeiro.

Cumpre dizer que hoje no Brasil há campo para uma sociologia e uma economia política desenvolvidas de um ponto de vista burguês nacionalista. Essa sociologia e essa economia política já produziram contribuições para o estudo do processo capitalista brasileiro que

---

7   F. Engels, *Obras escogidas de Marx y Engels*, t. 2, Moscou: Ediciones en Lenguas Extranjeras, 1952, pp. 157 e 475.

nenhum marxista pode desconhecer e deixar de valorizar. É de esperar que contribuam ainda mais na medida em que consigam se libertar da influência de teorias procedentes da burguesia norte-americana e europeia em decadência, sofrendo os males tremendamente agravados da época do imperialismo. O pensamento teórico da burguesia imperialista não pode convir aos setores mais avançados de uma burguesia como a brasileira, que ainda vive num estádio historicamente progressista (à influência do existencialismo, já comentada acima, acrescente-se, por exemplo, a de Keynes entre os economistas). Dirigidos contra aquele pensamento teórico, os princípios metodológicos formulados pelo sr. Guerreiro Ramos poderão desempenhar um papel profícuo.

Seríamos, porém, unilaterais se não levássemos em conta a estreiteza e a inconsequência de toda a orientação intelectual burguesa. A sua superação foi realizada pelo pensamento marxista. Em nosso país, o próprio processo capitalista, desenvolvendo o proletariado e incrementando a sua importância política, torna uma *necessidade* (no sentido filosófico do termo) as ciências sociais de orientação marxista. O fato de que o pensamento burguês ainda se encontra em condições de produzir certos frutos de modo algum torna o marxismo menos necessário.

Não iremos aqui esmiuçar as causas que até agora frearam o desenvolvimento do marxismo no Brasil. Na ordem de considerações que estamos fazendo, apenas queremos assinalar que os marxistas brasileiros não escaparam à limitação que marca, no seu conjunto, a história do pensamento teórico em nosso país. O marxismo foi transplantado para cá em sua *generalidade*. Faltava e ainda falta a assimilação crítica, ou seja, dialética, dessa generalidade a fim de concretizá-la nas particularidades nacionais. Às causas de ordem interna que influíram para isso acrescentaram-se outras de ordem externa, porque o marxismo se difundiu no Brasil numa fase em que a ele aderiram – apenas aderiram, porque lhes são substancialmente estranhas – componentes deformadoras de natureza dogmática e até mesmo mística, relacionadas, como se sabe, ao culto da personalidade de Stálin. O fenômeno, está claro, se manifestou de modo muito variado em cada país. Entre nós, chegou a atingir proporções inflacionadas.

No processo autocrítico que tanto vem enriquecendo o pensamento marxista nos últimos anos, não faltou em nosso país, como em

APÊNDICE

outros, quem enveredasse pela *revisão* dos princípios do marxismo, para deformá-lo em definitivo, ou simplesmente o rejeitasse como inadequado para o estudo da realidade nacional. Atitude marcada pela fraqueza e até pelo ridículo porque [é a] de muitos que se fizeram portadores do pior espírito dogmático e abandonam o marxismo precisamente quando, desembaraçado desse espírito, pode ser restituído a toda a sua formidável potência criadora. E ainda sem refletir – o que é primordial – sobre a ação prática do marxismo na história mundial, sobre o seu grandioso triunfo numa área habitada por um terço da humanidade.

O materialismo histórico é teoria sociológica do marxismo. Representa uma teoria *geral* sobre a sociedade humana. As suas categorias fundamentais têm caráter universal. As categorias analisadas e sintetizadas em *O capital* são para todos os países, como o é o desenvolvimento que lhe deu Lênin, ao estudar a fase imperialista do capitalismo. Nenhum relativismo pode impedir, por exemplo, que um conceito como o de imperialismo seja compreendido, no sentido mais concreto possível, exatamente da mesma maneira pelos comunistas franceses e argelinos ou pelos norte-americanos e brasileiros. Essa universalidade teórica reflete corretamente a realidade objetiva e tem a sua base ideológica de classe no caráter internacionalista do proletariado.

Mas à concepção marxista da vida social é inerente a dialética entre o geral, o particular e o singular. Essa dialética, que já existia em Hegel, tornou-se materialista com Marx e Engels. Ela está presente, desde o início, na obra de Lênin, que, por isso, pôde superar criadoramente o dilema revisionismo-dogmatismo. A sua polêmica contra o primeiro foi sempre acompanhada, ou melhor, penetrada da mais severa refutação do segundo. Dizia Lênin em 1899:

> Em absoluto, não consideramos a teoria de Marx como algo acabado e imutável: estamos convencidos, pelo contrário, de que essa teoria não fez senão colocar as pedras angulares da ciência que os socialistas *devem* impulsionar em todos os sentidos, sempre que não queiram ficar atrasados com relação à vida. Pensamos que para os socialistas russos é particularmente necessário impulsionar *independentemente* a teoria de Marx, porque essa teoria dá somente os princípios *diretivos* gerais, que se aplicam *em particular* à Inglaterra

de modo diferente do que à França; à França de modo diferente do que à Alemanha; à Alemanha de modo diferente do que à Rússia.[8]

Lênin soube aplicar ao *particular* da Rússia o que é *geral* na teoria de Marx e Engels, extraindo daquele particular todo um acervo de novos elementos para o geral da teoria marxista. Essa dialética foi seriamente violada por Stálin, apesar de ter sido importante marxista. Não é preciso insistir em que ficou, durante muito tempo, praticamente desconhecida para os marxistas brasileiros. Desvinculado das particularidades e das singularidades em que deve se manifestar e concretizar, o geral se afasta da realidade objetiva em *devenir*, tende a se transformar e acaba se transformando em pura abstração, adquirindo afinal um caráter de entidade metafísica. Esse *desvio* gnosiológico se fez acompanhar de outro ainda: a arbitrária elevação à categoria de generalidade do que não representava senão particularidade e, às vezes, apenas singularidade. Perdeu-se de vista que entre geral, particular e singular não há somente unidade, mas também contradição. A preocupação se concentrava em encontrar os *exemplos* brasileiros das teses marxistas, os que se agregassem mecanicamente aos *exemplos* de outros países, e não o *modo particular* de manifestação de leis universais na realidade social de nosso país.

Era inevitável que tudo isso conduzisse a certas fixações dogmáticas, que afastavam os marxistas do estudo concreto da realidade concreta, freando o desenvolvimento da teoria e repercutindo nocivamente, em consequência, na ação prática. A dialética deixava de sê-lo, tornava-se seu contrário – a metafísica. Aqui se encontram, segundo nos parece, alguns dos principais aspectos gnosiológicos do dogmatismo que impregnou o pensamento marxista no Brasil.

Compreende-se que não deve ser negligenciado o mal contrário: a *absolutização das particularidades*, que passariam a constituir o grau máximo do conhecimento. Ficaria vedado dessa maneira o caminho para descobrir o geral que se contém em todo o particular. Teríamos uma forma bastante característica de impotência teórica, própria do revisionismo.

---

8   V. I. Lenin, *Marx, Engels y el marxismo*. Moscou: Ediciones en Lenguas Extranjeras, 1947, p. 117; grifos do original.

APÊNDICE

As categorias de geral e particular estiveram, por assim dizer, no centro das discussões que se travaram recentemente no movimento comunista mundial. O tema é inesgotável, como o próprio *devenir* da realidade objetiva, mas o esclarecimento que já se alcançou a respeito trouxe nova riqueza para a filosofia e a sociologia marxista. Surgiram sobretudo melhores condições teóricas para o desenvolvimento do pensamento marxista no maior número de países, ao contato com as mais variadas particularidades de realidades nacionais extremamente diversas. Há, sem dúvida, o que aprender com os resultados parciais alcançados por outras correntes de pensamento. Isso não nos afasta, porém, da convicção de que somente o materialismo dialético e histórico fornece o instrumental verdadeiramente científico de leis gerais, categorias e princípios metodológicos para a investigação e o conhecimento da vida social brasileira. A questão é aprender a manejar esse instrumental na pesquisa concreta da realidade concreta. Pois, como dizia Hegel, com ironia, são os indivíduos inteiramente ignorantes que raciocinam de modo abstrato...

JACOB GORENDER (1923-2013) nasceu em Salvador e, ainda na faculdade de Direito, passou a militar no movimento estudantil e tornou-se membro do Partido Comunista Brasileiro (PCB). Durante a Segunda Guerra Mundial, foi voluntário da Força Expedicionária Brasileira (FEB) e combateu na Itália. De volta ao Brasil, tornou-se dirigente do PCB e passou a escrever na imprensa do partido. Entre 1955 e 1957, participou de cursos de formação na URSS. Foi um dos fundadores do Partido Comunista Brasileiro Revolucionário (PCBR) e, por sua atuação contra o regime militar, foi preso e torturado. Intelectual marxista de grande rigor teórico, é autor de diversos livros em que investiga a história do Brasil, como *O escravismo colonial* (1978) e *Combate nas trevas* (1987). Em 1990, filiou-se ao Partido dos Trabalhadores (PT).

III. CORRENTES SOCIOLÓGICAS NO BRASIL

IV. OBSERVAÇÕES GERAIS SOBRE A REDUÇÃO SOCIOLÓGICA

Autor anônimo

Em uma estrutura colonial também existe prática, mas há diversos setores onde as ideias consumidas são importadas.[1] Por uma questão de "economia intelectual", é mais rendoso adotar ideias do que estudar os problemas nacionais e produzir soluções originais. Compram-se roupas usadas e por isso se pode dizer em muitos casos que "o defunto era maior". Mas a roupa sob medida é mais cara: ela só se torna possível quando há excedentes na sociedade e quando esta se complica a ponto de tornar inescapável a necessidade de soluções originais. Esse fenômeno ocorre desigualmente em diversos setores.

———

Outro fator a produzir a transplantação é a alienação da elite intelectual. Ela se "identifica" com as elites dos países adiantados. Como se trata de um problema de psicologia social, a transplantação se realiza nos setores onde o "prestígio" entra em ação. Mas a prática obriga à redução. O compromisso é "fingir" que se está aplicando uma ideia estrangeira e, na realidade, reduzi-la à realidade brasileira.

Um conceito auxiliar a introduzir: "teor ideológico" do problema. A redução sociológica necessita de "energia" para ser feita na razão do "teor ideológico". Esse "teor ideológico" estaria condicionado pelo "prestígio". Na agricultura, na engenharia etc., os problemas práticos têm menor "teor ideológico", a não ser em casos especiais (preciosismo tecnológico, planejamento de obras faraônicas etc.).

———

1 Pelos motivos explícitos no "Prefácio à segunda edição", ocultamos o nome do autor deste trabalho.

APÊNDICE

As exigências da prática obrigam à criação. Se as massas não estão politizadas, uma pequena elite que detém o poder importa figurinos e finge aplicá-los. Quando as massas começam a se politizar (em consequência do desenvolvimento, da industrialização, urbanização etc.), começam a surgir problemas práticos. Isso força o estudo da realidade. A redução será feita mais cedo ou mais tarde.

———

A transplantação e a alienação são características do diletantismo, da falta de ligação com a prática e das consequências desprezíveis do desconhecimento da realidade. Quando tudo isso se transforma, surge a redução. O "lavrador da corte" sugere métodos agrícolas que causaram sucesso no estrangeiro. Mas o lavrador do campo, que conhece a realidade e que suporta diretamente as consequências das transplantações desastrosas, ignora-lhe as recomendações e cria uma técnica nacional. O fato de a técnica ser nacional não implica, contudo, que seja necessariamente uma boa técnica, rendosa e produtiva. Mas reflete as condições sociais, culturais, econômicas etc. do país.

———

A escala da redução deve ir da "redução pura" de uma ideologia estrangeira ou um produto intelectual condicionado pelo contexto estrangeiro à simples adaptação técnica que Guerreiro chama de "redução tecnológica". A redução tecnológica tem baixo "teor ideológico". Esta seria uma consequência da lei do comprometimento: essa lei é tanto mais válida quanto mais elevado o "teor ideológico". Nos casos de "teor ideológico" fraco, a redução pode ser feita até por estrangeiros.

PESQUISA NO JORNAL DO AGRICULTOR (1879-84)

Onde há prática, há redução

... simples notas do que recolhe a observação e a experiência: tal planta cresce mais em terreno seco que úmido, tais frutos dão mais à sombra do que ao sol, tais sementes se conservam e germinam melhor deste que daquele modo, em resumo: todas as descobertas do acaso ou sistemas seguidos geralmente no lugar em que se vive, ou particulares que a experiência tem ensinado. [...] Deste modo se trocarão as descobertas e por todos serão aproveitados. *A confraternização nas ideias, a permuta dos conhecimentos, nestes casos, podem influir muitas vezes mais no aperfeiçoamento e progresso que os processos implantados de países estranhos de climas tão diferentes do nosso.* [...] Todo aquele, diz o historiador Abreu Lima, que concorre para a feitura deste grande edifício, que se chama – nacionalidade – ainda que carregando a mais pequenina pedra para as paredes inferiores, presta um bom serviço ao país. Operário das sombras, o *Jornal do Agricultor* vem trazer o seu monolito rude e informe para lançar no embasamento dessa grandiosa edificação, que ainda os arquitetos não acabaram de delinear. (*Introdução*, ano I, n. 1, pp. 3-4)

Obstáculo ao nosso progresso intelectual: pequeno intercâmbio de experiências

... uma parte do nosso programa: derramar pelos estudiosos os frutos da experiência dos observadores, esperando também que estes se dignem de nos honrar com os frutos de sua experiência, para que possam ser aproveitadas todas essas lições que se perdem ou ficam no estreito círculo do município, quando não do *próprio descobridor*. (*A plantação do cafeeiro*, ano I, n. 3, p. 35)

Justificação da poda nas condições brasileiras

Quando os cafeeiros deveriam estar mais robustos e ativos faltam--lhes ar e luz suficientes e carregam menos, não só por estarem muito próximos uns dos outros, como por terem os seus ramos tomado um desenvolvimento exagerado. Este excesso de vegetação, devido à riqueza nutritiva do solo – terra roxa ou massapê –, torna necessário no Brasil, mais do que nos países em que se acha adaptado de há muito, o emprego metódico da poda. (*A cultura do cafeeiro na província de São Paulo.* Extratos do Relatório do dr. Luiz Couty, ano I, n. 11, p. 162)

Um engenheiro francês mostra a prática como base da redução

... experiências de pouco custo e facílimas darão a conhecer um processo de poda adaptado às condições de vegetação no Brasil. (Ibid., p. 163)

APÊNDICE

Um engenheiro francês pode fazer redução de baixo teor ideológico no Brasil

... parece-me de fato, evidente, que os arados, as grades etc., muito próprios para as culturas nos solos arenosos ou calcáreos da América do Norte ou da Europa, não poderão ser aplicados sem modificação, ao solo do Brasil, solo argiloso, muito higroscópico, muito permeável à água, porém, endurecido com o menor calor. (Ibid.)

Consciência das condições brasileiras na agricultura

Nos países de adiantado progresso agrícola e industrial, eleva-se o preço da terra a tal ponto que, para explorá-la com resultado, acha-se o lavrador na necessidade de lançar mão, em proporção sempre mais larga, da mão de obra e dos estrumes, isto é, do capital. Em tais condições não se pode mais hesitar, não há cultura possível a não ser a cultura intensiva. [...] Mas, estando o progresso abaixo de um certo nível, de maneira que as terras estejam quase sem valor, como acontece em vários pontos da Europa, e na maior parte dos países americanos, então *o problema agrícola não se fundamenta nos mesmos dados*. A terra tem pouco valor, a população vive derramada em vastos espaços, a mão de obra é escassa e inábil, pouco laboriosa, conseguintemente cara; as estradas, os mercados, as relações comerciais faltam para estimular a produção: é caso, então, de aplicar a *cultura extensiva*. (C. B., *Os sistemas de cultura*, ano I, n. 14, p. 209)

Não obstante, a transplantação também é encontrada na agricultura

Insistimos nestas questões porque, sendo a economia rural uma ciência quase que desconhecida no Brasil, queremos pôr os agricultores de prevenção contra teorias preconizadas pelos admiradores da agricultura inglesa, que não olham senão para os resultados, sem se dar ao trabalho de examinar se o Brasil, no ponto de vista agrícola, acha-se nas condições da Inglaterra. (C. B., *A cultura pelo capital e a cultura pelo tempo*, ano I, n. 16, 18 out. 1879, p. 241)

Redução sociológica completa, incluindo o caráter consciente e nacionalista

Para produzir barato e com lucro é preciso ser de seu tempo e de seu país; por isso, os agricultores que aplicam uma cultura extensiva adequada às circunstâncias econômicas do Brasil merecem, ao nosso ver, o título de lavradores progressistas, ao mesmo título que os agricultores ingleses que, em circunstâncias opostas, têm abraçado com rápida energia a via da cultura intensiva. (Ibid., p. 242)

Um latifundiário consciente fazendo redução sociológica

... por um destes saltos da natureza que matamos a nossa nascente indústria de construção naval, a nossa nascente marinhagem, decretando a cabotagem livre. [...] por uma má interpretação do procedimento da Inglaterra supunha-se que o comércio livre viria trazer-nos a prosperidade que aquela nação havia alcançado. Esqueceram-se que a Inglaterra só se lembrou do *free-trade* quando verificou que ainda com o comércio livre poderia exercer um como que monopólio manufatureiro e comercial. Não repararam que os Estados Unidos, apesar de toda a sua prosperidade, acham ainda oportuno conservarem-se sob o regime protetor. Não observam, os nossos sectários desta ideia, os apuros em que se acham a Inglaterra e a França, com seu comércio livre, depois que a carne e o trigo dos Estados Unidos vão inundar-lhes os mercados, perturbar-lhes as indústrias similares, provocando na opinião pública uma tendência a sanar estes inconvenientes com direitos compensadores, que vão diretamente ao sistema protetor. *Nada pior, sr. Redator, do que julgar as nossas coisas encarando-as à luz dos princípios de autores que escrevem para outros países, em circunstâncias mui diversas* – ou com as observações feitas neste mundo florescente que se chama corte, onde, de certo, não se reflete o país agrícola, tal como ele é. [...] Querer legislar para o país com observações feitas nestes estreitos e enganadores recintos é querer legislar, como se diz, para inglês ver. (C. da S., *Ecos da roça*, ano II, n. 65, 25 set. 1880, pp. 193-94)

Embora hoje pareça retrógrado, este era o ponto de vista certo na época

embora clamem os nossos teoristas pela pequena lavoura, como a mais produtiva, é fato incontroverso no Brasil que a iniciativa, a energia e o progresso pertencem à grande lavoura. [...] Para a pequena lavoura ser no Brasil o que é na Bélgica e em outros países, convém antes de tudo educar e instruir o homem rústico. Este, entre nós, mal cultiva

APÊNDICE

o necessário para não morrer de fome, e aqui temos em várias freguesias próximas muitas lavouras pequenas que podem ser estudadas pelos nossos teoristas que falam sem conhecer as circunstâncias peculiares do país. (C. da S., *Ecos da roça*, ano II, n. 70, p. 275, 30 out. 1880)

A psicologia dos agricultores leva-os à redução

Os nossos lavradores são essencialmente conservadores, em coisas da lavoura... Assim, não lhes bastam as teorias escritas, por mais belas que sejam, para alterarem os processos agrícolas que receberam de seus avós; querem ver, querem observar, querem se convencer, enfim, de ser o novo processo melhor que o outro, que as máquinas que têm diante dos olhos são as que dão os resultados prometidos. (J. P. L. S., *Escolas agronômicas*, ano II, n. 75, 4 dez. 1880)

Projeto e construção de equipamento nacional no século

A prática na agricultura levou até à produção de equipamento nacional, *O Jornal do Agricultor* cita vários exemplos. Um deles é o secador de café dos engenheiros brasileiros Taunay e Telles, do qual é dada uma notícia na edição de 15 de outubro de 1881, ano III, n. 120, p. 250.

Onde há prática pode-se formar uma técnica nacional

No *Jornal do Agricultor* há vários exemplos de fazendeiros realizando estudos e observações práticas e chegando a conclusões que refletem as características brasileiras de solo, clima, métodos de trabalho, estágio econômico etc. Na edição de 29 de outubro de 1881, ano III, n. 122, pp. 282-84, há uma carta do fazendeiro Augusto de Souza Brandão, típica e reveladora, onde ele relata suas experiências com diversas sementes de café importadas, o sucesso da qualidade Maracugipe, os fracassos do Java e do Libéria, dando as razões climáticas, de solo etc.

A ignorância e a falta de prática estão na base da transplantação

Se tivessem os nossos partidos políticos grupos de homens independentes, dedicados ao bem público, que se revezassem na administração, de longa data estas e muitas outras questões estariam resolvidas; mas pelo caminho que vamos, ministérios sucedendo uns aos outros, em curtos intervalos, compondo-se na maior parte de aprendizes de administração, encaixotados em um baú de livros franceses – nem ao menos ingleses ou mesmo americanos do norte; – com tal gente não se progride, não há questão séria que se resolva. [...] Os nossos *lavradores literatos da rua do Ouvidor* ou *de salão*, habituados a frases jurídicas, inventaram as definições de lavoura intensiva e extensiva, sobre as quais fazem suas dissertações filosóficas, e com isso grande mal. [...] Quando homens ilustrados se metem a lavradores, não tendo conhecimentos elementares da ciência agrária, defendem e sustentam absurdos. (Numa, *A agricultura e seus verdadeiros interesses*. Extratos do folheto citado, ano IV, n. 197, 7 abr. 1883, p. 218)

Um engenheiro francês faz redução sociológica

... as tarifas do tráfego foram organizadas sob a influência das ideias que guiavam naquela época o procedimento das companhias de vias férreas europeias, e que nem as diretorias residentes em Londres, na mais completa ignorância de nossas peculiares circunstâncias, nem os seus agentes no Brasil, que se achavam no mesmo caso, se deram ao trabalho de indagar as causas da insuficiência das receitas. Quando principiou a Europa a cobrir-se de vias férreas, já se havia verificado ali a substituição dos transportes por carros, em boas estradas de rodagem, ao transporte às costas de animais, e a consequente diminuição dos fretes; a produção triplicara e a soma dos transportes existentes já era tal que bastava às companhias de vias férreas realizá-los sobre seus trilhos para obterem lucros... Por isso, tomaram elas por base, na organização de suas tarifas, os preços dos transportes nas estradas de rodagem, sujeitando-os apenas ao abate indispensável para obter o fim desejado. [...] As nossas circunstâncias não eram as da Europa, ainda não saímos da fase primitiva dos transportes às costas de animais... nenhuma (das vias férreas) podia encontrar na produção atual da mesma zona transportes suficientes... Força lhes era contar com o desenvolvimento da produção resultante da diminuição do custo dos transportes, e com este fim deviam organizar suas tarifas tomando por base, em lugar do preço dos transportes às costas de animais, a quarta ou quinta parte destes preços... Se destarte houvessem procedido as administrações de nossas vias férreas, teriam decuplicado em poucos anos, numa área muito mais extensa que a em que hoje faz sentir a sua ação, a produção. (H. A. Millet, *Estradas de ferro brasileiras. Altas tarifas*, ano IV, n. 205, 2 jun. 1883, pp. 357-58)

APÊNDICE

NOTAS DE FONTES DIVERSAS

Trabalhos originais na agricultura

No setor da agricultura no Brasil, como houve muita prática, pode-se observar a presença de exemplos de redução sociológica, adaptação (mesmo para pior) de técnicas estrangeiras etc. e produção original. Em um livro recente (Edgar Fernandes Teixeira, *O trigo no sul do Brasil*. São Paulo: [Associação Comercial de São Paulo,] 1958), há notícia do desenvolvimento de variedades brasileiras de trigo de grande rendimento e resistência utilizadas nos Estados Unidos, Canadá, México e até na Argentina (vide pp. 171-73). Essas variedades são quase todas resultado do trabalho da Estação Experimental de Veranópolis Rio Grande do Sul, pertencente ao Ministério da Agricultura.

> Papel duplo da ignorância: traz a transplantação e traz a prática. A ignorância da prática traz a transplantação. A dos livros desenvolve uma prática nossa.
>
> No desenvolvimento das técnicas, os fazendeiros tinham poucos manuais, e os que tinham eram baseados em prática inadequada e teoria pobre. Mesmo esses poucos tinham influência restrita, pois o número de fazendeiros alfabetizados era pequeno. Consequentemente, os métodos usados pelos primeiros cafeicultores foram de tentativa e erro. (Stanley J. Stein, Vassouras, *A Brazilian Coffee County, 1850-1900*. Cambridge: Harvard University Press, 1957, p. 23)

A prática rudimentar desenvolvida sem espírito científico

> Deixados por conta própria, os fazendeiros recorreram ao conhecimento agrícola comum que se desenvolveu com a expansão do cultivo do café: a cor do solo, a elevação do terreno e sua exposição em relação ao sol. (Ibid., p. 6).

Redução no princípio do século XIX

> Num dos primeiros manuais brasileiros sobre café, Borges de Barros ofereceu uma sucinta bibliografia de autores franceses que escreveram sobre plantação de café nas Antilhas. Ao final dos seus artigos, ele fez uma recomendação... "Não é prudente ler esses materiais sem antes entender os princípios necessários para argumentar com eles, e evitar

seguir cegamente o que eles dizem, pois, do contrário, facilmente se perde tempo e dinheiro porque há autores que publicam prontamente o que eles imaginam sem disporem da experiência básica... Por isso, temos de ler atentamente, mas nunca pôr em prática o que extraímos de nossa leitura sem estudar a situação local". ("Memória sobre o café". *O Patriota*, VI, jun. 1813, p. 43) Padre João Joaquim Ferreira de Aguiar, que viveu nos municípios de Vassouras e Valença, atacou o mais importante periódico agrícola brasileiro daquela época, o *Auxiliador da Indústria Nacional*, porque tinha publicado "finas teorias e as práticas dos estrangeiros, mas nada disse sobre teoria e prática de brasileiros". *Pequena Memória sobre a Plantação, Cultura e Colheita do Café na qual se expõem os processos seguidos pelos fazendeiros desta Província desde que se planta até ser exportado para o Comércio.* Rio de Janeiro, 1836, p. 5-6 (S. J. Stein, Vassouras, op. cit., pp. 23-24)

A técnica dos homens educados na Europa era nacional na agricultura

Em um folheto escrito por um rico fazendeiro para seu filho educado na Europa, que desconhecia as práticas agrícolas brasileiras, foi estabelecida uma correlação empírica entre várias árvores e o solo em que cresciam. "De longe se pode julgar a qualidade da terra pela folhagem, especialmente na primavera, quando a floração auxilia na classificação da vegetação", escreveu ele. "Preste atenção na folhagem, na forma e altura dos galhos, na cor das flores, se houver alguma." (Francisco Peixoto de Lacerda Werneck, *Memória sobre a fundação e costeio de uma fazenda na província do Rio de Janeiro* [1847]. Rio de Janeiro, 1878, pp. 1, 3-4.) (S. J. Stein, *Vassouras*, op. cit., pp. 31-32)

Desenvolvimento de uma técnica

A prática de plantar café em fileiras que sobem e descem as encostas decorreu da experiência local. Agostinho Rodrigues Cunha acreditava que "a maneira de plantar bosques de café sem ordem [...] foi rejeitada porque dificultava a capina e a colheita; foi então que veio o sistema de plantas em linhas". (*Arte da cultura e preparação do café.* Rio de Janeiro, 1844, p. 29) (S. J. Stein, *Vassouras*, op. cit., p. 33)[2]

---

2 No mesmo livro, p. 34, discutem-se os aspectos negativos dessa técnica. O importante, porém, não é sua qualidade, e sim o fato de ser um produto da prática nacional.

Um engenheiro francês contra a transplantação na alimentação

Couty exortou os fazendeiros a manter a dieta brasileira básica, mudando apenas detalhes alguns detalhes da preparação. Ele escreveu em 1881: "Deploro essa mania de tudo que é europeu se espalhar pelos centros rurais e obrigar as pessoas a sair em busca de novos alimentos e condimentos que não se harmonizam com suas necessidades e talvez até sejam prejudiciais à saúde pública". (Louis Coney, "L'alimentation au Brésil et dans les pays voisins". *Revue d'Hygiène et de Police Sanitaire*, III, 1881, pp. 183-95, 279-94, 470-86.) (S. J. Stein, *Vassouras*, op. cit., p. 79)

Uma epígrafe nacional para A redução sociológica

... é lastimável que ainda hoje procuremos nas velhas páginas de Saint-Hilaire notícias do Brasil. Alheamo-nos desta terra. Criamos a extravagância de um exílio subjetivo, que dela nos afasta, enquanto vagueamos como sonâmbulos pelo seu seio desconhecido. (Euclides da Cunha, *Contrastes e confrontos*. Porto: [Chardron,] 1923, p. 85)

Outra epígrafe nacional

... o cosmopolitismo – essa espécie de regime colonial do espírito que transforma o filho de um país num emigrado virtual, vivendo estéril, no ambiente fictício de uma civilização de empréstimo. (Ibid., p. 178)

Marx e a "mentalidade colonial"

To the present moment Political Economy, in Germany, is a foreign science... This "science" had to be imported from England and France as a ready-made article; its German professors remained schoolboys. The theoretical expression of a foreign reality was turned, in their hands, into a collection of dogmas, interpreted by them in terms of the petty trading world around them, and therefore misinterpreted. (Karl Marx, "Preface to the second edition", in *Capital*. New York: Modern Library, pp. 16-17)[3]

---

3 "Na Alemanha, a economia política continuou sendo, até agora, uma ciência estrangeira. [...] Ela foi importada da Inglaterra e da França como mercadoria pronta e acabada; seus catedráticos alemães não passaram de estudantes. Em suas mãos, a expressão teórica de uma realidade estrangeira transformou-se numa coletânea

A inércia social da transplantação: apesar das denúncias, permanece

Não há, assim, uma razão forte para se apegar inflexivelmente em especificações dadas, podendo variar um pouco, desde que sejam, naturalmente, respeitadas as condições fundamentais. Há mesmo necessidade de que no Brasil façamos as nossas experiências, para verificar quais as modalidades que dão melhores resultados. É preciso que percamos os receios de alguns fracassos e executemos quanto antes serviços deste gênero, em grande quantidade, para que possamos fixar os elementos que mais nos convenham. Só com fracassos é possível fazer o estudo correspondente e selecionar o que é bom. Os outros países já passaram por esta fase e nós não podemos pretender transplantar experiências estrangeiras esperando resultados 100% satisfatórios. É indispensável fazer a adaptação de acordo com os nossos recursos, as nossas condições naturais e os elementos de que dispomos. (Os engenheiros brasileiros) não devem ficar receosos e sim trabalhar com o que dispõem, para que possamos formar a nossa técnica própria.

O caminho do desenvolvimento da técnica nacional

No Brasil temos de seguir os bons exemplos e conselhos, embora simplificados dos exageros para os tornar de mais fácil aceitação; devemos estudar os nossos rios, fazer observações metódicas das chuvas e das descargas, formar, nestes trabalhos, a competência técnica nacional. (F. Saturnino de Brito, *Melhoramentos do Rio Tietê*. Rio de Janeiro, 1926)

Mesmo na agricultura o ensino foi alienado

Através do ensino agrícola saturado com ideias e teorias expostas por professores estrangeiros; de publicações difundindo as últimas novidades agrícolas em continentes frios –, foi a nossa Agricultura orientada, embora bem intencionalmente, para um choque com

---

de dogmas, por eles interpretada, de acordo com o mundo pequeno-burguês que os circundava, sendo portanto distorcida." Karl Marx, "Prefácio da segunda edição", in *O capital: Crítica da economia política*, Livro I: *O processo de produção do capital*, trad. Regis Barbosa e Flávio R. Kothe. São Paulo: Nova Cultural, 1996, p. 134. [N.E.]

o ambiente. (José Guimarães Duque, *Solo e água no polígono das secas*. Departamento Nacional de Obras contra as Secas, n. 148, Fortaleza, 1949)

De como a prática vira técnica científica

Antes de inovar, de introduzir processos que carecerão de ajuste aos hábitos da população, é mais prudente verificar se a rotina local está em conflito com as necessidades do momento, em desarmonia com o sincronismo do meio ou com o trabalho humano. Aquilo que a tradição tem de respeitável, após passar pelo crivo da análise, depois de aferido pela investigação, merece a sanção do fundamento científico. (Ibid.)

A falta de quadros dificulta o progresso intelectual

Devido à acumulação de serviço e deficiência numérica de pessoal, o SAI ainda não tem uma classificação dos tipos de solos que ocorrem nas bacias de irrigação. (Ibid.)

Redução sociológica na agricultura

Não é fácil estabelecer uma rotação de culturas para o Nordeste (como supõem os críticos dos agricultores nordestinos), por causa do clima e das culturas permanentes. A rotação ganhou grande popularidade nos climas frios porque, ali, há elevado número de culturas de vida curta. (Ibid.)

Improvisação, ignorância, transplantação

No Brasil tudo se costuma fazer por adivinhação; desde Pero Vaz Caminha, que, depois de ter visto meia dúzia de léguas de terras incultas, adivinhou que "a terra, querendo-a aproveitar, dar-se-ia nela tudo"; até tantos dos nossos ilustres e improvisados administradores que, sem terem tido tempo de estudar os problemas, adivinham-lhes genialmente as soluções definitivas que duram quatro anos. [...] Tudo, porém, que se diz e que se afirma, ou quase tudo, é fruto da observação superficial, da repetição rotineira, dos palpites mais ou menos otimistas, da ignorância que se ignora. (Paulo Sá, *Indústrias de construção*. Rio de Janeiro: Instituto Nacional de Tecnologia, Rio de Janeiro, 1948)

Quando há prática e preparo técnico, não há transplantação

Nos detalhes é que há a novidade e a diferença entre nós e os países mais desenvolvidos. É inútil procurar grandes diferenças no estrangeiro. Nenhum de nós lá irá para ver coisas espantosas ou receitas infalíveis para resolvermos nossos problemas. (Milton Vargas, *A tecnologia na engenharia rodoviária.* Aula no Curso de Pavimentação promovido pelo Departamento de Estradas de Rodagem do Distrito Federal, Rio de Janeiro, 1955; mimeografado)

A razão de os técnicos estrangeiros poderem fazer "redução tecnológica"

... não há dois problemas técnicos diferentes: o das estradas "metropolitanas" e o das estradas "coloniais". Há dois aspectos de um mesmo problema de base enfrentado por todos os engenheiros rodoviários. Considerando-se o clima, o tráfego, os materiais, os recursos financeiros e de equipamento disponíveis, que tipo de obra se deve executar, e como conservá-la? (J. L. Bonenfant, "Construction et Entretíen des routes en pays peu peuplées ou dont l'economie est encore peu developpée". *Revue Générale des Routes et Aerodromes*, dez. 1953)

O desenvolvimento não implica necessariamente na criação cientifica nacional

Como povo, nosso ponto forte residiu na aplicação prática de princípios científicos, mais do que em descobertas originais [...]. Importamos nossa teoria do exterior e nos concentramos em formas de aplicá-la a problemas concretos e imediatos. (*Science and Public Policy. Report*, Scientific Research Board, Washington, 1947)

A alienação da elite litorânea não deve obscurecer a atividade prática do povo

Recentemente os historiadores se deram conta do quanto estão amarrados a documentos. [...] Mesmo no século XVIII, o que sabemos realmente – e em termos de registos escritos, o que podemos saber – sobre nove décimos das pessoas que eram analfabetas e sem voz inclusive em sociedades alfabetizadas? [...] Existe uma vasta sub-história que é como a pré-história. Ela precisa ser explorada, se quisermos ter uma história da humanidade e não apenas uma história da aristocracia [...].

Houve muita originalidade e força criativa naqueles que não constam nos registros. [...] Este tipo de coisa incomoda muitos historiadores, profissionalmente treinados como são para prover uma nota de rodapé documental para "provar" cada afirmação. Mas grande parte da vida escapou aos documentos. (Lynn White Jr., "The Changing Past", in *Frontiers of Knowledge*. New York: Harper, 1956)

Não se pode estudar a redução sociológica sem estudar a prática nos vários setores

Il fallait d'abord étudier les choses avant de pouvoir étudier les procesus. (F. Engels, "Ludwig Feuerbach et la fin de la philosophie classique allemande", In K. Marx e F. Engels, *Études philosophiques.* [Paris:] Editions Sociales, 1951)[4]

Quando há interesses em jogo, a consciência crítica se aguça, faz-se a redução

O Marquês de Olinda, em 1867, dizia que "uma só palavra que deixe perceber a ideia de emancipação, por mais adornada que ela seja, abre a porta a milhares de desgraças. [...] Os publicistas e homens de Estado da Europa [referia-se à mensagem da Junta de Emancipação Francesa] não concebem a situação dos países que têm escravidão. Para cá não servem suas ideias. (João Cruz Costa, *Contribuição à história das ideias no Brasil*. [Rio de Janeiro:] José Olímpio, 1956)

GUIA MÉDICO PARA USO DOS HABITANTES DO INTERIOR DA AMAZÔNIA
Extratos do *Prefácio* escrito para a terceira edição do *Guia médico*, escrito pelo capitão-médico Hermenegildo Lopes de Campos. A terceira edição iria sair em 1926. A primeira edição saiu no final do século XIX.

Alguns oficiais do mesmo ofício qualificaram o *Guia* como livro de pajelança porque ensinam-se remédios caseiros, feitos com plantas! Tais sabichões deveriam conhecer a história das plantas

---

4 "As coisas tinham de ser investigadas primeiro, antes de que os processos pudessem ser investigados." Friedrich Engels, *Ludwig Feuerbach e o fim da filosofia clássica alemã*, trad. José Barata-Moura. Lisboa/Moscou: Avante/Edições Progresso, 1982. Obras Escolhidas em Três Tomos. [N.E.]

presentemente adaptadas no receituário... que foram em princípio empregadas pelo povo. [...] Mas os tais criticastros preferem aplicar preparações duvidosas, remédios estrangeiros, quase sempre caros, sem terem a certeza de sua eficácia... O dr. Monteiro da Silva, em artigo publicado em *A Noite* de 12 de fevereiro de 1923, sob o título "Considerações sobre a flora brasileira", diz que nós, médicos, por uma espécie de dignidade profissional mal compreendida, desdenhamos os remédios da nossa flora, tão simples e enérgicos, em favor de produtos minerais de ação duvidosa. Diz ainda: "o que seria desta população sertaneja, se não fossem as plantas medicinais que brotam por toda a parte...?" [...] Outro *sobredito cujo* disse a alguém: "O Campos devia ter mencionado o nome científico do vegetal!". Mas, digo eu, de que serve para o habitante do interior saber que o camapu é uma *Physalis edulis*...? Referi na segunda edição que os tais me censuravam porque eu falava em sovaco, barriga da perna, boca do estômago etc. Querem eles que para pessoas sem cultura científica eu fale em região gastrocnêmica, axila, *sternum*...

APÊNDICE

V. O PAPEL DAS PATENTES NA TRANSFERÊNCIA DA TECNOLOGIA PARA PAÍSES SUBDESENVOLVIDOS
[1960]

Em 1960, na qualidade de Delegado do Brasil na XVI Assembleia Geral das Nações Unidas, proferimos o discurso abaixo transcrito, encaminhando a discussão do projeto intitulado: O papel das patentes na transferência da tecnologia para países subdesenvolvidos. *Esse projeto se transformou na Resolução n. 1713 (XVI) da referida Assembleia.*

Senhor Presidente: Em nome da Delegação do Brasil e à guisa de esclarecimentos sobre o projeto ora em vias de ser discutido, intitulado *O papel das patentes na transferência da tecnologia para países subdesenvolvidos* (Doc. A/C.2/1565), cumpre-me proceder a algumas considerações preliminares.

A matéria pode ser examinada em vários níveis de profundidade. Creio, porém, não ser necessário, nesta ocasião, acentuar os seus aspectos analíticos. Sei quanto ela é delicada. Tenho alguma experiência das desagradáveis controvérsias que costuma suscitar, notadamente no círculo restrito dos que têm grandes interesses investidos no vigente sistema internacional de patentes. Em tais círculos, posso dizê-lo com conhecimento de causa, é por assim dizer difícil, se não impossível, conseguir uma discussão inteligente do assunto. Aí, muito pouco se logra ir além dos reflexos condicionados, prevalecem pontos de vista *biased* [enviesados], distorcidos por *wishful thinking*, em resumo, esclerosados, como se não admitisse revisão o que até agora tem sido praxe no domínio da transferência da tecnologia para os países subdesenvolvidos. Anima-me, porém, o fato de que nos integrantes desta II Comissão reconheço homens que, não só por dever de ofício como por treino acadêmico e por vocação humanística, vivem permanentemente sob o imperativo da objetividade.

Os motivos que levaram o Governo do Brasil a propor às Nações Unidas uma investigação sobre patentes não são românticos. A investigação lhe interessa de perto e aos países que, na América Latina, África e na Ásia, iniciaram, na presente época, o seu processo de industrialização, mas também atende às necessidades nacionais dos povos materialmente avançados.

A atitude dos povos no tocante ao problema tem variado historicamente. Houve tempo em que na Grã-Bretanha as patentes eram impopulares e ordinariamente condenadas como "monopólio". Então eram concedidas a favoritos políticos antes que propriamente aos inventores. Entre os ingleses, a atitude mudou por volta de 1775 quando Watt obteve patente de seu invento. Progressivamente passaram a ser admitidas como meios de premiar e encorajar o esforço criador no domínio tecnológico. No presente momento da evolução histórica, as patentes adquirem novo significado, à luz do qual é necessário examinar o tradicional sistema internacional que tem regido a sua utilização.

Com efeito, até bem pouco, a tecnologia se formava prevalecentemente por um esforço pedestre de acumulação de inventos, cada um deles representando largamente soluções empíricas obtidas por cidadãos industriosos, a braços com imperativos e necessidades estreitamente relacionadas a objetivos tópicos. Em tais condições, se os inventos não eram propriamente descobertas casuais, decorriam de desafios que se apresentavam sobretudo em locais ou zonas privilegiadas. Em outras palavras, a tecnologia era fenômeno local. Nos tempos clássicos da industrialização, nela madrugaram a Inglaterra, a seguir os países da Europa Ocidental e mais tardiamente os Estados Unidos.

Todavia, no mundo de hoje, na medida em que a tecnologia se depura no elementar empirismo que marcava sua fase anterior e se torna crescentemente científica, emancipa-se do localismo, adquire caráter universal. É dizer, nela podem ter acesso direto todos os povos. A tecnologia amadureceu como atividade sistemática. Sua essência revela-se hoje a todo homem devidamente treinado e educado, onde quer que esteja. E, o que é verdadeiramente auspicioso para a humanidade, acabamos de descobrir, como já se observou, que a essência da tecnologia não é tecnológica. Que quer isso dizer? Quer dizer que o que define a tecnologia é uma atitude metódica, antes que somatório de inventos ou materiais tecnológicos. Foi-se o tempo do inventor-vedete, do inventor considerado à maneira das primeiras bailarinas dos conjuntos coreográficos, como ente raro, dotado de predicados singu-

APÊNDICE

lares, capricho da natureza. Embora hoje como sempre não se possa e não se deva negligenciar a importância dos fatores que predispõem uns indivíduos mais do que outros para o invento, este se torna cada vez mais resultado de trabalho de equipe, produto da pesquisa socialmente organizada. Vivemos numa era de planificação do invento, em que o inventor se forma no laboratório. A novidade radical da presente fase da tecnologia consiste em que ela se tornou inseparável da ciência. No passado, ela se desenvolvia independentemente da ciência, o que, em nossos dias, não mais se verifica.

Jamais a antiga tecnologia empírica seria capaz de resolver os problemas que a indústria atual apresenta. As respostas para os grandes problemas tecnológicos cabem à Ciência pura oferecer. Um capítulo da matemática, por exemplo, a teoria estatística dos valores extremos assegura a solução de problemas que, sem ela, implicaria infindáveis tentativas e erros do inventor isolado e empírico. Entre esses problemas se incluem o da fadiga dos metais e do controle e predição dos fenômenos meteorológicos, como secas periódicas, pressão e temperatura atmosférica, nevada e chuva. Também no projetamento e na manufatura de instrumentos, o predomínio da ciência é marcante, sem o qual não seria possível, por exemplo, o goniômetro, usado na indústria química para determinar o índice refrativo dos fluidos; o polarímetro, usado para fins médicos, para determinar a quantidade de açúcar na urina; o pirômetro, que, no fabrico de lâmpadas elétricas e de utensílios de ouro e de prata, serve para medir altas temperaturas; o refratômetro de açúcar, que, na manufatura açucareira, se destina à leitura de percentagens de peso do açúcar; e, do mesmo modo, outros aparelhos, como o eletroscópio, o anomaloscópio, o focômetro. Não fossem os avanços da ciência pura e seria impossível o que conseguimos hoje na indústria farmacêutica e biológica, na produção de aço, alumínio, petróleo, gasolina, penicilina, eletricidade e oxigênio, dos sintéticos em geral, bem como no projetamento e nos métodos de construção que caracterizam a engenharia moderna. Inventa-se, hoje, o que se quer, desde que se disponha de adequadas condições materiais. O próprio problema do segredo, no tocante às invenções, perde relevância. Cada vez mais nos aproximamos do dia em que se poderá dizer que não existem segredos no domínio tecnológico. Sabemos que o que eventualmente confere a determinado país lugar de destaque, neste ou naquele setor, é menos um avanço no terreno científico propriamente do que no terreno material. Grande parte do atraso tecnológico que hoje afeta muitos países pode ser sanado, se forem tomadas decisões políticas e medidas institucionais pertinentes. Não seria de todo injustificado afirmar que a capacidade política dos governantes gera a capacidade tecnológica em suas respectivas nações.

Na discussão do projeto de resolução em pauta, é necessário não perder de vista o ineditismo da tecnologia em nossa época. A tecnologia se institucionalizou. Subordinada à Ciência, progride tanto mais quanto acentue o caráter de instituição social. Em muitos países, as grandes empresas privadas planificam a criação de inventos, no seu interesse, e o êxito dos seus negócios depende de permanente pesquisa de inovações e melhoramentos tecnológicos, a cargo de quadros profissionais institucionalizados. Apenas para ilustrar o que digo, lembro que é isso que ocorre em companhias como a DuPont, a Eastman Kodak, a General Electric, a American Telegraph and Telephone, que, desde 1925, mantém em Nova York os famosos Bell Laboratories.

Mas a institucionalização da tecnologia no nível das empresas privadas nem sempre coincide com os interesses públicos, dos quais os governos devem ser zeladores. Chego aqui a um ponto importante da filosofia de nosso projeto de resolução. O uso e difusão da tecnologia é questão que requer tratamento à luz de critérios públicos. Poderia mencionar exaustivamente ocorrências comprovadoras de que o atual sistema internacional de patentes não tem podido evitar abusos de toda ordem, que sacrificam interesses públicos. Se, no decorrer da discussão do projeto, for necessário referir concretamente os flagrantes de tais abusos, não deixarei de fazê-lo. Faço votos, porém, de que procedamos a uma discussão alta da matéria, sem levar a constrangimentos os distintos Delegados integrantes desta Comissão. Em todo caso, permito-me afirmar em tese que o vigente sistema internacional de patentes ainda sofre, em apreciável escala, de interferências monopolísticas ou oligopolísticas que é preciso eliminar. É sabido que, em certos casos, patentes são requeridas por não nacionais sem nenhuma intenção de manufaturar localmente o produto patenteado ou de aplicar a nova técnica, o que restringe o campo aberto à indústria e à iniciativa locais. E ainda que as concessões de licenças pelas quais

APÊNDICE

uma firma local ou um grupo de firmas é autorizado a utilizar invenção patenteada frequentemente contenham cláusulas restritivas, tais como: a) restrição na liberdade do beneficiário da licença de vender o produto licenciado em certas áreas; b) exigência de que o licenciado compre matérias-primas do titular da patente ou seus componentes manufaturados; c) exigência de que o licenciado utilize pessoal técnico empregado pelo titular da patente; e d) restrições sobre preço e níveis de produção, que impedem uso *optimum* de recursos, penalizam o consumidor e criam injustificáveis pressões monopolísticas na economia. Documentos do Comitê de Patentes do Senado e da Antitrust Division of the Department of Justice, nos Estados Unidos, contêm abundantes informes sobre práticas nocivas ao público, adotadas por grandes *corporations*, sob a proteção de patentes. Assim é que se tem observado a aplicação da chamada *patent blitzkrieg*, no setor da indústria de rádio, produtos químicos, metais, objetos de óptica e elétricos. Recorrendo à *patent blitzkrieg*, cartéis aniquilam os seus competidores menores ou independentes, dominam indústrias inteiras, usando "ações de infringimento", procedimento que tem danosas consequências financeiras, pois os bancos não costumam fornecer ajuda creditícia a empresas que estejam ameaçadas de tais ações e, muito menos, que nelas estejam efetivamente envolvidas. Não desejo fatigar os membros desta Comissão expondo-lhes as minúcias do que se poderia chamar de patologia do sistema de patentes, o que levaria a aprofundar-me na cabalística das *umbrella patents*, *patent pools*, *bottleneck patents*, *accordion patents*.

Do exposto, não se deve concluir que a Delegação do Brasil julgue necessário extinguir o sistema de patentes. Não somos idólatras, cumpre esclarecer. É possível que um dia, no futuro, desapareça o sistema de patentes. Então terá cumprido sua missão histórica. A nós parece ingênuo e insensato levantar essa tese nesta Comissão. Não temos objetivos polêmicos. O sistema de patentes, nas atuais condições históricas do mundo, ainda é útil, apenas carece de ser expurgado de suas deficiências. De qualquer modo, para confirmar o caráter não radical ou revolucionário do projeto, talvez seja elucidativo observar que o meu governo tem como ponto básico de sua política a defesa da indústria brasileira. Necessidades de toda ordem, entre as quais avultam as dificuldades de aquisição de equipamentos no exterior, têm levado os industriais brasileiros em suas empresas a emprestarem grande encorajamento às inovações tecnológicas. Mantêm, por exemplo, em São Paulo, a Associação Brasileira de Indústria de Base, que se ocupa com problemas de nacionalização de *engineering*, tendo já, mais de uma vez, oferecido soluções brasileiras para problemas de construções de refinarias e de portos, que antes seriam impossíveis sem o concurso alienígena. Começamos já a exportar patentes. A maior fábrica de tornos no mundo ocidental é brasileira. Está localizada no município de Santa Bárbara d'Oeste, em São Paulo. Foi fundada por um imigrante italiano, há algumas décadas, e é hoje dirigida pelos seus filhos brasileiros. Dessa empresa brasileira utilizam patentes fábricas que operam aqui nos Estados Unidos e na Alemanha Ocidental. Como no México, na Argentina e em diversos outros países da América Latina, Ásia e África, vivemos hoje no Brasil um momento em que se verifica febril surto de inovações tecnológicas. Os que trabalhamos nos órgãos governamentais de programação econômica a todo instante recebemos notícia dos progressos tecnológicos que se registram no interior das fábricas. Não há muito, tive conhecimento de que uma fábrica de meias em São Paulo, premida pelas dificuldades cambiais que impossibilitavam o reparo de suas instalações, logrou não somente obviar seus problemas de reinstauração de peças como, ainda, graças a uma equipe de operários diligentes, conseguiu criar novo tipo de máquina têxtil, mais bem ajustada às propriedades do fio de algodão brasileiro que as estrangeiras e que, por isso, produz meias de melhor qualidade do que as obtidas com equipamento importado. A companhia Cobrasma, há poucos anos, foi vitoriosa numa concorrência internacional para fornecer vagões à Argentina, concorrência da qual participou um país da Europa Ocidental. Um jovem recém-formado por uma escola de química vem de descobrir e aperfeiçoar no Brasil um processo revolucionário de exploração de nossas jazidas de zinco em Minas Gerais. Nossa primeira fábrica de zinco, a ser construída em fins de 1962, produzirá, em 1963, 7 200 toneladas em lingotes, o que representará 20% do consumo interno e uma economia de divisas da ordem de US$ 1.800.000,00.

Relato esses incidentes da indústria brasileira, entre uma infinidade de outros, para frisar que o Governo brasileiro não perfilha, no presente momento, nenhum ponto de vista radical contrário à existência de um sistema internacional de patentes. Reconhece, porém, que nele se verificam abusos que merecem acurado exame da parte de entidades como as Nações Unidas, não comprometidas com os seus vícios de origem.

A Delegação do Brasil distribuiu, em caráter informal, aos distintos Delegados de outros países, um *memorandum* sobre o projeto. Creio que as intenções do meu Governo estão ali devidamente esclarecidas. Aguardo, porém, os pareceres dos meus distintos colegas e reservo-me o direito de tomar a palavra para voltar ao assunto quando isso for necessário na defesa do projeto. Agradecido, Senhor Presidente.

VI. ANÁLISE DO RELATÓRIO DAS NAÇÕES UNIDAS SOBRE A SITUAÇÃO SOCIAL DO MUNDO
[1961]

Durante a xvi Assembleia Geral das Nações Unidas, coube-nos, como delegado brasileiro na iii Comissão, analisar o Relatório de 1961 do Conselho Econômico e Social sobre a Situação Social do Mundo. Reproduzimos, em seguida, o pronunciamento em apreço.

Senhor Presidente: no ensejo em que, em nome da Delegação do Brasil, passo a examinar a matéria do Relatório do Conselho Econômico e Social, relativa a esta iii Comissão, cumpre-me inicialmente proceder a algumas considerações gerais que, espero eu, melhor esclarecerão o sentido das apreciações que formularei a respeito de pontos concretos desse documento.

A leitura do Relatório sobre a Situação Social do Mundo (1961) me inspira um sentimento de admiração pela sua qualidade e pelo esforço de objetividade que nele transparece, e, decerto, as informações que contém, ainda que possam suscitar restrições quanto a alguns de seus aspectos, contribuem para o avanço do conhecimento dos problemas mundiais no momento atual. Ademais, o Relatório do Conselho Econômico e Social constitui informe de elevado nível, que apresenta com sobriedade e clareza o teor das discussões ali havidas a respeito de várias questões, inclusive daquelas cujo exame incumbe à iii Comissão.

Todavia, há que observar preliminarmente que ambos os documentos refletem ainda, em considerável escala, uma composição das Nações Unidas predominante até bem pouco, mas agora significativamente modificada. Na verdade, e o que vou dizer honra os que há dezesseis anos fundaram esta Organização, a igualdade, neste parlamento de povos que são as Nações Unidas, cada vez menos vai-se tornando princípio formal e abstrato e tende a adquirir, em nossos dias, plena eficácia no domínio prático. Vários indícios dessa auspiciosa tendência parecem inequívocos, entre eles a atitude hoje prevalecente nesta Organização,

APÊNDICE

relativa ao impostergável direito de autodeterminação dos povos, à não discriminação contra povos que adquiriram na luta requisitos nacionais de fato e à solução que, dentro do espírito da Carta, foi adotada para o problema administrativo surgido com o falecimento do eminente Secretário Geral Dag Hammarskjoeld. Essas ocorrências refletem a crescente força do critério da comunidade humana universal e o declínio de qualquer bloco ou particularismo no interior das Nações Unidas. Assistimos hoje ao nascer da nova forma de convivência internacional, em que hegemônicas pretensões caducam e predominam os interesses concretos do gênero humano. Somos um parlamento *sui generis*, onde pequenas e médias potências ganham estatuto político, inédito na história das relações internacionais, ao constituírem conjuntamente fator decisivo na elaboração de resoluções. A consciência desse fato tem primordial importância para nossos trabalhos, pois dela decorrem consequências que direi metodológicas. Senhor Presidente, desejo assinalar que esta afirmação de princípio tem plena oportunidade no contexto dos trabalhos desta Comissão. Com efeito, é falácia pensar que existe um ponto de vista desencarnado da história de cada um de nós, um ponto de vista de Sirius no exame das questões econômicas e sociais. No diagnóstico e na terapêutica dessas questões, tenha-se ou não consciência disto, parte-se, necessariamente, de interesses, de premissas políticas. Não é lícito negar essa contingência insuperável. O que é lícito, em cada momento, é indagar qual a premissa historicamente mais válida do ponto de vista do interesse do gênero humano e, enquanto assim o for, adotá-la, sistematicamente, no exame dos assuntos. Por conseguinte, a positiva mudança na correlação de forças que se vêm operando no interior das Nações Unidas deve traduzir-se numa mudança de óptica, de perspectiva, na análise dos fatos. Se somos um parlamento, é a diretriz política nele dominante que determina os alvos finais de todo trabalho realizado nesta Organização, no campo econômico, social e cultural. Essas ponderações não são fortuitas. Na II Comissão, várias delegações têm assinalado, não sem motivo, os embaraços opostos a uma eficiente cooperação internacional, particularmente no campo financeiro e econômico, por ilegítimas interferências particularistas e bloquistas. Nos assuntos de nossa III Comissão, a incidência desse particularismo, embora mais sutil, nem por isso deixa de se fazer sentir.

Senhor Presidente, Distintos Delegados: não faltarei ao dever de demonstrar, louvando-me em lances específicos dos relatórios em pauta, as minhas considerações anteriores. Por exemplo, Senhor Presidente, o Relatório sobre a Situação Social do Mundo é prova de que não faltam aos peritos das Nações Unidas refinado treino acadêmico, destreza técnica, inventividade, continência verbal nas assertivas, tal como convém aos trabalhos dessa natureza. No estágio atual da informação a respeito da vida dos povos, a atualização dos peritos chegou ao limite. Não obedeço a um imperativo protocolar ao emitir este parecer, Senhor Presidente. Faço justiça e presto merecida homenagem a esses funcionários, anônimos muitos deles, aos quais os nossos agradecimentos nunca serão excessivos. A despeito disso, Senhor Presidente, e não desejo disfarçar a gravidade da afirmativa que vou fazer, apesar disso, o Relatório apresenta deficiências que precisam ser assinaladas. São por assim dizer deficiências extrínsecas aos seus autores, graças a Deus, e, portanto, facilmente superáveis, se as condições de que resultam não continuarem a permanecer inconscientes e forem trazidas ao plano da reflexão. Em que consistem? Consistem em que o Relatório, embora bem acabado quanto à forma, é largamente uma exposição difusa, esgarçada, sem rosto quanto ao fundo. Não se lhe descobre, se for permitida a expressão – o vetor-mestre, a espinha dorsal, a linha central. É uma exposição em que as considerações se sucedem em nível notadamente abstrato, em que coisas de diferentes sentidos e valores são justapostas em horizontal e, por consequência, de escasso teor conclusivo. Há, no meu país, um dito segundo o qual "à noite todos os gatos são pardos". O Relatório apresenta os fatos numa espécie de "noite em que todos os gatos são pardos"! É certo que, assim mesmo, representa imenso serviço a todos nós, pelas informações minuciosas e idôneas que contém. É lícito, porém, observar que o domínio das instrumentalidades científicas e técnicas que revelam ter esses peritos poderá ser utilizado com crescentes resultados práticos, tanto mais quanto se clarifique o fato de que a vocação das Nações Unidas é tornar-se, de modo sistemático, agência militante em favor de interesses concretos do gênero humano em sua episódica situação atual.

Com efeito, Senhor Presidente, lá estão no Relatório, como *disjecta membra*, como pérolas esparsas de um colar partido, proposições-chave

APÊNDICE

que, se fossem desenvolvidas com a sistematicidade que merecem, saneariam o texto em exame do defeito de invertebração de que padece.

À página 82, lê-se: "Se o crescimento econômico é ou não benéfico, e em que escala o é, depende do modo conforme se realiza e das direções que se lhe imprime – circunstâncias que são largamente determinadas pelo arcabouço político, social e cultural em que transcorre".

Aqui se menciona, em primeiro lugar, a circunstância política. É tímido o perito, mas, afinal, se não estou enganado, o texto me comunica a convicção de que reconhece a premissa política do desenvolvimento. Mas infelizmente todo o capítulo em que se encontra essa frase é uma série de enunciados hamletianos, sucessão de vários "se", "mas" ou "quando" em que aspectos do crescimento das Filipinas, da União Soviética, da Federação Malaia, da Venezuela, da Polônia, do Paquistão, da Iugoslávia, dos Países Baixos, da Noruega, da Áustria, de Porto Rico são referidos, conforme o princípio de que "à noite todos os gatos são pardos". Sobre Porto Rico, afirma-se nesse capítulo, o n. v: "Em Porto Rico, a eliminação do desemprego foi, certa vez, considerada objetivo primordial de desenvolvimento econômico, mas, depois, a ênfase foi mudada para o aumento *per capita* da renda" (p. 83).

E a seguir passa adiante, como se não valesse a pena discutir essa alteração de tônica. É de perguntar-se: "As Nações Unidas não têm preferência firmada por uma daquelas alternativas?". Mais adiante, Senhor Presidente, retomarei essa questão.

À página 58 do Relatório sobre a Situação Social do Mundo, lê-se: "muitas diferenças nos padrões econômicos podem ser explicadas *apenas* em termos da subjacente estrutura econômica e social da *distribuição da renda entre diferentes grupos*" (os grifos são meus). E prossegue: "a disparidade entre os indicadores econômicos e sociais, em casos em que os últimos se apresentam atrasados, é frequentemente indicação de *desigualdade na distribuição da renda*" (grifos meus).

Seria desejável que o Relatório tivesse utilizado mais extensa e profundamente essa correlação axiomática entre distribuição da renda e bem-estar, pois assim o texto ganharia em teor conclusivo e atributos de instrumento pedagógico de formação de uma consciência clara das verdadeiras causas dos problemas sociais. Receio que a referência ocasional a um ponto de vista correto e tão capital no esclarecimento dos problemas sociais dilua e até anule a sua força persuasiva. Desejo que chegue depressa o dia em que as unidades técnicas das Nações Unidas se sintam encorajadas para, de maneira analítica, tirar todo partido dos magníficos levantamentos que vêm realizando no mundo, à luz do ponto de vista metódico implícito na referida correlação. O Relatório informa que, por volta de 1950, um décimo da população de países como os Estados Unidos, a Inglaterra e o Canadá recebiam cerca de 30% da renda total; que se pode estimar que 80% da população recebem apenas 55% da renda social, na Ásia, e 40%, na América Latina; que, em 1957, pode-se estimar, ademais, que apenas 16% da população mexicana recebiam 56,5% da renda nacional; que a 17% da população do Brasil se destinavam 63% da renda total; e, ainda, que apenas 12% da população venezuelana se apropriavam de quase metade da renda total. O "problema do desenvolvimento econômico social equilibrado" jamais terá solução enquanto esses desníveis não forem eliminados. As Nações Unidas são um parlamento incumbido de homologar e encorajar os esforços dos povos, em todo o mundo, no sentido de abreviar o desaparecimento dessas desigualdades.

O registro que mais aplaudi no Relatório assim diz (p. 21): "Governos de alguns países têm procurado proteger ou estabilizar as rendas dos produtos de bens agrícolas, exportáveis, mesmo às custas de pesadas compras excedentes, como no Brasil. Essas medidas, todavia, têm ajudado em geral apenas aos mais prósperos fazendeiros".

Senhor Presidente, o governo do meu país não é monolítico. Dele participa também a categoria dos "prósperos fazendeiros". Mas está aberto a esse tipo de crítica honesta, judiciosa e procedente. Essa crítica, prestigiada pelas insígnias das Nações Unidas, constitui sólido amparo às forças progressistas do meu país, que hoje dão ao governo o suporte para extinguir os tratamentos favorecidos, quando não têm mais razão de ser, do ponto de vista público. O governo do meu país está, neste momento, tomando as medidas tendentes a dirimir a anomalia referida no Relatório. Mas é preciso dizer que essas providências implicam, para o Brasil, não apenas um problema interno, mas também um problema externo. Não julgo oportuno, agora, ir ao fundo deste último aspecto. Não quero, porém, deixar passar o ensejo de observar que a dita anomalia é, em grande parte, resultante de irracionalidade no campo internacional. Muito do que a determina poderia ser obviado, se houvesse menos confinamentos, de várias ordens, na divisão internacional do trabalho, ora vigente no mundo. As relações econômicas entre os países, nesta segunda metade do século xx, estão marcadas de inatualidade e irracionalidade. Em nossa época, todas as condições objetivas existem já que permitem nova divisão internacional de trabalho, em que não haja o que alguns parecem acreditar constitua desígnio da natureza, quando é tão só reflexo de anacrônica forma histórica de intercâmbio – a famosa tendência secular para a deterioração dos termos de troca dos países subindustrializados. No seio das Nações Unidas, devemos agir para que amadureçam as condições subjetivas de que resulte o advento de nova divisão internacional do trabalho, em que desapareça aquela tendência.

Passarei, em seguida, a examinar assunto específico de nossa Comissão, isto é, "o problema do desenvolvimento econômico e social equilibrado". Sem dúvida, mais uma vez, a consciência sistemática do condicionamento eminentemente político de tal problema não deve ser perdida de vista. Em seu parágrafo 483, o Relatório do Conselho Econômico e Social informa que:

> certos membros (do Conselho) julgaram que a maneira como os autores do Relatório (Relatório sobre a Situação Social do Mundo, 1961) tinham analisado a situação nos países recém-independentes deixava a desejar, notadamente enquanto não levava em conta os fatores políticos ligados à abolição do regime colonial.

A Delegação do Brasil apoia esse reparo e formula o voto de que no próximo Relatório sobre a Situação Social do Mundo, que se anuncia para 1963, seja dedicada parte substancial à matéria. Está por fazer-se, em verdadeiro nível científico, a sociologia do equilíbrio econômico e social nos países periféricos.

O desenvolvimento econômico e social nos países subindustrializados é, deve ser, sucessão de desequilíbrios, contínua substituição dos desequilíbrios existentes, por outros, menos onerosos, do ponto de vista humano e social. Se se abstrai esse ponto de vista, é ideológico, não é científico, o requisito do equilíbrio entre o econômico e o social. Direi mesmo que é utópica a esperança de um estágio de desenvolvimento em que se atinja, afinal, definitivo equilíbrio entre o social e o econômico. Todo momento de superação de determinado desequilíbrio é início de outro. Os problemas sociais que o desenvolvimento cria só o desenvolvimento pode resolver. Senhor Presidente, começo a perceber que entro em indagações em que me sinto inseguro. Não tenho pendores filosóficos. Volto depressa à esfera de raciocínio para a qual minha competência é menos limitada. Desejo frisar que os problemas sociais não podem ser decifrados, se a pesquisa de seus determinantes políticos não constituir parte (e parte saliente) do esforço do estudioso. Apresentar a situação social de diferentes países em termos quantitativos, omitindo certas considerações qualitativas, é tarefa insatisfatória e equivale a pouco mais do que permanecer na superfície dos fatos. Poderia aproveitar o ensejo para ilustrar o meu pensamento. Por exemplo, um dos aspectos da situação social é o das condições habitacionais.

Pois bem, deixemos de lado o fato de que a significação social da moradia é histórica e socialmente variável. Visitei regiões cujas moradias, segundo os meus critérios pessoais, me pareciam execráveis, e, no entanto, o fato de que os habitantes dessas regiões estavam empolgados numa gigantesca tarefa coletiva, participando da qual cada um encontrava tarefa criadora, razão de viver que antes não tinham, esse fato lhes bastava para transcender uma circunstância que se me afigurava insuportável e para lhes dar a certeza, não ilusória aliás, de que podiam contar, com segurança, com a eliminação, em prazo útil, de suas precariedades habitacionais como resultado inevitável de seu esforço produtivo. Alongar-me-ia demais, porém, se entrasse em pormenores nesse particular. Quero dizer que o problema habitacional de muitos países é insolúvel sem modificação nos suportes do poder em seus respectivos regimes políticos. Certos regimes políticos determinam, de modo irremediável e crônico, más condições habitacionais a vastas parcelas da coletividade, cuja superação é inconcebível sem a desconcentração compulsória da renda social, em resumo, sem a expansão do setor público no sistema econômico. Esse raciocínio, que não põe entre parênteses os fatores políticos, é igualmente indispensável para objetiva e correta clarificação de outros aspectos das chamadas questões sociais.

Não se pode negar seriedade ao requisito de equilíbrio entre o social e o econômico. Mas é preciso qualificá-lo devidamente. Quem quer

APÊNDICE

que tenha realizado funções em órgãos de programação econômica sabe que são interdependentes os avanços nos diversos setores da atividade produtiva. É sabido que determinada meta num setor pode deixar de ser cumprida quando os setores auxiliares não realizam, por qualquer motivo, a produção de bens nos níveis quantitativos adequados. O cálculo dessas interdependências é capítulo da técnica econômica, e dele nenhum competente programador pode descurar. Mas, enquanto as correspondências entre os vários setores da atividade propriamente econômica se prestam mais facilmente a tratamentos quantitativos, já as correspondências entre o social e o econômico envolvem prioritárias indagações, pertinentes ao terreno da decisão política. Nenhum cérebro eletrônico pode responder às perguntas que suscitam as correspondências entre o social e o econômico, as quais necessariamente refletem a força das diferentes categorias sociais na competição pelo poder.

Convém advertir, lealmente, que, no contexto de países subindustrializados, a referência enfática ao "problema do desenvolvimento econômico e social equilibrado" pode prestar-se a interpretações sibilinas e encorajar a sabotagem de programas governamentais de industrialização, sabotagem em que se aplicam habitualmente círculos do patronato interessados na conservação de anacrônicas estruturas latifundiárias. A nós latino-americanos, asiáticos e africanos, aquela expressão lembra o clamor que, em certos meios retrógrados de nossos países, se tem levantado contra a industrialização, sob o pretexto de que promove desequilíbrios, de que distorce o sistema econômico. Não tem faltado mesmo, para dar curso a essas teses, o apoio de nacionais e estrangeiros, que exibem títulos de sociólogos e economistas. Ocorre-me relatar que, há quase duas décadas, quando o governo brasileiro tomou a iniciativa de criar Volta Redonda, hoje ainda a nossa maior unidade siderúrgica, conhecido economista de fama internacional declarou, na imprensa do meu país, que a considerava "criminosa". No período de demarragem da industrialização em alto nível capitalista, surgiu, em meu país, enorme celeuma em torno do chamado "êxodo rural", de que não estava ausente o intuito de minar a aprovação pública aos programas governamentais de desenvolvimento. Creio que Delegados de países africanos e asiáticos poderão trazer ao conhecimento desta Comissão ocorrências semelhantes. Evidentemente, os proprietários de latifúndios anacrônicos têm razões para dramatizar o "êxodo rural", esse desequilíbrio crônico e inevitável de todo processo de industrialização.

Com efeito, a industrialização, com a sua vocação gregária para concentrar-se ali onde existem economias externas e *overhead social*, cria empregos, oferece salários mais altos do que os vigentes no campo, politiza as camadas populares, e tudo isso é desfavorável ao patronato latifundiário, habituado a utilizar mão de obra a preço vil e a toda sorte de vantagens pecuniárias e sociais que o desenvolvimento econômico lhe subtrai enquanto persiste em não querer modernizar os processos de produção ou converter os seus negócios em outros mais ajustados aos reclamos globais da economia nacional. A questão do equilíbrio, nos países periféricos da África, da Ásia e da América Latina, requer certas qualificações técnicas. É pertinente considerar que o equilíbrio pode constituir uma ideologia, um *bias* [viés] do pensamento econômico nos meios universitários de países cêntricos, cujas estruturas econômicas maduras necessitam um balanço de fatores, no qual o menor grau de instabilidade assume significado calamitoso. Dado o caráter refinado dos seus fatores, essas estruturas respondem, com extrema sensibilidade, às pequenas modificações conjunturais. O tema do equilíbrio, em tais circunstâncias, deve ter elevada prioridade. É, no entanto, menos relevante nos sistemas econômicos precários. Argumento de má-fé seria o de quem alegasse que essas observações implicam apologia do desequilíbrio nos países subindustrializados. Na verdade, nos sistemas econômicos nacionais que, na América Latina, na Ásia e na África, estão iniciando a fase de *take-off* [decolagem] de sua industrialização, o desequilíbrio entre o econômico e o social é doença infantil, que pode ser tratada com remédios caseiros.

A condição mesma para que se chegue à idade adulta, em boas condições de saúde, é ter sofrido, nas idades adequadas, as doenças infantis que constituem o cortejo clássico do período de crescimento. As estruturas econômicas dos países latino-americanos, africanos e asiáticos são comparativamente grosseiras, e o tratamento de muitos de seus problemas pode ser feito com processos simples e empíricos. Aí se descobrem, sem grandes dificuldades, esses desequilíbrios, de sorte que distrair, além do limite necessário, a atenção de técnicos para o estudo monográfico desse assunto, em alto nível analítico, pode resultar em

APÊNDICE

perda de tempo e malbaratamento de recursos humanos. Os critérios de alocação do pessoal técnico em cada país devem ser induzidos de suas peculiaridades estruturais, imunes ao que seria permitido chamar de "efeito e prestígio". O prestígio dos meios técnicos e universitários cêntricos é imenso nos países periféricos que, em diferentes graus, ainda são mais consumidores do que produtores de cultura. Esse prestígio tem raízes profundas, que não posso examinar agora.

Contento-me em observar que, frequentemente, tem levado os governos de países subindustrializados a adotarem, na política de formação de pessoal técnico e da educação em geral, critérios simétricos aos vigentes em nações da vanguarda ocidental, os quais nem sempre se compadecem com as exigências efetivas das coletividades subindustrializadas. Algumas formas de assistência técnica e educacional têm agravado essa deplorável situação.

O trabalho educacional, as atividades científicas e técnicas se frustram quando se orientam por critérios de organização, de fundo e forma, não específicos em cada país. No tocante aos países subindustrializados, há muito que fazer, no campo da teoria e da prática, quanto à questão do saber. Temos que confessar que apenas começamos a dar alguns passos seguros nesse terreno. As correspondências entre o social e o econômico constituem assunto delicadíssimo. Extrapolações imprudentes, no aconselhamento pelas Nações Unidas aos países subindustrializados, podem levar a irracionais alocações de recursos humanos e de toda natureza. Por exemplo, é preciso não confundir as necessidades acadêmicas de conceituação e refinamento, abstratamente legítimas, com as necessidades concretas dos povos subindustrializados. Procurei em vão, no Relatório dos peritos, considerações claras a respeito da relevância do "social" nos países subindustrializados, em comparação com os da vanguarda ocidental. Esclareço, não me refiro à comparação por meio dos chamados "indicadores", em que é admirável a virtuosidade dos peritos, verdadeiros paganinis da sociometria. Refiro-me ao fato, que me parece necessário ressaltar, de que num *gradient* o "social" tem pesos diversos, conforme a etapa de desenvolvimento econômico. Quanto mais alta essa etapa, mais relevância tem o "social". Quanto mais baixa, mais se dilui o "social", à vista da eminência do aspecto econômico. Em muitos países de condições materiais extremamente precárias, o aspecto econômico é tão contundente, que torna bizantinas cogitações analíticas sobre o "social". Aí, qualquer melhoria econômica reverte-se automaticamente em melhorias sociais. Nesse nível, não se coloca mesmo o "problema do desenvolvimento econômico e social equilibrado" ou dos "investimentos humanos", porque o que há a fazer é promover as populações, do ponto de vista da existência material. O resto vem por acréscimo, como se diz no Evangelho. Talvez seja perigoso levar demasiadamente a sério a distinção entre o "social" e o "econômico" ali onde as populações se encontrem em ínfimo nível material. Nunca é demais prevenirmos contra a tentação de confundir ficções didáticas em fatos concretos.

A significação relativa do "social" é assunto de máxima seriedade. A Delegação do Brasil pode ilustrar concretamente alguns males decorrentes de levianas avaliações de prioridades "sociais" ou de mecânicas transplantações de critérios. Há algumas décadas, quando se iniciou em meu país o movimento de modernização dos serviços de saúde pública, o governo enviou médicos ao estrangeiro, a fim de estudarem os novos métodos e processos sanitários. Com isso, muita experiência ganharam os nossos sanitaristas, e suas iniciativas foram e têm sido crescentemente benéficas. Mas, no começo, cometemos erros palmares, vítimas dos efeitos de prestígio de instituições modelares em países adiantados, da má aplicação dos princípios de analogia e simetria. Calcularam-se as necessidades de alguns serviços de saúde pública pelo processo da regra de três. Procurou-se, então, reproduzir no Brasil a mesma proporcionalidade que, nos países adiantados, as despesas governamentais diretas com serviços médicos tinham em relação ao número de habitantes ou à sua renda nacional. Alguns desses cálculos, observou um crítico, foram publicados em meu país não em moeda nacional, mas em dólares.

Assim, dizia-se que o governo devia gastar em serviços de saúde 3 dólares por pessoa. Estimou-se que devíamos ter 1 posto de puericultura para cada 10 000 pessoas, 1 leito para cada óbito de tuberculose, 5 leitos de hospital geral para cada 1 000 habitantes, 60 000 médicos, 100 000 enfermeiras de alta qualificação e até 165 000 leitos para doentes mentais. Posteriormente essas estimativas se revelaram primárias e equivocadas, uma vez que seus autores não tinham consciência clara das relações entre a saúde e as condições econômicas globais do país.

APÊNDICE

A vida mostrou que aquelas avaliações eram ingênuas. Um exemplo, apenas, para ilustrar. Como é sabido, o número de doentes mentais em virtude de fatores sociológicos óbvios assume considerável expressão nos países altamente industrializados, onde é extrema a heterogeneidade e diferenciação social, determinando o que os peritos do Relatório chamam de "anomia". Não quero dizer que doenças mentais sejam luxo, privilégio de países ricos. Quero acentuar que sua incidência em relação ao número de habitantes não apresenta nos países pobres a proporcionalidade que tem nas nações da vanguarda ocidental. Aqueles cálculos, como outros, por motivos de várias naturezas, eram viciados. De modo geral, eram tributários de certas concepções, ainda acolhidas infelizmente em determinados círculos, que professam exagerado otimismo quanto aos efeitos dos gastos diretos com serviços médicos sobre a saúde do povo. Otimismo, aliás, cuja ausência de objetivo fundamento é possível demonstrar com apurações que se encontram no próprio Relatório, em sua página 42. Assim, enquanto o coeficiente de correlação entre mortalidade infantil e número de habitantes por médicos é de 0,43, é de 0,69 o mesmo coeficiente entre consumo de energia e mortalidade infantil; de 0,81 o coeficiente entre mortalidade infantil e consumo calórico; e, finalmente, de 0,84 o coeficiente entre renda nacional *per capita* e mortalidade infantil. Aqueles modos simétricos de pensar causam hilaridade entre os nossos competentes sanitaristas, e o atual Ministro da Saúde os proscreveu definitivamente de nossas repartições governamentais. Disso é elucidativo o recém-elaborado Programa de meu governo, cujo capítulo sobre saúde afirma que procurará, entre outros objetivos, "estabelecer uma política de estudos e pesquisas dos chamados problemas de medicina colonial, pois, sendo estes particulares aos países subdesenvolvidos, suas soluções têm de ser encontradas pelos cientistas desses países".

Mas até recentemente ainda tinha vigência a antiga mentalidade, levando governos da Federação Brasileira ao superdimensionamento dos serviços médicos. Num dos estados do Brasil registrou-se, em 1955, que, das 38 camas existentes num hospital, apenas 14, em média, eram ocupadas; que em outro hospital, dos 50 leitos existentes, apenas 22, em média, eram utilizados e, em mais dois outros, se verificava também subutilização em alta escala, fato aliás que se repetia, naquela data, em diversas unidades da Federação Brasileira.

Espero que o relato desses erros do meu país aproveite a outros que se fazem representar nesta III Comissão e os acautele contra as extrapolações perigosas.

Para terminar, Senhor Presidente, focalizarei, em seguida, alguns problemas técnicos intimamente relacionados com o que, no Relatório, se chama de "indicadores" da situação social. À página 38, diz-se ali que: "O mais exato *approach* para compreensiva medida do desenvolvimento econômico e social é o índice de renda nacional *per capita*". A Delegação do Brasil, neste particular, não concorda plenamente com os peritos das Nações Unidas. O indicador é útil, mas de exatidão precaríssima. Há muito que aperfeiçoar na metodologia da contabilidade da renda nacional, adotada pelo Relatório e por outros documentos das Nações Unidas. As deficiências do índice são sobejamente conhecidas, e o presente Relatório menciona algumas. Presumo, porém, que não seja descabido insistir em oportunas advertências.

Em primeiro lugar, parece necessário apressar a ultimação dos estudos que visam a tornar mais próxima da realidade a apuração da renda social nos países subindustrializados, nos quais apreciável parcela da produção deixa de ser registrada pelas estatísticas, de vez que não chega ao mercado e é consumida diretamente pelos produtores. Sabemos que o fato tem preocupado a equipe técnica das Nações Unidas. Seria desejável que a Organização, talvez recorrendo a algum processo engenhoso de amostragem, realizasse, em breve, estudo em que se pudesse ter mais corretos informes acerca da renda nacional nos países subindustrializados. No tocante ao meu país, posso assegurar que os quantitativos de sua renda nacional, até agora publicados, não são plenamente exatos, embora ainda não se tenha podido determinar o grau dessa imprecisão. As únicas pesquisas diretas sobre autoconsumo no meio rural, em meu país, correspondentes ao ano agrícola de 1951-52, justificam minha ponderação. Registraram percentagens de alto consumo na produção de famílias camponesas, da ordem de 39% no município de Bezerros (Pernambuco); de 47% no município de São Mateus (Espírito Santo); de 58% no município de Itapetininga (São Paulo). É de esperar-se que a mudança de nossa capital, do Rio de Janeiro para Brasília, determine significativo aumento dos quantitativos da renda social do interior do país, a serem apurados. Novas estradas, ligando os diversos pontos do país a Brasília, vieram propiciar o ingresso no mercado de grupos populacionais que antes se encontravam mais ligados à economia natural.

Os índices de renda *per capita* podem produzir pessoas menos avisadas a avaliar, sem as necessárias reservas, a situação social dos diferentes países. A certos países de economia pouco diferenciada, mas providos de setores isolados de alta produtividade, como o petrolífero, nem sempre correspondem situações sociais aparentemente supostas pela sua renda nacional *per capita*. O Relatório procurou corrigir essa falha do "indicador" no tópico "Aspectos da distribuição da renda e do bem-estar" (capítulo III, páginas 58 a 61), onde apresenta esclarecimentos inestimáveis. A Delegação do Brasil louva particularmente esse esforço dos peritos e exprime a esperança de que no próximo Relatório, de 1963, esse tipo de análise se estenda ao maior número possível de países, para que se tenha mais precisa ideia das correlações entre distribuição da renda e produtividade.

Por vezes, a corrente metodologia de contabilidade da renda conduz a resultados aberrantes. Cito o Relatório:

> Na Argélia [...] o índice do produto nacional bruto *per capita* a preços constantes aumentou de 100, em 1953, para 130, em 1957. Isso, no entanto, apenas ilustra uma das limitações do indicador, se usado para medir o bem-estar; o aumento derivou largamente do crescimento de serviços, transportes etc.; necessários em virtude da presença de consideráveis contingentes militares. (p. 17)

Ressalto esse aspecto para sugerir que, nas comparações internacionais, os peritos das Nações Unidas venham, em breve, a focalizar, de modo sistemático, o problema das distorções das atividades terciárias. Poder-se-ia perguntar se essas comparações não seriam mais fidedignas se determinadas atividades terciárias fossem excluídas do cálculo da renda nacional. De todos os modos, é necessário atentar para esse fato, a fim de que nos futuros relatórios das Nações Unidas se possam ter melhores informes quanto ao confronto entre países capitalistas e países socialistas, pois, como assinala o Relatório, estes últimos ordinariamente excluem do cômputo da renda atividades que não contribuem diretamente para a produção material. É comum admitir-se existir correlação positiva entre o terciário e desenvolvimento econômico e social. Não se lhe pode negar fundamento, em plano genérico. Mas talvez já seja tempo de darmos cuidadosa atenção ao que se poderia chamar de problema de patologia do terciário. Em outras palavras, é necessário refinar a análise do terciário. Aproveitaria o ensejo para lembrar casos de terciário pervertido tanto em países cêntricos como em países periféricos. No terciário desses últimos, há, por vezes, distorções graves, que dificultam a alocação produtiva dos recursos disponíveis. Em tal terciário, costumam existir elevadas taxas de subemprego ou mesmo de desemprego disfarçado. Expressiva parcela dos orçamentos de nações periféricas é destinada à remuneração da mão de obra subutilizada no setor dos serviços, situação que poderá ser corrigida por critérios de política econômica mais ajustados às peculiaridades dos povos que sofrem escassez de capital. Meu Governo executa atualmente um programa de austeridade e desenvolvimento econômico e social que contempla a urgência de corrigir a anomalia do terciário supérfluo.

Senhor Presidente, permiti-me ainda último reparo. Formulo-o no fim de minha intervenção neste debate geral, mas espero que isso não obscureça a sua gravidade. Quero salientar, Senhor Presidente, que o Relatório deixou de recorrer a um dos "indicadores" sistemáticos da situação social no mundo, o coeficiente de emprego, quando, ao que parece, não existem dificuldades insuperáveis para o seu cálculo, pelo menos em grande número de nações. No entanto, é irretorquível sua essencialidade como parâmetro destinado a medir a situação social. Não atino com os motivos que levaram os peritos das Nações Unidas a subestimarem esse "indicador" e espero que, no próximo Relatório, de 1963, isso não ocorra. Por mais excelente que pareça, do ponto de vista de alguns "indicadores", um sistema econômico, ele não é efetivamente racional e sadio se não assegura atividade produtiva, trabalho, a todos os cidadãos. A riqueza material não tem méritos intrínsecos. Só importa onde e quando esteja a serviço do homem.

APÊNDICE

POSFÁCIO

Muryatan S. Barbosa

As grandes personalidades, como Rui Barbosa, jamais podem ser interpretadas definitivamente. À luz de toda nova perspectiva, apresentam um significado singular. A história do que quer que seja, de um homem eminente, dum povo, duma civilização jamais se conta, em nenhuma hipótese, para sempre. A motivação especial de cada autor e de cada época impõe a revisão incessante do que aconteceu. O sentido do passado não pode revelar-se em exposição final, porque permanentemente o constitui o ponto de vista do presente e do futuro.
ALBERTO GUERREIRO RAMOS, "Prefácio", in ISAÍAS ALVES, *Vocação pedagógica de Rui Barbosa*, 1959.

A frase acima, de Guerreiro Ramos, cabe para si próprio e sua obra. Ao folhear este clássico, talvez muitos tenham a impressão de que se trate de um livro datado, tendo em conta seu objetivo primeiro: a busca por uma sociologia nacional.

Essa interpretação não é totalmente falsa. *A redução sociológica* (1958) é filha do seu tempo: da Guerra Fria, da descolonização afro-asiática, da industrialização do Terceiro Mundo. No Brasil, era o ápice de uma pujante cultura nacionalista, que impulsionou JK, a bossa nova, o bicampeonato mundial de futebol, o Cinema Novo. O livro é testemunho desse momento único na história do país, em que se generalizou a crença de que era possível construir uma nação democrática, soberana, industrial e popular. Uma utopia concreta daquela época.

Guerreiro e os isebianos (integrantes do Instituto Superior de Estudos Brasileiros – ISEB) tomaram para si a tarefa de construir uma ciência e uma ideologia voltadas para aquela conjuntura positiva, que desde então se conhece sob o rótulo de nacional-desenvolvimentismo. *A redução* é parte daquele contexto, assim como outros livros do mesmo grupo, como *O nacionalismo na atualidade brasileira* (1958), de Hélio Jaguaribe, *Formação e problema da cultura brasileira* (1959), de Roland Corbisier, e *Consciência e realidade nacional* (1960), de Álvaro Vieira Pinto.

Para um olhar mais especializado, acadêmico, *A redução* é também filha de sua época por outro motivo: como obra de filosofia e sociologia do conhecimento. E isso não é estranho à trajetória do seu autor. Por conta de suas assíduas leituras de Hegel, Marx, Weber, Husserl, Lukács, Scheler, Mannheim e Gurvitch, Guerreiro sabia que o ideal de objetividade em ciências humanas não implicava uma distinção absoluta entre sujeito e objeto de pesquisa. Pelo contrário, é a partir de uma intenção que se busca a objetividade.

Daí a referência constante, neste livro, ao suposto surgimento de uma "consciência crítica da realidade nacional" nos anos 1950. É porque ela justificaria, em última instância, essa busca por uma perspectiva própria dos problemas nacionais. Em outros termos, uma tradição crítica, autóctone, assim como a que existiria em outros países, como Estados Unidos, Inglaterra, França ou Alemanha. E, se hoje os termos e a linguagem por ele utilizados podem parecer ultrapassados (leis, redução, ciência nacional), isso não desabona o essencial desta obra internacionalmente pioneira. *A redução* é um excelente livro de filosofia e sociologia do conhecimento, tal qual *A imaginação sociológica* (1959), de Wright Mills. Não se trata de uma obra particular – brasileira – e outra universal – estadunidense. São duas obras clássicas de ciências humanas.[1]

Tais elementos nos levam a revisitar *A redução sociológica* como testemunho do seu tempo. E justificam a republicação desta obra. Mas vale a pergunta: o que significa ler este livro em 2023, ou seja, para além de seu valor como documento histórico?

Não se trata de algo óbvio. E, em parte, tal dificuldade se explica por questões sistêmicas. Desde os anos 1960, foram-se dissolvendo os elementos internos (industrialização, populismo, democracia) e externos (descolonização afro-asiática, "Era de Ouro" do capitalismo, presença internacional da URSS) que davam certa concretude – direta ou indiretamente – àquele projeto de capitalismo nacional autodeterminado, isebiano. Os frequentes golpes de Estado (1964, 2016)

---

1   O próprio Guerreiro fez esse comparativo em "Viagem parentética I: Fenomenologia e ciência social". *Revista Brasileira de Administração Política*, v. 13, n. 1, 2020, p. 18.

POSFÁCIO

e a consolidação do neoliberalismo foram sua pá de cal. Passados quase sessenta anos, tamanho é o desmonte nacional que a própria ideia de uma ciência ou de uma ideologia brasileira fica parecendo algo anacrônico, quando não tragicômico. Mas é interessante que seja justamente neste momento de caos, mais ou menos bem disfarçado e administrado, que surjam os "novos bárbaros" com suas exigências. Povos originários, negros, gente que nunca foi ouvida querendo falar! Isso é bom e saudável, pois oxigena o debate intelectual. É mais fácil ver aí o lado problemático, é verdade. Ao se abrir a caixa de Pandora não se verá apenas o povo servil e resiliente de outrora. Outras coisas pulularão. Entre elas, outros referenciais políticos e teóricos: feminismo negro, decolonial, epistemologias do Sul, teorias do extremo Sul, pós-colonial, pluriverso. A própria ideia de ciência parece abalada. Deve-se admitir que, neste contexto, muitas vezes, tendem-se a exacerbar posicionamentos e forçar novidades. É o pós do pós, fingindo recomeçar do zero, fazendo tábula rasa do passado. Esse sim é um problema teórico e político. Ao se imaginarem como algo novo, muitos jovens militantes vêm forçando as diferenças, rompendo o vínculo das lutas comuns, tornando o caminho coletivo a seguir sempre mais longo e irrealizável.

Seria possível fazer diferente? Em princípio, sim, reestabelecendo as pontes entre o ontem e o hoje. Mas para isso seria necessário impor-se contra a lógica mercantilista e modernizante que muitas vezes acaba por predominar no trabalho intelectual. Seria necessário mergulhar nas razões das lutas do passado, buscando o que havia ali de essencial, e voltar ao tempo presente, descobrindo outras leituras e possibilidades interpretativas que sirvam aos impasses de nossa época. Um trabalho para quem tem fôlego e paciência para fazer ciência em ato (e não em hábito).

Este é o meu convite: uma leitura de *A redução sociológica* que nos traga outra perspectiva para compreender a nossa época. Arrisco dizer que tal tarefa agradaria ao autor ausente. Guerreiro foi sempre partidário da vida. Tinha horror àqueles que usavam seus papéis sociais para fugir dos embates e construir uma imagem como homens puros, prontos a pontificar sobre tudo. Daí que seus livros tenham sempre o peso de seu contexto histórico e intelectual. Ele queria que seus textos servissem ao momento. Por isso, inclusive, alguns foram publicados às pressas. No entanto, embora não se possa (nem se deva) abstrair desse fato, seria uma limitação do leitor deixar-se prender por ele. Afinal, como diria o filósofo tcheco Karel Kosik,[2] uma boa obra cultural é assim considerada não apenas por suas qualidades intrínsecas, mas, sobretudo, porque seus leitores viram nela uma centelha de transcendência enquanto reflexão sobre a condição humana em geral, para além de sua existência como testemunho e representação simbólica de determinados grupos, classes e interesses sociais de época.

Depreendendo isso ao final da vida, o nosso sociólogo se mostrava preocupado com o legado que deixaria no Brasil. Sabia que, por seus compromissos assumidos publicamente (Teatro Experimental do Negro, getulismo, ISEB, Partido Trabalhista Brasileiro), o mais provável seria, na posterioridade, ficar estereotipado como um intelectual orgânico dessas e outras causas particulares, especialmente como ideólogo do nacional-desenvolvimentismo.[3]

Nesse esforço de releitura proposto, deve-se superar tal rotulação. E, para isso, pode-se inclusive contar com a ajuda do próprio autor, que deixou novas impressões e interpretações sobre sua obra, posteriormente. Por exemplo, pode-se ler com proveito o que está na segunda edição do livro, de 1963. Ali, ele diz que, em 1958, tratou apenas de uma característica do que então chamava de redução sociológica: procedimento metódico que tornava sistemática a assimilação crítica de produtos científicos estrangeiros no país. Todavia, em 1963, Guerreiro entendia por redução sociológica algo mais amplo: uma "qualidade superior do ser humano, que o habilita a transcender toda sorte de condicionamentos circunstanciais". Ou, em outra passagem do mesmo texto, como "atitude parentética"; isto é, "como adestramento cultural do indivíduo, que o habilita a transcender, no limite do possível, os condicionamentos circunstanciais que conspiram contra a sua expressão livre e autônoma" [p. 20]. Em ensaios dos anos 1970, como "Viagem parentética" (I, II, III), retornou a esses temas.[4] Indicou também uma

---

2 K. Kosik, *Dialética do concreto* [1963], trad. Célia Neves e Alderico Toríbio. Rio de Janeiro: Paz e Terra, 1995.

3 Lucia Lippi Oliveira, *A sociologia do Guerreiro*. Rio de Janeiro: Editora UFRJ, 1995.

4 A. Guerreiro Ramos, "Viagem parentética I", op. cit.; "Viagem parentética II: O homem inventa a si próprio ou rumo a uma teoria do encontro parentético" e "Viagem

terceira percepção da redução sociológica, "como superação da sociologia nos termos institucionais e universitários em que se encontra" [p.20], que foi recentemente analisada enquanto uma "sociologia da organização dos povos", conforme trabalhado pelo sociólogo Wellington N. Navarro da Costa.[5]

Não se pormenorizarão aqui tais ideias do autor, que já se encontram analisadas no Prefácio desta nova edição e em outros artigos de pesquisadores especializados no seu pensamento. Felizmente existe, hoje, considerável bibliografia acadêmica sobre Guerreiro Ramos, aliás, muito qualificada. Farei apenas uma breve consideração acerca do quanto tal reflexão pode vir a ser útil nesta tentativa de repensar *A redução sociológica*, tendo em conta sua possível relevância na necessidade de recompor as lutas comuns.

Guerreiro tentou fazer uma exposição mais sistemática do que seria a "redução" em seu último livro: *A nova ciência das organizações* (1981). Ainda assim, ali, seus debates acerca da razão substantiva, do paradigma paraeconômico e da teoria da delimitação dos sistemas sociais (TDSS) são expostos de forma assaz abstrata e genérica. Mesmo levando em consideração que, segundo o autor, o contexto com o qual ele estava então dialogando era a realidade dos países desenvolvidos dos anos 1970; em particular dos Estados Unidos.

Entretanto, para a nossa sorte, alguns pesquisadores têm-se desafiado a analisar a realidade social brasileira a partir dessas e de outras teorizações advindas do último Guerreiro, que estava – direta e indiretamente – buscando resolver questões antigas de sua trajetória intelectual, em especial no campo da teoria das organizações, um ramo cada vez mais interdisciplinar do pensar acadêmico. A curta passagem do autor como professor visitante da Universidade Federal de Santa Catarina, em 1980, foi relevante para isso. E é verdade que, ao ler seus artigos no *Jornal do Brasil*, de fins da década de 1970, pode-se observar

---

parentética III: A perda da inocência ou Por uma ciência social pós-fenomenológica". *Revista Brasileira de Administração Política*, v. 13, n. 1, 2020.

5   Wellington Narde Navarro da Costa, *Guerreiro Ramos: Uma sociologia da organização dos povos* (1958-1964). Tese de doutoramento em sociologia. Porto Alegre: Instituto de Filosofia e Ciências Humanas – Universidade Federal do Rio Grande do Sul, 2023, p. 295.

como ele vinha explorando tais possibilidades interpretativas, ainda que introdutoriamente.

É interessante notar que um dos primeiros intelectuais a destacar tal fato publicamente, ainda que de forma genérica, tenha sido o saudoso geógrafo Milton Santos, em 1982. Em um simpósio dedicado a Guerreiro logo após seu falecimento, ele dizia que as reflexões desenvolvidas em *A nova ciência* vinham de uma inspiração nacional, brasileira. Em primeiro lugar, dizia ele, por conta do caráter eurocêntrico e branco de nossa história oficial, enquanto sociedade formada para o mercado mundial. Em segundo, porque a obra em consideração seria uma reflexão sobre a "era pós-industrial" em que estaríamos entrando.[6] Retrospectivamente, vê-se que o comentário foi certeiro, pois o país possui atualmente a mesma taxa de industrialização de cem anos atrás. E vive-se hoje com as consequências potencialmente genocidas desse fato histórico, já que há uma enorme população "sobrante" do ponto de vista do sistema de mercado. Não é coincidência que o país esteja ficando cada vez mais parecido com o que era no pós-abolição, inclusive em seu racismo explícito.

Esse fato merece uma reflexão: será que tal desfecho é uma condenação nacional? Dá concretude à ironia de Millôr Fernandes: "o Brasil tem um enorme passado pela frente". Essa será a realidade se não se construírem utopias concretas que transformem tal tendência.

Já se falou sobre o aparente anacronismo de *A redução*. Mas a redução guerreiriana não é apenas sociológica. Ela se pretendia um saber de salvação e de formação da nacionalidade. E, falando francamente, não seria bom que este país tivesse uma ciência e uma tecnologia adequadas às suas realidades? Um sistema de saúde autossuficiente? Uma industrialização baseada em energias renováveis? Um sistema alimentar consolidado? Em verdade, é algo péssimo que tais coisas (e outras) inexistam.

Por sua extensa trajetória e participação profissional em diversos âmbitos da sociedade e do mundo, Guerreiro imaginava o quão difícil seria construir uma nação brasileira de fato, ou seja, um país autodeterminado, popular, antirracista, industrializado, soberano. Sabia que, em comparação com outros mais antigos, como Índia, Egito, China,

---

6 M. Santos, "Quarto painel: A teoria da delimitação dos sistemas sociais". *Revista de Administração Pública*, v. 17, n. 2, abr.-jun. 1983, pp. 118-19.

o Brasil teria muito mais dificuldades em fazê-lo. Em especial, porque, diferentemente daqueles, seríamos um país com classe dominante, mas não com classe dirigente ou elite nacional. E isso cobraria o seu preço mais cedo ou mais tarde. Por esse motivo, o autor se perguntava, ainda no início dos anos 1980: estamos condenados a ser o país da curtição, do besteirol, ou vamos tentar reinventar o Brasil?[7]

A pergunta do velho Guerreiro se recoloca de forma premente na contemporaneidade, quando o atual desenvolvimento das forças produtivas criou a possibilidade efetiva de uma escolha civilizacional para a humanidade: ou se construirão sociedades para o bem-estar humano, libertadas do trabalho bruto e da superexploração, ou se aprofundarão a repressão, a bestialização e a violência como forma de controle social de uma população "sobrante", do ponto de vista do grande capital. Trata-se de uma guerra antiga: humanização *versus* desumanização. A humanidade dos vencidos contra a desumanidade dos vencedores. É uma luta que Guerreiro conhecia muito bem, afinal a sua redução é, em última instância, *humanização*!

Resta uma pergunta, inevitável: qual é o palco dessa luta? Nisso, *A redução* também me parece útil e atual; pois, se estamos falando de utopias concretas, não há como escapar do particular: a nação, a região, o continente. Ninguém pode mudar o universal sem transformar o particular. E, mesmo nesse plano, só se pode fazê-lo buscando a identidade nas diferenças e lutas comuns, já que sem organização e pensamento próprio é impossível vencer os que têm tudo o mais ao seu favor.

Em suma, mãos à obra.

Abril de 2023

MURYATAN S. BARBOSA é historiador, professor e pesquisador da Universidade Federal do ABC (UFABC). Autor dos livros *Guerreiro Ramos e o personalismo negro* (Jundiaí: Paco, 2015) e *A razão africana: Breve história do pensamento africano contemporâneo* (São Paulo: Todavia, 2020).

---

7 A. Guerreiro Ramos, "Curtição ou reinvenção do Brasil". *Revista de Administração Pública*, v. 20, n. 1, 1986.

SOBRE O AUTOR

ALBERTO GUERREIRO RAMOS nasceu em Santo Amaro da Purificação, Bahia, em 13 de setembro de 1915. Filho de agricultores, perdeu o pai ainda criança. Mudou-se com a mãe para Salvador onde, aos onze anos, começou a trabalhar. Na Universidade do Brasil (hoje Universidade Federal do Rio de Janeiro – UFRJ), formou-se em Ciências Sociais e em Direito (1942 e 1943, respectivamente). Ainda na primeira metade da década de 1940, durante o Estado Novo, trabalhou em diversos órgãos governamentais, entre eles o Departamento de Administração do Serviço Público (Dasp), o Departamento Nacional da Criança e a assessoria do Presidente Getulio Vargas.

Em 1947, uniu-se a Abdias Nascimento no Teatro Experimental do Negro (TEN), para o qual contribuiu como articulista do jornal *Quilombo*, e em 1949 participou da fundação do Instituto Nacional do Negro, do qual se tornaria diretor. A partir de 1952, passou a atuar na Escola Brasileira de Administração Pública (EBAP), da Fundação Getulio Vargas (FGV). Entre 1956 e 1958, foi membro do departamento de Sociologia do Instituto Superior de Estudos Brasileiros (ISEB), órgão do Ministério da Educação e Cultura.

Membro do Partido Trabalhista Brasileiro (PTB), assumiu o mandato de deputado federal em agosto de 1963, na vaga do deputado Rubens Berardo, licenciado para tratamento de saúde. Em 1964, porém, com a instauração do regime militar, Guerreiro Ramos foi cassado. Em 1966, mudou para os Estados Unidos, onde passou a dar aulas no curso de Administração Pública da Universidade do Sul da Califórnia (USC). Em 1979, foi convidado a voltar ao Brasil para participar da criação de um programa de pós-graduação em planejamento governamental na Universidade Federal de Santa Catarina, onde se tornou professor visitante, sem jamais se desfazer de seu vínculo com a UFSC. Em 6 de abril de 1982, aos 66 anos, morreu em Los Angeles.

Obras selecionadas

Negro sou – A questão étnico-racial e o Brasil: Ensaios, artigos e outros textos (1949-73), org. Muryatan S. Barbosa. Rio de Janeiro: Zahar, 2023.

Mito e verdade da revolução brasileira. Rio de Janeiro: Zahar Editores, 1963 [2ª ed.: Florianópolis: Insular, 2016].

Introdução crítica à sociologia brasileira. Rio de Janeiro: Editorial Andes, 1957 [2ª ed.: Rio de Janeiro: Editora UFRJ, 1995].

The New Science of Organizations: A Reconceptualization of the Wealth of Nations. Toronto/Buffalo: University of Toronto Press, 1981 [ed. bras.: *A nova ciência das organizações: Uma reconceituação da riqueza das nações*, trad. Mary Cardoso. Rio de Janeiro: Editora FGV, 1981; 2ª ed.: Rio de Janeiro: Editora FGV, 1989 / trad. Francisco G. Heidemann e Ariston Azevedo. Florianópolis: Enunciado, 2022].

Administração e contexto brasileiro: Esboço de uma teoria geral da administração, 2ª ed. Rio de Janeiro: Editora FGV, 1983.

Considerações sobre o modelo alocativo do governo brasileiro. Florianópolis: Departamento de Ciências da Administração/ UFSC, 1980. Cadernos do Curso de Pós-Graduação em Administração.

Administração e estratégia do desenvolvimento: Elementos de uma sociologia especial da administração. Rio de Janeiro: Editora da FGV, 1966.

A crise do poder no Brasil: Problemas da revolução nacional brasileira. Rio de Janeiro: Zahar Editores, 1961.

O problema nacional do Brasil. Rio de Janeiro: Saga, 1960.

Condições sociais do poder nacional. Rio de Janeiro: ISEB, 1957.

Cartilha brasileira do aprendiz de sociólogo. Rio de Janeiro: Editorial Andes, 1954.

Publicado originalmente em 1958
© Herdeiros de Alberto Guerreiro Ramos, 2024
© Ubu Editora, 2024

Imagem da capa © Bruno Baptistelli, *Bandeira
Afro-brasileira* (*em diálogo com David Hammons*), 2020.

Edição
Bibiana Leme

Preparação de arquivo
Júlio Haddad

Revisão
Josette Babo, Ricardo Liberal

Design
Elaine Ramos, Júlia Paccola e Nikolas Suguiyama [assistentes]

Produção gráfica
Marina Ambrasas

*A Ubu Editora agradece a Raquel Barros pela
indicação de publicação desta obra.*

Dados Internacionais de Catalogação na Publicação (CIP)
Elaborado por Vagner Rodolfo da Silva – CRB-8/9410

G934r Guerreiro Ramos, Alberto [1915-1982]

Redução sociológica: introdução ao estudo da razão
sociológica / Alberto Guerreiro Ramos; revisão técnica
e estabelecimento de texto de Ariston Azevedo; prefácio
de Frederico Lustosa da Costa; posfácio de Muryatan
S. Barbosa; textos de Clóvis Brigagão, Jacob Gorender
e Benedito Nunes. São Paulo: Ubu Editora, 2024. 256 pp.

ISBN 978 85 7126 157 0

---

1. Sociologia. 2. Ciências sociais. 3. Economia
política. 4. Brasil. I. Título.

2024-246   CDD 301 CDU 301

Índice para catálogo sistemático:
1. Sociologia 301
2. Sociologia 301

EQUIPE UBU

Direção
Florencia Ferrari

Direção de arte
Elaine Ramos, Júlia Paccola e Nikolas Suguiyama [assistentes]

Coordenação
Isabela Sanches

Editorial
Bibiana Leme e Gabriela Naigeborin

Comercial
Luciana Mazolini e Anna Fournier

Comunicação / Circuito Ubu
Maria Chiaretti, Walmir Lacerda e Seham Furlan

Design de comunicação
Marco Christini

Gestão Circuito Ubu / site
Laís Matias

Atendimento
Cinthya Moreira

UBU EDITORA

Largo do Arouche 161 sobreloja 2
01219 011 São Paulo SP
professor@ubueditora.com.br
ubueditora.com.br
f **⊙** /ubueditora